WOLFGANG
PETRITSCH

EPOCHEN
WECHSEL

WOLFGANG
PETRITSCH

Mitarbeit: Philipp Freund

EPOCHEN WECHSEL

UNSER DIGITAL-AUTORITÄRES JAHRHUNDERT

Brandstätter

Es ist, als ob um uns herum
eine neue Welt entsteht

HENRIK IBSEN, Ein Volksfeind

INHALT

DIE WELT, IN DER WIR LEBEN

Ja, in was für einer Welt leben wir denn eigentlich?

Die vergangenen Jahre muten an wie eine eskalierende Abfolge von Krisen, Konflikten, Umbrüchen, verbunden mit einer galoppierenden Delegitimierung des liberal-demokratischen Systems und der westlichen Werte insgesamt.

Wir erleben einen fundamentalen Wandel, auf den die Bezeichnung Epochenwechsel zu passen scheint. Ob dem so ist und der überblickbare Zeitraum den Begriff tatsächlich rechtfertigt, wird sich erst aus dem fernen Blick zurück auf die drei turbulenten Jahrzehnte um die Jahrtausendwende erschließen.

Was bereits feststeht, ist der Verlust dieses ominösen Gefühls von Sicherheit, das in den Jahrzehnten des Kalten Krieges vorgeherrscht hat. Ein Paradoxon, drohte doch der Ost-West-Konflikt mehr als nur einmal in eine atomare Katastrophe umzuschlagen.

Gewiss, der Blick zurück verklärt, zumal dieser dritte globale Konflikt des 20. Jahrhunderts für den ehemaligen Kriegskontinent Europa gut ausgegangen ist. Ausschlaggebend war jedoch in den Jahren des Wiederaufbaus – und nachwirkend bis zur Finanzkrise 2008 – der realistische Optimismus eines positiven Lebenshorizonts. In den Nachkriegsjahrzehnten herrschte das Gefühl vor, das Schlimmste hinter sich zu haben.

Heute will man lieber nicht zu viel Zukunft haben. Denn die vermeintlichen Gewissheiten des Fortschritts und des wachsenden Wohlstands, jene Säulen der subjektiven Sicherheit, sind weggebrochen, eingestürzt, haben sich für viele in nichts aufgelöst.

Das aber bleibt nicht ohne Folgen für die Politik. Zumal für die internationalen Beziehungen im Allgemeinen und das über sieben Jahrzehnte durchaus erfolgreiche System des Multilateralismus mit seinen globalen und regionalen Organisationen Weltbank und Währungsfonds, den Vereinten Nationen oder der

EU und der OSZE. Diese Epoche gehört der Vergangenheit an. Mehr denn je gilt es, Wege und Institutionen zu (er)finden, um die zentrale *Global-Gouvernance*-Frage unserer Zeit anzugehen: Wie sieht unsere zukünftige Weltordnung aus?

Freilich: Ein sogenannter Epochenwechsel wird rasch konstatiert, wenn wir mit scheinbar unerwarteten und radikalen Veränderungen konfrontiert sind.

Bei manchen Ereignissen erschließt sich deren historische Bedeutung sofort, andere sind erst mit wachsendem Abstand in ihrer vollen Tragweite erkennbar. Wie etwa das Jahr 1978, als Deng Xiaoping die Abwendung vom Maoismus hin zur Öffnung und Modernisierung Chinas eingeleitet hat. Manch ein Umbruch erweist sich auch als Strohfeuer; denken wir an den *Arabischen Frühling* von 2011.

Damit aber wird verständlich, wie schwierig es im Fluss des politischen Handwerks ist, die Folgen für das komplexe internationale Umfeld – und damit für die fragile Weltordnung – abzuschätzen. Es ist der *Nebel der laufenden Ereignisse,* der den Blick behindert.

Der Zusammenbruch der Sowjetunion 1991 ist ein Beispiel einer Entwicklung, die kaum jemand vorhergesehen hat und die doch nach dem Wendejahr 1989 für jeden erkennbar den Lauf der Geschichte irreversibel verändern sollte. Ebenso könnte man das Jahr 2016 – Brexit und Trump – benennen als Zäsur und möglichen Endpunkt der westlich dominierten Weltordnung.

Diese Ordnung ist aus den drei großen Konflikten des 20. Jahrhunderts erwachsen. Lässt man diese Revue passieren, kommt man jedenfalls für den Ersten und den Zweiten Weltkrieg zu einigermaßen klaren historischen Folgerungen.

Haben die Pariser Vorortverträge von 1919 den Keim für den Zweiten Weltkrieg in diese Friedensordnung gleichsam eingebaut, so haben die alliierten Sieger von 1945 in einem historisch einmaligen Akt aufgeklärten Eigeninteresses die Besiegten in den europäischen (und asiatischen) Wiederaufbau miteinbezogen.

In Europa steht dafür der amerikanische *Marshallplan*, jenes umfassende Wiederaufbauprogramm, das Integration und Kooperation – nach Washingtoner Vorstellungen – als politische Leitlinien festgeschrieben hat. Die europäische Einigung hat die – vorerst wirtschaftliche – Überwindung der fatalen Ideen des aggressiven Nationalstaats (und der internationalen Politik als *Nullsummenspiel* von Geld und Macht) in die Gänge gebracht.

Daran muss gerade heute erinnert werden, da sich vieles in die entgegengesetzte Richtung – Renationalisierung, illiberale Demokratie, Autoritarismus – zu bewegen scheint.

Das Jahr 1989, in dem der dritte große Konflikt des 20. Jahrhunderts – der Kalte Krieg – beendet wurde, schien ein wirkliches Wunder produziert zu haben, eben ein *annus mirabilis*. Jedenfalls für den siegreichen Westen. Die ziemlich friedliche Auflösung der Sowjetunion (Sezessionskriege wurden in Jugoslawien geführt) schien dies vollends zu bestätigen. Die Menschheit wäre am *Ende der Geschichte* angekommen, hieß es; von nun an sollte der Planet nach einem einzigen – liberal-demokratischen und kapitalistischen – Takt tanzen.

Zweifellos beflügelte der Geist von 1989 die zahlreichen Veränderungen – von der Wiedervereinigung Deutschlands bis zu den demokratischen Revolutionen in den einst kommunistischen Staaten Ost- und Südosteuropas.

Heute zeigt sich, dass es den von Moskau befreiten Völkern Ost- und Südosteuropas nicht in erster Linie um ein demokratisch verfasstes *Europe Whole and Free* ging, sondern um die Restauration ihrer je eigenen – nationalen – Identität. Das repressive Kollektiv Sowjetunion sollte nicht gegen eine andere, wenngleich demokratische, Union eingetauscht werden. Dieses diffuse Gefühl wurde freilich von der ersten Generation der liberalen, westlich orientierten Reformer weitgehend ignoriert. Man fühlte sich dem Fortschritt verpflichtet, und der hieß, endlich selbst sein Schicksal bestimmen zu können.

Doch was danach, als die meisten Reformländer bereits in der EU waren, folgen sollte, war die vehemente Rückbesinnung – oder war es ein Rückfall? – auf einen – imaginären oder doch realen? – Nationalstaat der Zwischenkriegszeit. Der aber wollte nicht umstandslos in einem Vereinten Europa aufgehen.

Risse, Trennlinien politischer, ökonomischer, kultureller und historischer Art hat es auch zwischen den sechs Gründerstaaten des europäischen Projekts gegeben. Das Seite-an-Seite der ehemaligen Kriegsgegner, der Kulturbruch des Holocaust und das blutige Ende der europäischen Kolonialherrschaft in Asien und Afrika haben die Pionierphase der europäischen Einigung bis weit in die 1980er-Jahre geprägt. Kleine und Große haben bereits die frühe EWG – die sich primär als Wirtschaftsgemeinschaft verstand – gleichermaßen mitgestaltet. Damals war der Kitt der ideologischen Konkurrenz mit dem Sowjetimperium durchaus hilfreich, wenn nicht sogar entscheidend für den Zusammenhalt. West und Ost waren geteilte Universen – vereint in der Verwirklichung der je eigenen, konkreten Utopie.

Mit dem Fall der Berliner Mauer und der Vereinigung des Kontinents aber wurden bald andere – überwunden geglaubte – Brüche und Fissuren sichtbar. Vollends haben dies jene beiden Ereignisse gezeigt, die die EU, wie wir sie kannten, irreversibel verändert haben: die globale Banken- und Finanzkrise von 2008, die Europa drastischer getroffen hat als den eigentlichen Verursacher USA; sowie die Asyl- und Migrationskrise von 2015 – auch diese ursächlich mit den militärischen Abenteuern der USA und der NATO in Afghanistan, im Irak, in Syrien und Libyen verbunden.

Beide Ereignisse zusammengenommen haben die EU gewissermaßen gevierteilt. Die Finanz- und Eurokrise hat den angeblich sparsamen Norden (und insbesondere Deutschland) gegen den angeblich fiskalisch undisziplinierten Süden in einen weit über das bloß Pekuniäre hinausreichenden Konflikt gebracht. Im Gegensatz zu diesem europäischen Nord-Süd-Konflikt weist das seit 2015 alles bestimmende Thema Asyl und Migration ein klares

West-Ost-Gefälle auf. Diese Auseinandersetzung erinnert in ihrer von Populisten befeuerten radikalen Ausschließlichkeit an die sogenannten *Sacred Conflicts* von Jerusalem bis Kosovo.

Nicht, dass autoritäre und populistische Tendenzen nicht schon davor wirkmächtig gewesen wären. Aber mit 2015 gewann die xenophobe Rechte an Legitimität im demokratischen Prozess der Europäischen Union. Sie wurde mehrheitsfähig und gibt zunehmend den Rahmen der politischen Auseinandersetzung vor.

Wir schaffen das wurde binnen kurzem abgelöst durch *Es wird nicht ohne hässliche Bilder gehen.* Was hat sich da zwischen dem 31. August 2015 und dem 13. Januar 2016 verändert? Das vorliegende Buch versucht einen Beitrag zu leisten zum besseren Verständnis des internationalen Umfelds dieses europäischen Politikwechsels. Denn nirgendwo zeigt sich der rasende gesellschaftspolitische Wandel deutlicher als in der Wirkmacht dieser nur wenige Monate auseinanderliegenden politischen Aussagen zweier christdemokratischer Politiker.

Sprache formt Politik, sie eilt ihr voraus und rechtfertigt diese.

Politik heute kann es sich scheinbar leisten, ohne Rekurs auf die beeindruckenden Errungenschaften der Grund- und Menschenrechtspolitik – basierend auf den Lehren aus dem Zweiten Weltkrieg und der Shoah – auszukommen. Das gilt neuerdings auch für klassische Mitte-rechts- und Mitte-links-Positionen.

Nehmen wir zum Beispiel die Migrationspolitik der Europäischen Union. Was da an Vorschlägen von europäischen Regierungen unterbreitet wird, etwa Anlandeplattformen oder Auffanglager auf fremden Territorien, Rückführungs- und Assistenzdienste zur Übernahme von abgelehnten Schutzsuchenden, oder gleich finanzielle Vereinbarungen mit Regierungen, die eine Mitverantwortung tragen für die Fluchtursachen – dies und noch mehr entbehrt jeglicher Humanität und zeigt in dramatischer Weise den Verfall europäischer humanitärer Solidarität. Hier findet die Selbstzerstörung jener Werte statt, auf die sich das europäische Friedensprojekt gründet.

Derweilen entfachen die USA gleich einen Handelskrieg mit China; jener mit der EU wurde – vorläufig – abgeblasen. Da hat das Verhandlungsgeschick des erfahrenen Jean-Claude Juncker gewiss eine Rolle gespielt. Es mag auch die Machtdemonstration eines einheitlichen Wirtschaftraums von 500 Millionen Konsumenten gewesen sein, die schließlich den Ausschlag gegeben hat.

Der Aufstieg und Fall der sogenannten liberalen Weltordnung wird im vorliegenden Band über mehrere Kapitel behandelt. Die Architektur der Nachkriegsordnung – die Gründung der Vereinten Nationen und der Bretton-Woods-Institutionen, das liberale Freihandelssystem und der – trotz Kaltem Krieg – einigermaßen funktionierende Multilateralismus – umfasst eine Welt, die trotz ungeheurer Veränderungen als ziemlich berechenbar und relativ stabil wahrgenommen worden ist. Im Schatten des Eisernen Vorhangs schien die westliche Welt in Ordnung.

Es stimmt, die *Trente Glorieuses* von 1945 bis 1975 markieren die westeuropäische Erfolgsgeschichte. Auch mit dem neokonservativen Paradigmenwechsel der frühen 1980er-Jahre gingen zwar die Wachstumsraten zurück, vorerst jedoch nicht das Vertrauen auf ein immer besseres Leben. Im Gegenteil, die Hyperglobalisierung der 1990er-Jahre mit ihrer entfesselten Finanzindustrie verhieß – so dachte man – raschen Reichtum für viele und ein gutes Leben für die meisten.

Doch das Vertrauen in die transformative Kraft offener Märkte und des freien Wettbewerbs ist rasch zusammengebrochen. Die bestehende Welthandelsordnung diskriminiert die unterentwickelten Länder im Globalen Süden, insbesondere die Staaten südlich der Sahara. Gleichzeitig führt das ökonomische *Laissez faire* zu wachsender Ungleichheit und damit zu politischen Verwerfungen in den industrialisierten Staaten des Westens, wo die Löhne der Arbeiter- und Mittelschicht seit Jahrzehnten stagnieren.

Nun, da vieles ordentlich ins Wanken geraten ist, wäre ein verklärter Blick zurück jedoch irreführend. Die über siebzig Jahre seit dem Ende des Zweiten Weltkriegs haben tatsächlich die Welt – zumal die westliche – zum Positiven verändert. So manches von dem, was man heute etwas verklärt als liberale Weltordnung bezeichnet, war so liberal und demokratisch allerdings nicht. Die militärischen Interventionen des amerikanischen Hegemons in Südostasien, im Mittleren Osten oder in seinem südlichen *Hinterhof*, die Allianzen mit brutalen Regimen im arabischen Raum waren weniger hehren Idealen als vielmehr nackter Machtpolitik geschuldet.

Der Abschied vom amerikanischen Zeitalter, das mit dem Eintritt in den Ersten Weltkrieg begann und mit dem Amtsantritt Donald Trumps als 45. Präsident der Vereinigten Staaten allem Anschein nach geendet hat, kann nur als abrupt bezeichnet werden.

Wie konnte es zum mutwilligen Verzicht auf die globale Führungsrolle Washingtons kommen? Und gibt sich da eine Weltmacht selbst auf?

Die Gründe und Hintergründe dieser Abwendung liegen in der gesellschaftlichen Verfassung der USA – und der westlichen Welt. Zweifellos spielt auch die narzisstische Persönlichkeit des derzeitigen Präsidenten eine Rolle. Kann man aber deshalb bereits von einem Epochenwechsel sprechen? Das vorherrschende politische Chaos in Washington sollte nicht dazu verleiten, leichtfertig über Epochen, die zu Ende gehen, oder neue, die beginnen, zu räsonieren. Das allein bringt keinen Erkenntnisgewinn.

Der 9. November 1989 hingegen war sofort als Umbruch von historischer Bedeutung erkennbar. Mit dem Ende des Kalten Krieges war das *kurze 20. Jahrhundert* abgeschlossen. Ob 2016 – das Jahr von Brexit und Donald Trump – einen solchen Umbruch markiert, lässt sich noch nicht mit Bestimmtheit sagen.

Gerade diese beiden Daten verweisen jedoch auf die Ambivalenz überraschender Ereignisse. Der britische Volksentscheid, so dramatisch er für alle Betroffenen sein mag, hat die populistischen Austrittsbefürworter auf dem Kontinent zum Schweigen gebracht.

Trump wiederum hat die Diskussion um eine eigenständige europäische Sicherheits- und Verteidigungspolitik dynamisiert.

Und da wäre 2007, das Jahr, in dem die amerikanische Immobilienblase geplatzt ist und an den Börsen eine Abwärtsspirale von historischen Ausmaßen ausgelöst hat, die 2008 zur globalen Finanzkrise, ab 2010 zur Eurokrise führen sollte.

Kaum beachtet, haben zwei weitere – völlig disparate – Ereignisse das Jahr 2007 zu einem, wie ich meine, historischen Wendepunkt gemacht.

Da ist zum Ersten die Rede Präsident Putins vor der Münchner Sicherheitskonferenz, die – wie wir heute wissen – das tatsächliche Ende der europäischen Ordnung nach 1989 markiert. Putins beschwörendes Plädoyer vom Februar 2007 liest sich wie eine unbeachtet gebliebene Beschwerdeliste an den Westen. Hätten die anwesenden Spitzenpolitiker, Experten und Kommentatoren seine Aussagen ernst genommen und wären sie in eine tatsächliche Aussprache unter souveränen Gleichen eingetreten, wären die Konflikte in Georgien 2008 und der Ukraine 2014 womöglich anders verlaufen.

Was wir sicher wissen, ist, dass sich seit dieser Rede die europäischen und internationalen Beziehungen maßgeblich verändert haben. Russland hat sich seitdem zu einem der zentralen Herausforderer der liberalen Weltordnung entwickelt und nutzt jede Gelegenheit, um den globalen Einfluss der USA und Europas infrage zu stellen; ein neuer *Kalter Konflikt* ist die Folge.

Eine zweite – tatsächlich irreversible – Entwicklung hat sich 2007 in der Informationstechnologie ergeben. Wenige Wochen vor Putins Münchner Rede hat Apple-Gründer Steve Jobs das iPhone vorgestellt. Mehr noch, in diesem Jahr wurden viele jener Computer- und Softwaretechnologien präsentiert, oder fanden erstmals breitere Anwendung, die seither unser Leben maßgeblich gestalten.

Das iPhone oder *Cloud Computing* waren 2007 völlig neu und die weltweite Verbreitung von *Facebook* und *Twitter* hatte gerade erst begonnen. Ihre universelle Bedeutung war nicht abschätzbar. Das Internet überschritt im selben Jahr die Milliardengrenze an Nutzern. Diese innerhalb kurzer Zeit zu einem globalen Phänomen gewordenen *Gadgets* prägen seitdem die Politik und verändern die Parameter liberaler Demokratie und der internationalen Beziehungen.

Ein morgendlicher *Tweet* des amerikanischen Präsidenten kann schwerwiegendere Folgen für Europa haben als ein Treffen der EU-Regierungschefs in Brüssel. Auch Konflikte zwischen Staaten werden in zunehmendem Maße im Cyberspace ausgetragen, und die massenhafte Verbreitung von Smartphones und sozialen Medien eröffnet autoritären Regimen neuartige Möglichkeiten der Repression und Überwachung.

Aber die digitale Revolution gestaltet auf noch subtilere Art und Weise unsere Gesellschaft: Die Algorithmen der Suchmaschinen und sozialen Medien prägen unsere Wahrnehmungs- und Kommunikationsgewohnheiten. Immer mächtigere Künstliche Intelligenzen (KI) werden diesen Trend weiter verstärken und alle Aspekte des menschlichen Zusammenlebens tiefgreifend verändern.

Eines wird deutlich: Das digitale Zeitalter hat das analoge endgültig abgelöst. Diese Feststellung scheint banal, ist aber die *kopernikanische Wende* des 21. Jahrhunderts.

Mit den unmittelbaren Auswirkungen der technologischen Revolution als auch mit Putins Russland hätte der Westen vermutlich besser umgehen können, wenn nicht zeitgleich die globale Finanzkrise ausgebrochen wäre. Europas politische und institutionelle Kapazitäten waren durch Bankenrettung, Eurokrise und Ukrainekonflikt auf Jahre hinaus gebunden. Der seit Ronald Reagans neokonservativer Wende verteufelte Staat musste einspringen, um die Banken mit riesigen Beträgen, die diese teils mutwillig verzockt hatten, zu retten. Erstmals schien das Ende des Kapitalismus vorstellbar; eine dramatische Erkenntnis.

Die Bankenrettung und der daraus resultierende rasante Anstieg der öffentlichen Schuldenlast aber war nur ein Teil der Krisengeschichte. Die auf dem Fuß folgende Wirtschaftskrise katapultierte die Arbeitslosenraten in die Höhe, mit enormen sozialen Konsequenzen. Im am härtesten betroffenen Süden der Union fanden Millionen Jugendliche keine Arbeit mehr. Die Folgen der neoliberalen Politik europäischer Prägung trafen Minderqualifizierte ebenso wie Universitätsabsolventen. Erstmals seit 1945 sah sich Europa mit einer *Lost Generation* konfrontiert.

Genau dieses Zusammentreffen der *Großen Rezession* und der digitalen Revolution hat unterdessen den Aufstieg Chinas begünstigt. Das Wirtschaftswachstum im Reich der Mitte wurde nach 2008 kaum gebremst, während Peking schon früh die Möglichkeiten der neuen Technologien zur umfassenden Überwachung und Kontrolle der Bevölkerung erkannt hat. Der autoritär-digitale Staatskapitalismus Chinas stellt die erste systemische Alternative zum liberal-demokratischen Marktkapitalismus des Westens seit dem Fall der Sowjetunion dar.

Auf die tektonischen Veränderungen des globalen wirtschaftlichen Gefüges seit 2008 hatte der europäische Wohlfahrtsstaat keine Antworten parat. Eine Fortsetzung der neoliberalen Politik, die ursächlich zur Kernschmelze des globalen Finanzsystems geführt hat, wirkte ebenso wenig überzeugend wie der sozialdemokratische *Dritte Weg*. Der über Jahrzehnte erfolgreich praktizierte Keynesianismus war in Theorie und Praxis endgültig ins *Out* geraten.

Dies aber blieb nicht folgenlos. Die entstandene Vertrauenskrise erreichte rasch die gesellschaftliche Mitte. Immer mehr verweigerten den politischen Eliten ihre Gefolgschaft. Die traditionellen Parteien rechts und links der Mitte verloren an Legitimität und Anhängerschaft, extreme Positionen wurden attraktiv und salonfähig.

Rascher als erwartet hat sich diese Entwicklung auf die internationalen Beziehungen übertragen. Populistische und rechtsextreme Bewegungen schossen in West- und Osteuropa ins Kraut und konnten an die reaktionären Bewegungen in den einst vom Nationalsozialismus beherrschten Staaten anknüpfen. Der historische Revisionismus – illiberal und autoritär – gehört seither zur europäischen Normalität.

Mehr noch, die Idee des Fortschritts hat sich in ihr Gegenteil verkehrt. Dystopie hat Utopie abgelöst. Der die westlichen Gesellschaften über einen langen Zeitraum dominierende Fortschrittsgedanke ist einer diffusen Zukunftsangst gewichen, die sich zunehmend in Abschottungsfantasien – Mauern allerorten – äußert. *Wann wird es endlich wieder gestern?* scheint zum Slogan unserer Zeit geworden.

Der 2017 verstorbene polnische Soziologe Zygmunt Bauman untersuchte in seinem letzten Werk *Retrotopia* die Gründe für diese globale Epidemie der Nostalgie: eine bestechende Analyse der verloren gegangenen Fähigkeit der Nationalstaaten, ihr Versprechen auf Wohlstand und Sicherheit in einer globalisierten Welt einzulösen.

Freilich, so wie das kapitalistische System derzeit aufgestellt ist – seit langem wird gefährlich mehr verbraucht, als der Planet hergibt –, ist ein radikales Umdenken das Gebot des schieren Überlebens.

Der *Club of Rome* hat bereits 1972 in seinem gleichnamigen Bericht die *Grenzen des Wachstums* aufgezeigt. In der langen Zeit seither hat die Wissenschaft ungeheure Fortschritte im Erkennen der Ursachen gemacht. Zahllose theoretische Studien und empirische Untersuchungen über den Einfluss des *Homo sapiens* auf seine Umwelt sind verfasst worden. In den Wissenschaften setzt sich der Begriff des *Anthropozän* für das neue Erdzeitalter durch, in dem der Mensch der wichtigste Einflussfaktor auf die biologischen und atmosphärischen Veränderungen auf unserem Planeten ist. Die Vereinten Nationen haben zahllose Konferenzen zu Klima, Umwelt, Ressourcen, Welthandel und weiteren Grundfragen unserer Weltgesellschaft abgehalten. Agenturen wurden zur Umsetzung der Beschlüsse gegründet, kurz: Der Wissensstand über die globalen Fragen unserer Zeit ist auf einem nie dagewesenen Niveau. Niemand sage – auch der amerikanische Präsident nicht –, er habe es nicht wissen können.

Tatsächlich ist sehr viel geschehen; der wissenschaftliche Fortschritt ist beeindruckend. Allein die Bedrohung ist nicht geringer geworden. Ganz im Gegenteil.

Ein im Sommer 2018 veröffentlichter Bericht der *New York Times* dokumentiert auf über achtzig Seiten detailreich die überraschende Tatsache, dass bereits im Jahrzehnt von 1979 bis 1989 die gesamten wissenschaftlichen Erkenntnisse zur Erderwärmung bekannt gewesen sind. Folgt man dem Bericht, so ist die Politik – das ist überraschend – damals nur knapp an einer dauerhaften international verbindlichen Lösung der Umweltprobleme vorbeigeschrammt. Heute aber gibt es – trotz Pariser Klimaabkommen – keine global umfassende Umsetzungsstrategie, geschweige denn Politik, zur Beantwortung der zentralen Zukunftsfrage.

Wenn es überhaupt um eine *Weltordnung* für das 21. Jahrhundert gehen soll, dann muss an vorderster Stelle die Sanierung des Planeten stehen. Dies kann – das liegt auf der Hand – nur mit der Beteiligung aller erfolgreich sein.

Dennoch werden die Regeln und die Ausrichtung einer neuen Ordnung, so eine entstehen kann, vom Verhältnis zwischen den USA, China, Russland und der EU bestimmt sein. China und die USA sind die dominierenden Mächte im internationalen System; es ist durchaus vorstellbar, dass wir auf eine neue Bipolarität zusteuern.

Russland ist zwar im Abstieg begriffen, besitzt allerdings dank dem taktischen Geschick Putins die Fähigkeit, die Ordnungsbestrebungen des Westens zu durchkreuzen. Die EU besitzt zwar das Potenzial, ein wichtiger Akteur auf der Weltbühne zu werden, muss dazu allerdings erst lernen, mit einer geeinten Stimme aufzutreten.

Indien, das bald bevölkerungsreichste Land der Erde, aber auch Lateinamerika oder Südafrika weisen – bei allen gesellschaftlichen

Widersprüchen – eine äußerst dynamische Entwicklung auf. Dennoch, eine grundlegende Neuordnung der internationalen Beziehungen, wie sie angesichts der globalen Klimakatastrophe notwendig ist, kann ohne die enge Kooperation zwischen den USA, China, Europa und Russland nicht gelingen. Daher liegt der Schwerpunkt des Buches auf diesem globalen Quartett.

Klima, Ressourcen, Energie sind die eigentlichen Themen unserer Zeit. Alle drängenden Fragen von heute – Migration, Ungleichheit, ja selbst Grund- und Menschenrechte, Demokratie – hängen damit zusammen. Ob und wie es der *Global Community* gelingen wird, eine nachhaltige Ökologisierung des Planeten zu entwickeln, davon hängt die Zukunft und das Wohlergehen der Menschheit ab. Die Zeit aber läuft uns davon.

Der Schriftsteller und Historiker Philipp Blom hat darüber ein beeindruckendes Buch geschrieben. Darin beantwortet er Fragen, die wir uns immer noch nicht stellen. Zum Beispiel, warum wir an einem Wirtschaftsmodell festhalten, das gefährlich und längst überholt ist. Oder ob wir noch nie eine Fabrik gesehen haben, die fast ohne menschliche Arbeit auskommt. Blom schreibt über das verbreitete Gefühl, „dass wir die Kontrolle über unser Leben verloren haben und dass Zukunftslosigkeit die Gesellschaften des sogenannten Westens, die viel zu verlieren haben, betrifft".

Bloß, was tun?

Der vorliegende Band versucht, die politischen, wirtschaftlichen und gesellschaftlichen Entwicklungen seit dem weltpolitischen Umbruch von 1989 einzuordnen. Aktuelle Phänomene wie die fortschreitende Erosion der liberalen Demokratie, der Populismus-Migration-Nexus und der *Authoritarian Turn* werden ebenso angesprochen wie die disruptiven technologischen Innovationen rund um Internet, Digitalisierung und Automatisierung.

Die Weltordnung des 21. Jahrhunderts, so viel ist klar, wird im Spannungsfeld zwischen offenen Gesellschaften und einem digital-autoritären Kapitalismus verhandelt werden.

1

DIE SÄULEN DER LIBERALEN ORDNUNG

Seit den frühen 1970er-Jahren, als sich in Vietnam die militärische Niederlage der USA abzuzeichnen begann, haben drei Themen die Diskussion über das angeblich bevorstehende Ende des *amerikanischen Zeitalters* geprägt. Da war zum einen die Rede vom *imperial overstretch*, dem Versuch der Vereinigten Staaten, ihre globale Dominanz in Zeiten des Kalten Krieges aufrechtzuerhalten und womöglich noch auszubauen. Ausgelöst von den militärischen Misserfolgen in Südostasien und den wirtschaftlichen Aufholprozessen der einstigen Kriegsgegner in Europa und Japan, wurde zweitens ein *relative decline*, der machtpolitische Abstieg der Supermacht, thematisiert. Zum Dritten wird seit den Gründungstagen der NATO vom *widening gap* zwischen den Partnern der Nordatlantischen Allianz gesprochen. Europäer und Amerikaner haben zwar vieles gemeinsam, Perioden großer transatlantischer Harmonie hat es jedoch nur selten gegeben. Dennoch hat die Verbindung zum gegenseitigen Nutzen über siebzig turbulente Jahre hinweg gehalten. Erst die Wahl des 45. Präsidenten der Vereinigten Staaten im November 2016 hat in einer Art europäischer Selbstvergewisserung die Möglichkeit zur Tatsache werden lassen: Die amerikanisch-europäische Allianz, wie wir sie kannten, gehört wohl der Vergangenheit an.

Die *Atlantik-Charta*, 1941 von Franklin D. Roosevelt und Winston Churchill auf dem britischen Schlachtschiff *HMS Prince of Wales* auf dem Ozean vor Neufundland unterzeichnet, ist wohl endgültig Makulatur. Wiewohl sich die Aufweichung der Bindungen zwischen Europa und den USA bereits seit längerem abgezeichnet haben, bedurfte es der merkwürdigen Figur Donald Trumps, diese Trennung – in politischen, wirtschaftlichen, kulturellen Belangen – vollständig zu offenbaren. Dabei war ein Ende der sogenannten *Westlichen Ordnung* durchaus absehbar, wenn auch nicht offenbar: Entgegen den Erwartungen einer sukzessiven Ausbreitung der liberalen Demokratien nach dem *annus mirabilis* 1989 ist ihre Zahl seit etwa zehn Jahren rückläufig. Sowohl junge als auch etablierte demokratische Gemeinwesen wurden spätestens seit der weltweiten Finanzkrise 2008 anfälliger für Demagogen und Populisten, die nationale Lösungen für die globalen Probleme unserer Zeit versprechen.

Die Normen und Regeln der internationalen Beziehungen westlicher Prägung werden längst nicht mehr nur von diktatorischen Regimen und revisionistischen Mächten missachtet und infrage gestellt. Insbesondere die USA, bis 2016 Führungsmacht und Garant der liberalen Weltordnung, haben viele ihrer zentralen Institutionen geschwächt. Donald Trump verleiht mit seiner unverhohlenen Abneigung gegenüber den Vereinten Nationen, der NATO und den Regeln der Welthandelsorganisation (WTO) bloß auf vulgäre Weise einer Entwicklung Ausdruck, die seit längerem Fahrt aufgenommen hat.

Es sind vor allem Russland und China, ein eigenartiges Paar absteigender und aufsteigender Macht, die mit militärischen bzw. wirtschaftlichen Strategien an der Revision der internationalen Ordnung arbeiten. Sowohl diese beiden Staaten als auch insgesamt die Länder des *Globalen Südens* empfinden die herrschenden Regeln und Normen als *westlich* und ganz auf die Interessen des industrialisierten Nordens zugeschnitten. Dabei verliert jener universelle Wertekanon, der seit 1945 in zahlreichen internationalen Verträgen festgeschrieben worden ist, tendenziell an Bedeutung. Wiederum ist es der aktuelle US-Präsident, der bislang unerhörte Akzente setzte: In seiner Inaugurationsrede kam der Begriff Menschenrechte kein einziges Mal vor.

Europa scheint derweil kaum in der Lage, sich dieser Erosion von bislang einigermaßen bewährten Paradigmen der Weltpolitik entgegenzustellen. Zu schwach und gespalten ist die Europäische Union auf dem internationalen Parkett, zu sehr war sie in den vergangenen Jahren mit der Bewältigung interner Krisen beschäftigt. Nicht zuletzt daran ist auch innerhalb der EU der Konsens über liberale Grundwerte und das klare Bekenntnis zur westlichen Ordnung zerbrochen.

Die westliche Weltordnung

Doch was macht die so gefährdete Weltordnung eigentlich aus?

Wenn von einer internationalen Ordnung die Rede ist, so ist dies natürlich notwendigerweise eine Vereinfachung und Abstraktion, und selbstverständlich kein rigides Regelwerk. Anders als etwa Rechtsordnungen innerhalb von Staaten kennt die Weltpolitik keine oberste Autorität, die Regeln durchsetzen könnte. Das bestehende internationale Recht, sei es im Bereich des Handels oder der Seefahrt und noch entschiedener, wenn es um humanitäres Völkerrecht oder internationale Regeln bewaffneter Konflikte geht, ist sogenanntes *soft law*: Es gibt keine zentrale exekutive Durchsetzung; die Einhaltung erfolgt nach nationalstaatlichem Gutdünken.

Dennoch lassen sich im Fall der wahlweise als liberal, transatlantisch oder westlich firmierenden Ordnung einige Grundprinzipien ausmachen. Sie haben den zwischenstaatlichen Beziehungen seit 1945 einen gewissen vertragsartigen Rahmen gegeben. Nach dem Ende des Kalten Krieges und dem Zusammenbruch der Sowjetunion schien es für einen kurzen Moment so, als ob diese westliche Ordnung gleichsam globale Geltung erlangen würde. Vier Säulen dieser Weltordnung sollen im Folgenden besonders herausgehoben werden: Demokratie, Marktkapitalismus, Globalisierung und Liberalismus. Sie spiegeln die normativen Vorstellungen des Westens wider; gemäß diesen sollen Politik, Wirtschaft und Gesellschaft konstituiert sein.

Die erste Säule ist demokratisch verfasste Politik. Auch wenn die Realität oft hinter der Rhetorik zurückblieb, haben sich seit dem Ende des Zweiten Weltkriegs immer mehr Staaten zu einem demokratischen Regierungssystem bekannt. Aber auch die objektive Qualität von Demokratien ist anhand einer Reihe von

Indikatoren – etwa Grundrechte und Meinungsfreiheit, Transparenz und Rechenschaftspflicht, Resilienz von demokratischen Institutionen – bis zur Finanzkrise 2008 kontinuierlich gestiegen. Zweifellos sind diese Wertvorstellungen durch die 68er-Revolution befeuert worden. Die Slogans von der *Durchflutung der Gesellschaft mit Demokratie* oder *Mehr Demokratie wagen* haben die politische Öffentlichkeit des Jahrzehnts nach 1968 geprägt und die progressive Hegemonie in Politik, Gesellschaft und Kultur durchgesetzt.

Zweitens ist die kapitalistische Marktwirtschaft ein zentraler Bestandteil der westlichen Ordnung. Von 1945 bis in die späten 1970er-Jahre noch stark eingehegt von Regulierungen und staatlicher Lenkung, wurden die Märkte seitdem zunehmend entfesselt und der Einfluss des Staates immer weiter zurückgedrängt. Die Namen Thatcher und Reagan stehen für diese neoliberale Revolution.

Drittens – und Politik und Wirtschaft umspannend – ist die beschleunigte Globalisierung nach dem Ende des Kalten Krieges prägend für die internationale Ordnung. Dieser Prozess ist gekennzeichnet durch den sukzessiven Abbau von Handelsschranken und die stetig wachsenden Ströme von Waren, Dienstleistungen, Kapital, Menschen, aber auch von Ideen und Informationen über alle Staatsgrenzen hinweg. Die zunehmende Globalisierung wurde im politischen Mainstream der entwickelten Welt die längste Zeit als durchwegs positiv dargestellt.

Viertens waren schließlich unterschiedliche Ausprägungen des Liberalismus – vom klassischen und neoklassischen Wirtschaftsliberalismus über gesellschaftsliberale Ansätze und politischen Liberalismus bis zu liberalen Ansätzen in den internationalen Beziehungen – die leitende Philosophie der westlichen Weltordnung. Nicht von ungefähr werden die Begriffe *Westliche Weltordnung* und *Liberale Weltordnung* synonym verwendet.

Jede einzelne dieser angeführten vier Säulen gerät jedoch zunehmend unter Druck. Die Euphorie des Westens nach dem Sieg in der Systemkonkurrenz des Kalten Krieges ist größtenteils verflogen, von einem *Ende der Geschichte* und dem damit gemeinten Universalismus des westlich-liberalen Systems ist schon längst keine Rede mehr. Klar ist, dass sich Geschichte nicht wiederholt und daher auch Demokratie und Marktwirtschaft nicht erneut von Faschismus und Kommunismus abgelöst werden. Aphoristisch könnte man sagen, wir befinden uns in einer *Zeit, die noch keinen Namen hat.*

Was aber ist die Essenz dieser vier großen Ideen, die nicht einmal mehr in der sogenannten westlichen Welt überzeugen können? Und welche neuen Konzepte und Visionen drängen aktuell in den Vordergrund?

Demokratie

Demokratie zählt zu den universellen und unteilbaren Grundwerten und Prinzipien der Vereinten Nationen. Obwohl der Begriff selbst nicht in der *Charta der Vereinten Nationen* enthalten ist, verdeutlichen die Anfangsworte der Präambel „Wir, die Völker der Vereinten Nationen" das grundlegende Prinzip der Demokratie. Sie stellen klar, dass die Legitimität souveräner Staaten und somit der Vereinten Nationen auf dem Willen seiner Bürgerinnen und Bürger basiert.

Die *Allgemeine Erklärung der Menschenrechte*, die im Jahr 1948 von der UNO-Generalversammlung angenommen wurde, definiert das Konzept der Demokratie mit den Worten: „Der Wille des Volkes bildet die Grundlage für die Autorität der öffentlichen Gewalt." In der Erklärung werden die Rechte, die die politische Teilhabe gewährleisten, festgelegt. Doch obwohl die Vereinten Nationen und auch die *Allgemeine Erklärung der Menschenrechte* von ihrem Beginn an weltweite Mitgliedschaft und Anerkennung genossen, hat sich die Demokratie als politisches System seit dem Ende des Zweiten Weltkriegs vergleichsweise langsam und ungleichmäßig durchgesetzt.

Im Jahr 1970 klassifizierte man rund 35 Länder weltweit als Demokratien mit freien und demokratischen Wahlen. Anfang der 1970er-Jahre stießen südeuropäische Staaten wie Griechenland, Spanien, Portugal zu dieser Gruppe, und nach dem Fall der Berliner Mauer und dem Zusammenbruch der Sowjetunion und des Warschauer Pakts wurde ein Großteil des ehemaligen Ostblocks demokratisch. Schließlich schlossen sich Ende der 1980er-Jahre die meisten Länder Lateinamerikas an.

Doch liberale Demokratie, wie sie dem westlichen Ideal entspricht, erschöpft sich nicht allein in einem Mehrparteiensystem mit formal demokratisch durchgeführten Wahlen. Sie basiert auf Meinungsfreiheit und ist sehr eng mit Rechtsstaatlichkeit, Menschenrechten und Grundfreiheiten verbunden. Gemäß dem deutsch-britischen Intellektuellen Ralf Dahrendorf besteht eine Demokratie aus einem „Ensemble von Institutionen", die politische Machtausübung in dreierlei Hinsicht legitimieren: Ermöglichung gewaltloser Veränderungen, Kontrolle und Balance der Machtausübenden sowie Partizipation der Bürger an der Machtausübung.

Allerdings haben diese Institutionen aktuell – angesichts der gegenwärtigen veränderten wirtschaftlichen und politischen Rahmenbedingungen – ein Kontroll- und Legitimationsproblem: Nationalstaaten können nur noch bedingt jene Phänomene beeinflussen, die das Leben ihrer Bürger betreffen. Die globalisierte Wirtschaft, aber auch der Klimawandel oder Fragen der Regulierung des Internets und der neuen Medien entziehen sich dem Einflussbereich einzelner Nationalstaaten.

Darüber hinaus bekommen staatliche Institutionen zunehmend Konkurrenz durch Nichtregierungsorganisationen und Interessenvertretungen. Auch transnationale Konzerne und kosmopolitische Eliten, die sich jederzeit dort ansiedeln können, wo die rechtlichen und steuerlichen Bedingungen am vorteilhaftesten sind, stellen den Gestaltungsspielraum demokratischer Institutionen infrage. Zudem wurden über Jahrzehnte wichtige Aspekte der Politik an demokratisch nicht legitimierte, technokratische Institutionen wie Nationalbanken und Regulierungsbehörden abgegeben, während der Parlamentarismus insgesamt an Bedeutung verloren hat.

Das verbreitete Gefühl, demokratische Politik – die Mitwirkung des Einzelnen an der *Res publica* – verliere zunehmend an Einfluss auf globale Entwicklungen, führt schließlich zu einer wachsenden Apathie gegenüber dem Politischen insgesamt. Die traditionellen Großparteien der westlichen Demokratien sind über die Jahre in zentralen Fragen der Wirtschafts- und Sozialpolitik praktisch ununterscheidbar geworden; die traditionellen Mitte-links-Parteien haben von den Neokonservativen die Argumentation der Alternativlosigkeit übernommen. Margaret Thatcher hat überdies die schiere Existenz von Gesellschaft als solcher mit ihrem berüchtigten Ausspruch „There is no such thing as society" in Abrede gestellt.

Reaktionen auf diese Entwicklungen sind zum einen die nostalgische Sehnsucht nach einer Zeit, in der nationale Politik noch die Wirtschaft beherrschen konnte. Die Frage *Wann wird es endlich wieder gestern?* bringt die vorherrschende Stimmung eines im Abstieg begriffenen Mittelstands auf den Punkt. Diese Gefühlslage – diffus und angstbesetzt – hat entscheidend zum Ausgang des Brexit-Referendums und der amerikanischen Präsidentschaftswahl 2016 beigetragen.

Zum anderen ist ein wachsendes Liebäugeln mit autoritären Regierungsformen zu beobachten; Demokratien funktionieren über Konsensbildung und komplexe Systeme gegenseitiger institutioneller Kontrolle. Folglich sind Entscheidungsprozesse in Demokratien notwendigerweise langsam. Das kann dazu führen, dass Autokratien als effizienter wahrgenommen werden und Politiker Zuspruch finden, die institutionelle Kontrollmechanismen abschaffen wollen.

Effizienz und Flexibilität sind schließlich – nicht zuletzt dank Internet und Smartphone – auch in der Wirtschaft und in der Arbeitswelt der Bürger zur obersten Maxime geworden. Demgegenüber scheinen die schwerfälligen Prozesse demokratischer Systeme nachgerade anachronistisch.

Eng verwoben mit der Krise der Demokratie im Zeitalter der rasenden Globalisierung ist die Entwicklung der kapitalistischen Marktwirtschaft hin zu einem alle Lebensbereiche dominierenden und global agierenden Finanzkapitalismus.

Marktkapitalismus

Die kapitalistische Marktwirtschaft baut auf den Überlegungen des liberalen Vordenkers Adam Smith auf. Dieser ging von der Annahme aus, dass ein freies Wechselspiel von Angebot und Nachfrage zur optimalen Allokation von Ressourcen und dadurch zum größtmöglichen Wohlstand für die größtmögliche Anzahl von Individuen führt. Auf Smith geht das oft gebrauchte Bild der *unsichtbaren Hand* zurück, eine Metapher für den rationalen Selbstregulierungsprozess des freien Marktes.

Freilich hat es die freie Marktwirtschaft in ihrer reinen Form nie gegeben; Regierungen und Gesetze haben stets in unterschiedlichem Ausmaß Einfluss auf Märkte – und damit auf die Gesellschaft – genommen. Auch die von Anhängern der (neo-) klassischen Schule der Ökonomie vertretene Annahme, *Marktteilnehmer* würden als rationale, den persönlichen Vorteil kalt maximierende Akteure agieren, wurde längst widerlegt. Vielmehr neigen Märkte dazu, Externalitäten und langfristige Ungleichgewichte zu erzeugen, während Marktteilnehmer oft emotionsgetrieben und irrational entscheiden.

Nichtsdestotrotz hat die kapitalistische Wirtschaftsform eine immense Vermehrung von Wohlstand und atemberaubenden technologischen Fortschritt ermöglicht. Sie war die Grundlage für den Aufbau einer breiten Mittelschicht in den westlichen Gesellschaften der Nachkriegszeit und brachte massive Verbesserungen der allgemeinen Lebensstandards. Doch die Verteilungsfrage innerhalb des kapitalistischen Wirtschaftssystems wurde, entgegen der Annahme von Anhängern des Marktfundamentalismus, zu keiner Zeit von den selbstregulierenden Kräften der Märkte zufriedenstellend gelöst. Vielmehr waren es stets politisch-rechtliche Rahmenbedingungen, die den Kapitalismus in gesamtgesellschaftlich nutzbringende Bahnen gelenkt haben.

Während der Wiederaufbauzeit nach dem Ende des Zweiten Weltkriegs und unter dem Einfluss der kapitalistisch-kommunistischen Systemkonkurrenz – gepaart mit der Erinnerung an die Große Depression der 1930er-Jahre und ihre katastrophalen Folgen – beherrschte die nach dem britischen Ökonomen John Maynard Keynes benannte Wirtschaftspolitik die Staaten des Westens. Der Keynesianismus zielte in erster Linie auf Vollbeschäftigung ab und sah die gesamtwirtschaftliche Nachfrage als entscheidende Größe für das Wachstum. Demgemäß versuchten Staaten, die Nachfrage nach Gütern und Dienstleistungen zu steuern. Ziel war es, sowohl ein Überhitzen der Volkswirtschaft als auch Krisen und Rezessionen zu vermeiden und damit das Wachstum konstant und die Arbeitslosigkeit niedrig zu halten. Daneben waren in den westlichen Industrienationen der Nachkriegszeit der Wohlfahrtsstaat und eine gewisse Umverteilung von Vermögen weit stärker ausgeprägt als heute. Man wollte dadurch dem Kommunismus, aber auch der Rückkehr des Faschismus einen Riegel vorschieben.

In den 1970er-Jahren geriet dieses Modell allerdings zunehmend unter Druck: Die aus den beiden Ölpreisschocks resultierende Stagflation – wirtschaftliche Stagnation bei gleichzeitiger Inflation – konnte mit den Rezepten des Keynesianismus nicht überwunden werden. Keynes' Wirtschaftstheorie war nie darauf ausgelegt gewesen, exogene Schocks und von der Angebotsseite herrührende Probleme zu überwinden. Die wirtschaftspolitischen Empfehlungen Keynes', entwickelt während der Weltwirtschaftskrise der 1930er-Jahre, zielten vor allem auf die Überwindung akuter Krisen, insbesondere die Verhinderung eines sich selbst verstärkenden Abschwungs und einer anhaltenden wirtschaftlichen Depression.

Die Kritiker Keynes' nutzten die beiden Ölkrisen, um die nachfrageorientierte Wirtschaftspolitik grundlegend zu diskreditieren. An deren Stelle traten der von Milton Friedman entwickelte

Monetarismus und die durch den Österreicher Friedrich von Hayek geprägte neoklassische Wirtschaftstheorie als neue Paradigmen der westlichen Politik.

Nachdem die neoliberale Schule des freien Marktkapitalismus in der Ära von Ronald Reagan und Margaret Thatcher die Hoheit über die Wirtschaftspolitik der beiden führenden westlichen Mächte übernommen hatte, kam es zu einer markanten Veränderung des sozialen Gefüges in der kapitalistischen Welt. Deregulierung und Privatisierungen führten zu einer massiven Verschiebung von Wachstum und Profiten weg von der sogenannten Realwirtschaft hin zur Finanzwirtschaft. Gleichzeitig verloren Gewerkschaften stark an Einfluss, und die Schere zwischen Arm und Reich, die nach dem Zweiten Weltkrieg im Abnehmen begriffen war, begann sich wieder zu öffnen.

Die zunehmende Entkoppelung der Finanzmärkte von der Realwirtschaft und immer komplexere finanzielle Spekulationsvehikel wurden durch die technologische Entwicklung zusätzlich befeuert: Im 19. Jahrhundert hatte die Erfindung von Eisenbahnen, Dampfschiffen und Telegrafen eine zuvor ungekannte wirtschaftliche Komplexität ermöglicht; analog dazu haben die Computertechnologie und das Internet eine Komplexität insbesondere an den Finanzmärkten ermöglicht, die sowohl die Gewinnspannen als auch die Risiken massiv erhöhte. Theoretische Mathematiker und Teilchenphysiker – an der Wall Street auch despektierlich als *quants* bezeichnet – haben mit ihren immer ausgefeilteren statistischen Modellen die Hedgefonds und Investmentbanken erobert.

Globalisierung

Etwa zur gleichen Zeit, als sich in der Wirtschaftspolitik der Übergang vom Keynesianismus zu neoklassischen Modellen vollzog, nahm die Globalisierung an Fahrt auf. Zwar hat schon das späte 19. Jahrhundert eine erste Welle der Globalisierung unter der Führung des British Empire erlebt; mit der Erfindung des Telegrafen und des Dampfmotors fielen die Kosten für Kommunikation und Transport rapide. Im Zusammenspiel mit den neu erschlossenen Ressourcen und Märkten der entstehenden Kolonialreiche ermöglichten diese technologischen Neuerungen eine Phase anhaltenden Wachstums, die erst durch die beiden Weltkriege und die Weltwirtschaftskrise der 1930er-Jahre beendet wurde. Allerdings kam der Wohlstand dieser frühen Globalisierung nur den wohlhabenden Eigentümern der Produktionsmittel zugute; die Ungleichheit zwischen sowie innerhalb von Staaten blieb unberührt.

Unter der Führung der USA wurde nach dem Zweiten Weltkrieg die Globalisierung gleichsam institutionalisiert. Das *Bretton-Woods-System* hat dafür die nötigen Finanzinstitutionen geschaffen. In dieser zweiten Welle der Globalisierung erwachte auch das Bewusstsein für den globalen Maßstab menschlichen Handelns: 1969 betrat Neil Armstrong als erster Mensch den Mond, und die Bilder, die weltweit in Zeitungen und auf Fernsehbildschirmen zu sehen waren, machten die Einheit und Verletzlichkeit unseres Planeten so sichtbar wie nie zuvor. Das atomare Wettrüsten des Kalten Krieges gab der Menschheit aber gleichzeitig ein Werkzeug in die Hand, das in der Lage war, das gesamte Leben auf der Erde auszulöschen.

1972 führte der legendäre Bericht des *Club of Rome* (*Die Grenzen des Wachstums*) der Menschheit die Endlichkeit ihrer Ressourcen und die Gefahren der Umweltzerstörung drastisch vor Augen. Parallel dazu ließ die fortschreitende Informationsrevolution die Distanzen weiter schrumpfen. Der Weg vom Telefon über den Computer zum Internet hat Grenzen überwunden wie keine technologische Innovation davor.

Dabei traten auch die wirtschaftlichen Auswirkungen der Globalisierung immer deutlicher zutage. Die Finanzmärkte wurden als Erste von den neuen Möglichkeiten der Informationsrevolution verändert. Neue Möglichkeiten der Computertechnologie trafen dabei auf eine breite Welle der Deregulierung. Die Aufhebung der Goldkonvertibilität des Dollars 1971 und das Floating der Wechselkurse waren wichtige Schritte zur Globalisierung der Finanzmärkte.

Die Liberalisierung des Handels folgte etwas verspätet mit der *Uruguay-Runde* des damaligen GATT (*General Agreement on Tariffs and Trade* = Allgemeines Zoll- und Handelsabkommen), die erstmals auch Dienstleistungen mit einschloss und letztlich in die Gründung der WTO (*World Trade Organisation*) mündete. Das seit den 1970er-Jahren dominante ökonomische Paradigma von Liberalisierung, Deregulierung und Privatisierung begünstigte die Entstehung von transnationalen Konzernen. Gleichzeitig veränderte sich die Natur des internationalen Handels selbst: Zunehmend wurden Zwischenerzeugnisse innerhalb von Konzernen über Länder und Kontinente hin bewegt und ein wachsender Anteil des Handels vollzog sich firmenintern.

Entscheidend für den Prozess der Globalisierung war, dass er – vor allem im Westen – die längste Zeit als normativ erstrebenswert angesehen wurde. Globalisierung würde, so das herrschende Narrativ, zu wachsendem Wohlstand für alle, sinkender Ungleichheit und weniger zwischenstaatlichen Konflikten führen. Globalisierung, Demokratisierung und Freihandel wurden als zivilisatorische Errungenschaften wahrgenommen. Abschottung und Autarkie sollten gezähmt und damit die Ursachen früherer Kriege aus der Welt geschafft werden. Die Hegemonie des Ökonomischen über das Politische sollte fortan die internationalen Beziehungen bestimmen.

Zu einem gewissen Maß hat sich diese Argumentation als begründet erwiesen: Die Globalisierung hat – in Kombination mit dem freien Marktkapitalismus – Millionen von Menschen aus tiefster Armut gehoben. Die Ungleichheit zwischen Staaten ist tatsächlich seit 1945 kontinuierlich gefallen und die meisten Indikatoren menschlichen Wohlergehens – von der Kindersterblichkeit bis zur Alphabetisierungsrate – haben sich verbessert. Folglich gilt die Globalisierung unter ihren Verfechtern als eine der wichtigsten und positivsten Entwicklungen des 20. Jahrhunderts.

Daher lässt sich scheinbar überzeugend argumentieren, dass die engere wirtschaftliche Verflechtung und wachsende Handelsströme zum Rückgang bewaffneter Auseinandersetzungen zwischen Staaten beigetragen haben. Die Interdependenztheorie der internationalen Beziehungen setzt sich mit diesen Auswirkungen der wechselseitigen Abhängigkeit zwischen Nationalstaaten auseinander. Sie sieht die Abnahme von bewaffneten Auseinandersetzungen zwischen Staaten als direkte Folge der Zunahme von grenzüberschreitenden Interaktionen von Unternehmen, Interessengruppen, Individuen und Ideen.

Wenn Konzerne und Individuen sich zunehmend freier über Landesgrenzen hinweg austauschen und in Kontakt treten können – was einer oberflächlichen Definition der Globalisierung entspricht –, entsteht ein wachsendes Interesse an der Aufrechterhaltung dieser Freiheit, so die weitverbreitete Annahme. Kriege sind, einfach gesagt, *schlecht fürs Geschäft* und nicht im Interesse von Menschen, die sich an Fernreisen und internationalen Austausch gewöhnt haben.

Diese Theorie ist selbstverständlich am aussagekräftigsten für Staaten, in denen die Wirtschaft frei und die Verfassung demokratisch ist. Im freien Marktkapitalismus können große Konzerne und Interessenvertretungen versuchen, die Politik von Maßnahmen abzubringen, die ihre Profite schmälern. In einer staatlich gelenkten Volkswirtschaft sind die Interessen der Unternehmen tendenziell den Staats- oder Regimeinteressen untergeordnet. Ebenso würden demokratische Regierungen vorsichtiger agieren im Einsatz von militärischen Mitteln. Ihre Wählerinnen und Wähler könnten sie für missglückte Abenteuer bei der nächsten Wahl aus dem Amt jagen; in Autokratien fallen derartige Überlegungen weniger ins Gewicht.

Es ist also möglich, das Argument zu konstruieren, dass Demokratie, Kapitalismus und die Globalisierung einander gegenseitig stützen und Frieden und Wohlstand in der Welt sichern und mehren. Dieses Argument wurde auch hinreichend vorgebracht – empirisch betrachtet spricht allerdings vieles dagegen. Was wir derzeit erleben, ist vielmehr, dass eine Kombination aus freiem Marktkapitalismus und Globalisierung den Gestaltungsspielraum der Politik sukzessive beschneidet und gemäßigte Parteien zunehmend von Populisten mit nationalistischen Tendenzen und Abschottungsfantasien vor sich hergetrieben werden. Zwischenstaatliche Spannungen steigen wieder und es scheint, als könnten wir eine Rückkehr zu den protektionistischen Praktiken und Handelskriegen der 1930er-Jahre erleben.

Dieser Rückschlag bezüglich Internationalität und Globalisierung ist nicht *per se* antidemokratisch; Demokratie bedeutet seit ihren Ursprüngen in der Antike stets die Herrschaft der Mehrheit des Volkes. Allerdings besteht seit Platons Staatstheorie die Annahme, dass jede Herrschaftsform zwei Ausprägungen annehmen kann: eine am Gemeinwohl orientierte und eine, der es allein um die Interessen der Herrschenden geht. Wenn die Gesellschaften demokratischer Staaten sich immer weiter polarisieren und statt Kompromiss und Debatte nur noch der Mehrheitswille gilt, haben wir es mit der zweiten Ausprägung der Demokratie zu tun: jener, die der griechische Historiker Polybios *Olchokratie* – Herrschaft des Pöbels – genannt hat.

Wachsende Teile der Bevölkerung wenden sich in immer mehr Staaten gegen jene Schule des Denkens, die den anderen Säulen der westlichen Ordnung – Demokratie, Kapitalismus und Globalisierung – zugrunde liegt: den Liberalismus.

Liberalismus

Die Bezeichnung *liberale internationale Ordnung* für das Konvolut an Regeln, Normen und Institutionen, die die internationale Politik bestimmen, ist seit den 1990er-Jahren weithin gebräuchlich. Was aber an dieser Ordnung im eigentlichen Sinn liberal ist, wird in der aktuellen Debatte meist nicht hinterfragt. Dabei ist es angesichts der komplexen Geschichte des Begriffs und seiner vielfältigen Bedeutungsmöglichkeiten alles andere als offensichtlich.

Ist der *politische* Liberalismus gemeint, basierend auf Ideen von individueller Freiheit und der Gleichheit der Menschen vor dem Gesetz, Rechtsstaatlichkeit und der Rechenschaftspflicht von Regierungen gegenüber der Bevölkerung? Sind mit anderen Worten die Ideale der Aufklärung gemeint und baut die liberale internationale Ordnung auf ihren Gegensatz zum politischen Autoritarismus?

Oder liegt dieser Ordnung vielmehr ein *wirtschaftlicher* Liberalismus zugrunde, wie ihn Adam Smith erstmals formuliert hat und der im Gegensatz zu Merkantilismus und ökonomischem Nationalismus steht? In diesem Sinne steht die liberale internationale Ordnung für freien Handel und offene Märkte sowie eine weitgehende Zurückdrängung von staatlichem Einfluss auf Wirtschaft und Gesellschaft.

Oder sind es *sozialliberale* Denkschulen, die als Basis der westlichen Ordnung dienen? Dann würde diese, aufbauend auf den Ideen des politischen Liberalismus, nicht nur rechtliche, sondern auch ökonomische Chancengleichheit fordern und daher innerhalb von Staaten wie auch im internationalen System eine Umverteilung und gezielte Förderung von Benachteiligten fordern.

Eine naheliegende Antwort wäre, dass alle drei Formen des Liberalismus gemeint sind, da sie zusammenhängen, ja sogar in gewisser Weise einander bedingen. Dieser Glaube an die allumfassende Macht des liberalen Gedankens hat die westliche Euphorie nach dem Ende des Kalten Krieges beflügelt, als mit dem Wegfall des kommunistischen Gegenmodells der Kapitalismus seinen weltweiten Siegeszug anzutreten schien. Damals herrschte im Westen die Annahme, dass nach der globalen Ausbreitung von freiem Handel und freier Marktwirtschaft unter dem Schlagwort des *Washington Consensus* unweigerlich auch das System der liberalen Demokratie universalisiert würde, und dass dies nach dem Modell der *trickle-down economics* letztlich auch zu einer Verringerung von sozialen Ungleichheiten führen würde. Ein Wunschdenken, dem zeitweise sogar die europäische Sozialdemokratie anheimgefallen war.

Nur allzu rasch hat dieser *Dritte Weg* in die Sackgasse geführt. Denn in der Realität hat sich gezeigt, dass die verschiedenen Liberalismen nicht so nahtlos zusammengehören, wie das in den Köpfen von viktorianischen Philosophen und europäischen Politikern der 1990er-Jahre der Fall gewesen sein mag. Offenkundig wird dies am Beispiel Chinas, das ein höchst erfolgreiches Modell des autoritären Kapitalismus geschaffen hat, in dem wirtschaftlicher Liberalismus keineswegs politische Offenheit bedingt. Es gibt zudem auch Fälle, in denen politischer und wirtschaftlicher Liberalismus in direkter Spannung zueinander stehen. So wird neuerdings häufig die Feststellung vorgebracht, dass die *Hyperglobalisierung* die Demokratie aushöhlt. Anders ausgedrückt untergräbt die spezifische Form des Wirtschaftsliberalismus mit seinem Fokus auf Deregulierung und Marktfundamentalismus die Grundlagen des politischen Liberalismus.

Zusammenfassend lässt sich sagen, dass die unterschiedlichen Bedeutungen des Liberalismus-Begriffs auch in der sogenannten liberalen internationalen Ordnung mitschwingen und viele der inneren Widersprüche bedingen, an denen diese Ordnung derzeit laboriert. Im öffentlichen Diskurs aber fehlt eine gründliche Auseinandersetzung über den zur Ideologie erstarrten Begriff des Liberalen.

Colin Crouch bringt die gegenwärtige Malaise auf den Punkt, wenn er auf *das befremdliche Überleben des Neoliberalismus* verweist. In seinem gleichnamigen Buch beschreibt der britische Sozialökonom, der bereits mit *Postdemokratie* einen wichtigen Beitrag zum Verständnis gegenwärtiger Politik lieferte, die neoliberale Wirtschaftstheorie als Amalgam aus Paradoxien und Dogmen, denen die Realität stetig angepasst werden muss. Crouch liefert eine anschauliche Sammlung von Beispielen, wo die neoliberalen Rezepte ins Gegenteil ihrer Vorhersagen mündeten, von fehlgeschlagenen Privatisierungen bis zu den fatalen Folgen der Deregulierung.

2

DAS WESTLICHE NACHKRIEGSSYSTEM 1945–1989

Viele Elemente der internationalen Ordnung – etwa Demokratie, Kapitalismus, die Globalisierung und liberale Ideologien – haben ihre Wurzeln in früheren Epochen. Allerdings wurden diese disparaten Elemente erst mit Ende des Zweiten Weltkriegs zusammengefasst und als kohärentes Programm für die Ordnung der internationalen Beziehungen formuliert. Dies geschah unter der Führung der USA, die damit ihre lange Tradition der Nichteinmischung in die Angelegenheiten Europas aufgegeben haben. Die Erfahrung von zwei Weltkriegen und die Bedrohung durch die Sowjetunion brachte Washington zur Überzeugung, dass es in die Schaffung eines internationalen Umfelds investieren müsse, das Frieden, Sicherheit und Wohlstand Amerikas als auch seiner Verbündeten gewährleisten würde.

Aus dieser Überlegung heraus entstanden auf Initiative Washingtons eine Reihe von Institutionen, die die liberale Ordnung über die nächsten siebzig Jahre prägen sollten: die Bretton-Woods-Institutionen *Weltbank* und *Internationaler Währungsfonds*, die *Vereinten Nationen* und das *Allgemeine Zoll- und Handelsabkommen* GATT, das in weiterer Folge zur *Welthandelsorganisation* WTO ausgebaut wurde.

Das Bretton-Woods-System

Die ökonomischen Institutionen der westlichen Weltordnung waren aus den Erfahrungen der 1930er-Jahre geboren. Damals kam es im Gefolge der Weltwirtschaftskrise zu einem Abwertungswettlauf und der Einführung von hohen Zöllen. Durch diese Maßnahmen versuchten die Nationalstaaten, ihre jeweiligen Volkswirtschaften bestmöglich zu schützen und den heimischen Industrien Wettbewerbsvorteile zu verschaffen. Handelskriege und Hyperinflation waren die Folge, insbesondere unter den Verliererstaaten des Ersten Weltkriegs, die in den Pariser Vorortverträgen mit hohen Reparationszahlungen belastet worden waren. Durch den Wertverlust ihrer Währungen und den *De-facto*-Zusammenbruch des internationalen Handels wurde aber die Schuldenlast dieser Staaten noch gravierender, die politische Stimmung radikalisierte sich.

In den Augen der Architekten der Nachkriegsordnung spielte diese Entwicklung eine entscheidende Rolle beim Aufstieg des Faschismus in Europa. Um einer Wiederholung nach dem Ende des Zweiten Weltkriegs vorzubeugen, sollte eine neue Weltwirtschaftsordnung geschaffen werden. Als Zielsetzung wurden wirtschaftliche Öffnung und Verflechtung zum Vorteil aller postuliert. Die Vereinten Nationen sollten den sicherheitspolitischen Rahmen bilden, innerhalb dessen militärische und wirtschaftliche Krisen im Geiste der Solidarität und der Völkerverständigung gelöst werden sollten. Ein umfassender Regelkanon sollte insbesondere Wirtschaft und Finanzen institutionell einfrieden.

Zu diesem Zweck trafen sich im Juli 1944 die führenden Finanz- und Wirtschaftsexperten der westlichen Alliierten in einem Hotel in den Bergen New Hampshires. Dabei wurde ein System von festen Wechselkursen etabliert, das bis in die 1970er-Jahre Bestand haben sollte. In diesem waren alle Währungen an den Dollar gekoppelt; der wiederum war an den Goldstandard gebunden. Um Spekulationen gegen diese Wechselkursbindung zu verhindern, wurden internationale Kapitalflüsse erheblich eingeschränkt.

In der Vergangenheit hatte sich allerdings gezeigt, dass feste Wechselkurse zu massiven Problemen für Staaten mit einem Handelsbilanzdefizit führen konnten. Daher sollte der *Internationale Währungsfonds* als Notfallkreditgeber einspringen können, um Staaten vor dem Zahlungsausfall zu bewahren und ihre Liquidität zu erhalten. Die zweite Bretton-Woods-Institution, die *Internationale Bank für Wiederaufbau und Entwicklung* (die spätere

Weltbank), sollte Kredite für den raschen Wiederaufbau der vom Krieg zerstörten europäischen Staaten vergeben.

Die Frage, wie strukturelle Ungleichgewichte in der Handelsbilanz von Staaten zu behandeln wären, führte jedoch zu Meinungsverschiedenheiten. Der Brite John Maynard Keynes, intellektueller Vordenker der Konferenz und prominentester Ökonom seiner Zeit, plädierte für ein System, in dem sowohl Kreditgeber als auch Schuldner – also sowohl Staaten mit einem Außenhandelsüberschuss als auch jene mit einem Defizit – einen Teil der Kosten zu tragen hätten. Keynes verlor aber gegen sein US-Gegenüber Harry Dexter White, der das finanzielle Gewicht der künftigen Weltmacht USA in die Waagschale warf. Die hoch verschuldeten Allianzpartner sollten demnach die Last schmerzhafter Strukturanpassungsprogramme allein schultern.

Die Position der USA in der Bretton-Woods-Konferenz ist insofern jener Deutschlands in der Bewältigung der Eurokrise vergleichbar: Auch im Euroraum müssen die beteiligten Volkswirtschaften ihre Handelsbilanz im Fall struktureller Defizite oder plötzlicher Krisen über interne Abwertung oder andere schmerzhafte Maßnahmen ausgleichen. Die Möglichkeit einer Wechselkursanpassung fehlt in der Währungsunion und das Land mit dem größten Außenhandelsüberschuss – Deutschland – ist nicht bereit, einen Teil zum Ausgleich der Handelsbilanzen beizutragen. Freilich ermöglichte Bretton Woods – anders als der Euro-Rettungsschirm – über zwei Jahrzehnte hinweg enormes Wachstum. Das sprichwörtliche deutsche Wirtschaftswunder erklärt sich auch aus diesem US-gelenkten Systemwechsel. Erst 1971 gab der damalige amerikanische Präsident Richard Nixon die Goldkonvertibilität auf.

Die Vereinten Nationen

Auch die Initiative zur Gründung der Vereinten Nationen fußte auf Erfahrungen der Zwischenkriegszeit – auf den Ambitionen, gerade aber auch auf dem Scheitern des Völkerbunds. Dieser erstmalige Versuch einer globalen Friedensordnung basierte auf den von Immanuel Kant in seinem Werk *Zum ewigen Frieden* formulierten Ideen. Darin versuchte Kant die Frage zu beantworten, ob und wie ein dauerhafter Frieden zwischen Staaten möglich sei.

Frieden ist für Kant kein natürlicher Zustand zwischen Menschen, er folgt damit der Idee eines Naturzustands des *Homo sapiens*, wie sie von Thomas Hobbes entworfen wurde. Allerdings sieht Kant, anders als Hobbes, die Möglichkeit, durch politische Bemühungen sowie ein allgemeingültiges Rechtssystem Frieden zu stiften und zu sichern. Diese Idee eines Völkerrechts, das auf verbindlichen Abkommen zwischen Staaten fußt, hat liberale Theorien der internationalen Beziehungen, den Völkerbund wie auch die Charta der Vereinten Nationen maßgeblich beeinflusst.

Einige grundlegende Prinzipien der Vereinten Nationen haben allerdings eine noch weiter zurückreichende Geschichte. Die Prinzipien der territorialen Integrität, der juristischen Gleichberechtigung, der inneren sowie äußeren Souveränität von Staaten, die in Artikel 2 der Charta der Vereinten Nationen festgehalten sind, entsprechen den Grundlagen des sogenannten *Westfälischen Systems* von Nationalstaatlichkeit, das nach dem Ende des Dreißigjährigen Krieges 1648 entwickelt wurde. Insofern ist das Nachkriegssystem der Vereinten Nationen ein Produkt der Verbindung von zwei disparaten Ordnungsbestrebungen: erstens des modernen westlichen Staatensystems, beruhend auf dem Frieden von Osnabrück und Münster; und zweitens jener liberalen Staatsidee, die in England entwickelt wurde und später in die amerikanische Verfassung Eingang gefunden hat.

Die westfälische Ordnung basiert auf den drei schon erwähnten Prinzipien territorialer Integrität, Souveränität und Legalität. Die liberale Vision internationaler Ordnung ihrerseits umfasst offene Märkte, freien Handel, internationale Organisationen, kollektive Sicherheit, demokratisch verfasste Gemeinwesen, kooperative Problemlösung, geteilte Souveränität und Rechtsstaatlichkeit. Die neuere, liberale Konzeption von Ordnung hat dabei die westfälische Ordnung nicht ersetzt; sie hat sich vielmehr wie eine neue Schicht darüber gelegt. Mit anderen Worten baut das, was wir als den Liberalismus in der internationalen Ordnung ansehen, auf einem älteren Fundament staatszentrierter Ordnung auf.

Der Völkerbund

Der direkte Vorläufer der Vereinten Nationen war institutionell gesehen der Völkerbund. Die Fundamente der Vormachtstellung der Vereinigten Staaten in der westlichen Ordnung wurden hingegen mit der Atlantik-Charta gelegt. Der Völkerbund als erster Versuch einer internationalen Ordnung auf Grundlage von liberalen Ideen der Aufklärung wurde zwar auf Initiative von Präsident Woodrow Wilson gegründet; er ist aber unter anderem daran gescheitert, dass die USA ihm nie beigetreten sind.

Der amerikanische Kongress lehnte einen Beitritt ab, da die innenpolitische Stimmung im Amerika der Zwischenkriegszeit von einem traditionellen Isolationismus beherrscht war. Washington lehnte eine Einmischung in die Angelegenheiten der Europäer ab und setzte stattdessen auf *leading by example* – auf eine *moralische Führungsrolle* der USA in der Welt. Das gelebte Vorbild sollte Richtschnur der amerikanischen Außenpolitik werden. Das Scheitern war vorprogrammiert und erinnert an die Versuche Präsident Obamas, die globale Hegemonie der USA auf ein *leading from behind* zu reduzieren.

Die sogenannte *Atlantik-Charta* von 1941 war ein Übereinkommen von Premierminister Winston Churchill und US-Präsident Franklin D. Roosevelt, in dem sie ihre gemeinsamen Prinzipien und Vorstellungen für eine Nachkriegsordnung erklärten. Sie plädierten darin für ein friedliches Zusammenleben und die Souveränität aller Völker sowie den freien und offenen Handel zwischen den Nationen. Alle Menschen sollten dadurch an besseren Arbeitsbedingungen, wirtschaftlichem Aufschwung und sozialer Sicherheit teilhaben können. Die Grundsätze der Atlantik-Charta waren also eine weitere wichtige Grundlage für die Entstehung der UNO.

Um einem ernüchternden Scheitern wie jenem des Völkerbunds vorzubeugen, wurde bei der Gründung der Vereinten Nationen den geopolitischen Realitäten Ende des Zweiten Weltkriegs Rechnung getragen. Die Sonderstellung der USA, Großbritanniens, Frankreichs, der Sowjetunion – den Siegern des Zweiten Weltkriegs – als Vetomächte im UNO-Sicherheitsrat (ergänzt durch China) kann als Zugeständnis an ein Fortbestehen der staatszentrierten und machtbasierten Ordnung innerhalb der liberalen Vision des UNO-Systems interpretiert werden. Das Vetorecht wurde auf Betreiben Josef Stalins während der Konferenz von Jalta in die UN-Charta aufgenommen; ohne dieses Zugeständnis an die Siegermacht Sowjetunion wäre die Organisation wohl nicht in dieser Form gegründet worden.

Die Rolle des Sicherheitsrats als ständiger Konsultationsmechanismus der Großmächte ist gleichzeitig auch die Reflexion eines weiteren, früheren Systems internationaler Ordnung in Europa: des Kongresssystems. Bekanntlich wurde nach dem Ende der napoleonischen Kriege die Neuordnung Europas auf dem Wiener Kongress 1814/15 beschlossen. Das damals etablierte System begründete einen informellen Mechanismus des stetigen persönlichen und diplomatischen Austausches zwischen den europäischen Großmächten. Damit konnte die Eskalation der zahlreichen lokalen Kriege und Konflikte zur großen europäischen Konfrontation bis 1914 verhindert werden. Tatsächlich blieb der Krimkrieg von 1853 bis 1856 die einzige größere militärische Auseinandersetzung zwischen europäischen Großmächten bis zum Ausbruch des Ersten Weltkriegs. Der UNO-Sicherheitsrat stellt somit den Versuch dar, das über einen längeren Zeitraum bewährte europäische Modell auf die globale Ebene zu transferieren.

Systemkonkurrenz im Kalten Krieg

Dennoch sollte das großteils auf idealistischen Ideen der Aufklärung basierende UNO-System bald durch ein mächtiges Militärbündnis der westlichen Staaten ergänzt werden. Dieser Schritt weg von einer globalen Ordnungsbestrebung, nach der die UNO für die Wahrung der weltweiten Sicherheit zuständig sein sollte, war in erster Linie der Ansicht Washingtons geschuldet, dass mit der Sowjetunion unter Josef Stalin kein *Modus Vivendi* zu finden sei.

Während bis 1945 die militärische Konfrontation mit Hitlerdeutschland und eine enge Abstimmung zwischen den westlichen Alliierten und Moskau im Vordergrund gestanden war, traten danach die politischen und weltanschaulichen Differenzen zwischen den Siegermächten wieder zutage. Bald nach Kriegsende begann sich die große ideologische Konfrontation abzuzeichnen, die bis 1989 andauern sollte. In den von der Roten Armee eroberten Staaten Ost- und Südosteuropas begannen Sowjetarmee und lokale kommunistische Parteien einen brutalen und systematischen politischen, wirtschaftlichen und gesellschaftlichen Umbau. Entgegen den Beschlüssen der Konferenz von Jalta wurden in den sowjetisch besetzten Gebieten keine demokratischen Wahlen zugelassen. Bereits im März 1946 prägte der ehemalige britische Premierminister Winston Churchill die Metapher vom *Eisernen Vorhang,* der Europa in West und Ost teile.

Tatsächlich gerieten in den folgenden Jahren nahezu alle Staaten Ost- und Südosteuropas unter die völlige Kontrolle Moskaus. Auch im Mittelmeerraum sowie im Nahen Osten stiegen die Spannungen zwischen den beiden Blöcken gefährlich an. Der UNO-Teilungsplan für Palästina, die Bildung arabischer Nationalstaaten in den ehemaligen britischen und französischen Mandatsgebieten haben denkbar schwierige Voraussetzungen für einen friedlichen Nahen Osten hinterlassen. Ein Blick auf die politische Landkarte zeigt, dass man heute – über siebzig Jahre nach der Entscheidung der Vereinten Nationen – weiter denn je von einer Lösung des israelisch-palästinensischen Konfliktes entfernt ist. Diese ernüchternde Feststellung gilt ebenso für den Krieg in Syrien und den von den USA in beispielloser Weise zerschlagenen Irak.

Doch die ideologischen Gräben wurden auch in vielen anderen Bereichen internationaler Kooperation sichtbar. Die Bretton-Woods-Institutionen bekamen das ebenso zu spüren wie die Abrüstungsagenda. Die Sowjetunion stellte klar, dass sie etwa die Weltbank nicht unterstützen würde. Ebenso verweigerte sie dem amerikanischen *Baruch-Plan*, der eine nukleare Abrüstung und internationale Kontrolle aller laufenden Atomenergieprojekte vorsah, ihre Zustimmung. Die Hoffnung auf eine tatsächlich umfassende globale Ordnung mit robusten internationalen Organisationen war damit bis auf Weiteres von der Tagesordnung gestrichen.

Gleichzeitig geriet in Washington die Truman-Regierung innenpolitisch unter Druck, als nach Kriegsende der traditionelle amerikanische Isolationismus wieder seine Stimme erhob und den Abzug der amerikanischen Streitkräfte aus Europa forderte. Da aber Großbritannien und Frankreich wirtschaftlich und militärisch geschwächt, Deutschland besetzt und geteilt war, gleichzeitig die Sowjetunion noch etwa vier Millionen Soldaten auf dem Kontinent stationiert hatte, machte sich die Befürchtung breit, Moskau würde bei einem Abzug der US-Armee gleich den gesamten Kontinent – für Stalin nichts mehr als eine geostrategisch umstrittene eurasische Halbinsel – für sich reklamieren.

George F. Kennan, US-*chargé d'affaires* in Moskau, lieferte Anfang 1946 mit seinem achttausend Worte langen Telegramm der Truman-Administration die argumentativen Grundlagen für die sogenannte *policy of containment*, die geopolitische Eindämmung und Zurückdrängung des sowjetischen Einflusses, und das langfristige Engagement der USA in Westeuropa. 2018 fordert Trump nunmehr den Rückzug der USA aus Europa und anderen Regionen aus Kostengründen.

Kaum ein Jahr später – im März 1947 – erklärte Präsident Truman vor dem Kongress die Bereitschaft der USA, jedes Land militärisch und wirtschaftlich zu unterstützen, das einer kommunistischen Bedrohung ausgesetzt ist. Der unmittelbare Anlass war der griechische Bürgerkrieg, die Folgen freilich weitreichend. Denn damit war nichts weniger als die Zweiteilung der Welt besiegelt.

Die weiteren weltpolitischen Entwicklungen der unmittelbaren Nachkriegszeit, die die transatlantische Allianz und die atomar aufgeladene Systemkonkurrenz zwischen Ost und West zementieren sollten, waren eine direkte Folge dieses frühen Zerwürfnisses um die Beherrschung Europas; dieser Kampf um Europa sollte bis zum Ende des Kalten Krieges das internationale System dominieren und ist mit dem Zerfall der Sowjetunion in eine neue Phase eingetreten.

Der Marshallplan

Entgegen den wiederholten Äußerungen des gegenwärtigen amerikanischen Präsidenten, wonach die europäische Einigung bloß zum Zweck der Übervorteilung Amerikas gegründet worden sei, war es die damalige Politik Washingtons, die in einem klugen Akt aufgeklärten Eigeninteresses das gleichermaßen ökonomisch wie moralisch devastierte Europa als zukünftigen Partner sah, dem es zu helfen galt. Die politische Entscheidung, auch den Kriegsurheber Deutschland in den Kreis dieser – transatlantischen – Allianz aufzunehmen, bildete gleichsam die Grundlage für den europäischen Einigungsprozess. Seinen Ausgang nahm der jahrzehntelange Prozess mit dem sogenannten *Marshallplan*.

Die Idee dieses „Europäischen Wiederaufbauprogramms" (*European Recovery Program*, ERP) wurde vom damaligen amerikanischen Außenminister George Marshall in einer Rede an der Harvard University 1947 erstmals vorgestellt. Damit sollte – ursprünglich allen – europäischen Staaten geholfen werden, ihre Volkswirtschaften wieder in Gang zu bringen, um sie damit – hier setzt das Eigeninteresse ein – weniger anfällig für den Kommunismus zu machen. Über den Marshallplan wurden bis 1952 Mittel in der Höhe von etwa 13 Milliarden Dollar ausgeschüttet, was inflationsbereinigt heute etwa 130 Milliarden Dollar entspräche. Diese Mittel flossen in erster Linie in Importe von Rohstoffen, Maschinen und Lebensmitteln aus den USA. Der Marshallplan half also nicht nur den westeuropäischen Staaten beim Wiederaufbau, sondern unterstütze auch die amerikanische Industrie bei der Umstellung von der Kriegswirtschaft auf Friedensproduktion.

Der historische Erfolg der amerikanischen Hilfsaktion beruht jedoch in erster Linie darauf, dass vom amerikanischen Kongress 1948 – unter den Bedingungen des beginnenden Kalten Krieges – ein umfassender Plan zum Wiederaufbau der europäischen Volkswirtschaften verabschiedet wurde. Der Kreml schloss sich selbst und seine Satelliten durch ein Teilnahmeverbot an diesem gesamteuropäisch angelegten Programm aus. Damit aber wurde die Teilung des Kontinents endgültig besiegelt. Nach Moskaus Machtübernahme in Prag im Februar 1948 erhitzten sich die Ost-West-Auseinandersetzungen und die USA wollten mit dem ERP auch die kommunistische Expansion eindämmen. So war die großzügige Wiederaufbauhilfe zum ökonomischen Pfeiler der amerikanischen *Politik des Containment* geworden.

Mehr noch als die riesigen Dollarbeträge waren wohl zwei Voraussetzungen für den Erfolg des Wiederaufbaus von entscheidender Bedeutung: Die europäischen Regierungen waren zum einen verpflichtet, eigene Entwicklungspläne vorzulegen, und mussten zum anderen einem Koordinationsmechanismus zustimmen. Dieser von den USA überwachte Prozess führte zur Einrichtung der OEECD – der *Organisation für Europäische wirtschaftliche Entwicklung und Kooperation*; später in OECD mit Sitz in Paris umbenannt –, die seither die makroökonomische Steuerung der wichtigsten Industriestaaten ausübt.

Sowohl die Gründung der OECD – mit ihren derzeit 36 Mitgliedern – als auch die bereits davor etablierte *Europäische*

Zahlungsunion zur Finanzierung des darniederliegenden europäischen Warenhandels waren wichtige Bausteine der europäischen Integration. Insofern mag der Zwang zur Zusammenarbeit und gegenseitigen Abstimmung der langfristig wichtigere Beitrag der USA zum europäischen Einigungsprojekt gewesen sein.

Der Erfolg der US-Initiative hat dazu geführt, dass seither immer wieder Marshallpläne eingefordert werden für so unterschiedliche Regionen – oder gar Kontinente – wie den Nahen Osten oder Afrika. Die Vorstellung einer Wiederholung des Erfolgs ist verlockend. Freilich müssen viele Voraussetzungen stimmen, wie es in Westeuropa der Fall gewesen ist, wo der hohe technologische und bildungsmäßige Vorkriegsstandard eine rasche ökonomisch *Take-off*-Phase ermöglicht hat.

Was von den Architekten des Marshallplans gelernt werden kann, ist die umfassende Herangehensweise in der Planung und Umsetzung des Projekts. Zweifellos haben die damals vorherrschende keynesianische Wirtschaftspolitik, die Staat und öffentliche Verwaltung als Rückgrat des Erfolgs ansah, und die amerikanische Bereitschaft zur großzügigen Finanzierung eine wichtige Rolle bei der Umsetzung gespielt. Diese Voraussetzungen sind heute weder bei den potenziellen Empfängerländern noch bei den Geberländern gegeben. Daher wird es wohl bei gelegentlichen politischen Appellen für einen neuen Marshallplan bleiben.

Der Nordatlantikpakt

Vor dem Hintergrund des eskalierenden Ost-West-Konflikts und als unmittelbare Reaktion auf die Berlin-Blockade wurde 1949 der sogenannte *Nordatlantikpakt* – besser bekannt als NATO, *North Atlantic Treaty Organisation* – ins Leben gerufen. Gründungsmitglieder waren die westeuropäischen Staaten sowie die USA und Kanada.

Die NATO sieht sich als ein militärischer Verteidigungs- und Beistandspakt, geschlossen unter den Vorzeichen der Grundwerte der Vereinten Nationen: Die Mitglieder verpflichten sich, in

Übereinstimmung mit der Charta der Vereinten Nationen, „ihre Bemühungen für die gemeinsame Verteidigung und die Erhaltung des Friedens und der Sicherheit zu vereinigen", wie es in der Präambel heißt, und sich „in ihren internationalen Beziehungen jeder Gewaltanwendung zu enthalten, die mit den Zielen der Vereinten Nationen nicht vereinbar ist" (Artikel 1). Ziel der NATO ist es, „die Freiheit, das gemeinsame Erbe und die Zivilisation ihrer Völker, die auf den Grundsätzen der Demokratie, der Freiheit der Person und der Herrschaft des Rechts beruhen, zu gewährleisten". Das Verteidigungsbündnis mit der Verpflichtung zum gegenseitigen militärischen Beistand kann also durchaus als militärischer Arm der liberal-kapitalistischen Ordnung verstanden werden.

Auf die Gründung der NATO reagierte Moskau mit der Gründung des *Warschauer Paktes,* dem kommunistischen Äquivalent, bestehend aus den acht Mitgliedern des sowjetisch dominierten kommunistischen Ostblocks. Dieser 1991 aufgelöste Vertrag ähnelte zwar in weiten Teilen dem NATO-Vertrag, wurde jedoch von Moskau so interpretiert, dass auf dem gesamten Vertragsgebiet stationierte sowjetische Truppen die Linientreue der Mitgliedsstaaten mit – notfalls militärischen Mitteln – sicherzustellen hätten. Diese sowjetzentrierte Ausrichtung wurde mit der in der *Breschnew-Doktrin* formulierten *beschränkten Souveränität* der sozialistischen Staaten theoretisch gerechtfertigt und im Fall des ungarischen Volksaufstands 1956 und in der Niederschlagung des Prager Frühlings 1968 in die Praxis militärischer Unterdrückung umgesetzt.

Die Trias der liberalen Ordnung: Sicherheit, Wirtschaft, Menschenrechte

Heute umfasst die liberale Ordnung drei wesentliche Teilordnungen: erstens eine *Sicherheitsordnung*, in der gewisse Grundregeln menschlicher Sicherheit allgemein anerkannt (wenn auch nicht immer eingehalten) werden; zweitens eine *Wirtschaftsordnung*, die sich an Rezepten der klassischen liberalen Theorien der Ökonomie orientiert und im Zeichen der freien Marktwirtschaft und der Zurückdrängung von staatlichem Einfluss steht; und drittens eine *moralische Ordnung*, die auf der Idee universeller Menschenrechte und Normen basiert. Diese Teilbereiche der Beziehungen zwischen Staaten haben eine zwar verschränkte, aber doch in weiten Teilen unabhängige Entwicklung durchlaufen und stehen teils im Widerspruch zueinander.

Die liberale Sicherheitsordnung

Die westlich-liberale *Sicherheitsordnung*, eine *regelbasierte* Ordnung, steht im Gegensatz zu einem System, das von rivalisierenden Blöcken und deren exklusiven Einflusssphären beherrscht wird. In einer regelbasierten Welt sollte nicht allein (militärische und wirtschaftliche) Macht darüber bestimmen, was Staaten tun oder lassen, sondern vielmehr internationales Recht deren Handeln leiten und beschränken.

Nach 1945 ist eine Evolution der europäischen Sicherheitsordnung zu beobachten, die in drei Phasen abgelaufen ist: Die erste könnte man als *Post-1945-Ordnung* der Frühphase des Kalten Krieges zuordnen, die durch die Beschlüsse der Jalta-Konferenz und die Formierung der beiden gegnerischen Verteidigungsbündnisse bestimmt ist. In Jalta trafen sich kurz vor dem Ende des Zweiten Weltkriegs die Staatschefs der USA, Großbritanniens und der Sowjetunion, um die Weichen für eine weitgehend von klassischer Großmachtpolitik und vom westfälischen Souveränitätsprinzip geleitete Nachkriegsordnung zu stellen. Die Konferenz teilte die Welt in zwei Blöcke oder Einflusssphären und zielte in erster Linie darauf ab, eine Konfrontation der beiden Supermächte USA und Sowjetunion tunlichst zu vermeiden. Den kleineren Staaten wurde dabei wenig Beachtung geschenkt.

Diese Ära kruder Konfrontation à la Kubakrise wurde abgelöst durch die *Post-1975-Ordnung*, bestimmt durch die Schlussakte von Helsinki. Diese bekräftigte ein weiteres Mal die Unverletzlichkeit von Staatsgrenzen und etablierte die erste wirklich gesamteuropäische Sicherheitsordnung: die *Konferenz für Sicherheit und Zusammenarbeit in Europa*. Sie sollte später zur *Organisation für Sicherheit und Zusammenarbeit in Europa*, der in Wien ansässigen OSZE, werden.

Helsinki wiederum wurde ersetzt durch die *Post-1990-Ordnung*, kodifiziert in der *Charta von Paris*. Dieses grundlegende internationale Abkommen markiert die Schaffung einer neuen gesamteuropäischen Ordnung nach der Wiedervereinigung Deutschlands und dem Ende der Ost-West-Konfrontation. Die Unterzeichnerstaaten verpflichteten sich zur Demokratie als einzig legitime Regierungsform und sicherten ihren Völkern die Einhaltung von Menschenrechten und Grundfreiheiten zu.

Jedes dieser drei Abkommen – die alle von der Sowjetunion mitunterzeichnet wurden – markierte einen Schritt hin zur weiteren Kodifizierung des europäischen Sicherheitssystems. Regeln, Normen und rechtsverbindliche Vereinbarungen traten an die Stelle nackter Militärmacht. Die *Logik der Gewalt* sollte durch *multilaterale Organisationen* eingehegt, schließlich ersetzt werden. Geheimdiplomatie und bilaterale Absprachen zwischen künftigen Supermächten, über die Köpfe der Betroffenen hinweg, sollten der Vergangenheit angehören. Heute freilich, nach dem Treffen Trump-Putin, steht *Helsinki* für die Rückkehr einer rücksichtslosen Machtpolitik auf europäischem Boden.

Vertragstreue und Vertrauensbildung waren nicht zuletzt der Tatsache geschuldet, dass sich in Europa die beiden Blöcke mit ihren jeweiligen Atomarsenalen unmittelbar gegenüberstanden und jedes Missverständnis gewaltige Konsequenzen gehabt hätte. MAD war schließlich das Akronym für *mutually assured destruction*, die gegenseitig garantierte Zerstörung.

Parallel dazu lief der west-östliche Wettbewerb um Einflusssphären und Machtbereiche in den Staaten der sogenannten *Dritten Welt* mit radikal anderen Mitteln ab. Von Lateinamerika über Afrika und den Nahen Osten bis nach Südostasien versuchten die ideologischen Konkurrenten mit allen Mitteln, ihnen gewogene Regierungen oder Satelliten zu installieren. Dabei wurden auch vom vorgeblich liberalen Westen – insbesondere den USA – die proklamierten Werte und Regeln alles andere als hochgehalten. Durch demokratische Wahlen an die Macht gekommene Regierungen wurden mittels Geheimdienstoperationen und Unterstützung von Rebellen und paramilitärischen Gruppen zu Fall gebracht. Brutale Diktaturen wurden gestützt, solange sie nur antikommunistische Posen einnahmen. Die Beispiele sind bekannt und reichen vom Sturz Mossadeghs und der Wiedereinsetzung des Schahs im Iran über die Unterstützung für Ferdinand Marcos auf den Philippinen bis zu den Contras in Nicaragua. Auch Stellvertreterkriege im Globalen Süden – etwa der Koreakrieg oder der Vietnamkrieg – wiesen wenig Anzeichen einer Achtung internationalen Rechts auf. Sie wurden sowohl vom kapitalistischen Westen als auch vom kommunistischen Block mit allen zur Verfügung stehenden Mitteln – und je entgegengesetzten Rechtfertigungen – geführt.

Insofern ist die liberale Sicherheitsordnung, in der Regeln des internationalen Rechts und multilaterale Organisationen eine bedeutende Rolle spielen, mehr erfolgreiches Narrativ als historisches Faktum. Der vielbeklagte Zusammenbruch einer solchen Ordnung mag aus dieser Perspektive durchaus als Ausdruck der Ernüchterung über den relativen Machtverlust der westlichen Staaten im internationalen System gesehen werden. Die globale amerikanische Dominanz – der unipolare Moment – aber wurde mit dem Terroranschlag auf das New Yorker World Trade Center brutal infrage gestellt. 9/11 schwebt gleichsam als Menetekel über der Jahrtausendwende. Der von der Bush-Administration 2001 ausgerufene *War on Terror* hat zwar das ideologische Mastermind dieses und weiterer Anschläge zur Strecke gebracht; Afghanistan und der Irak, Syrien und die Ukraine jedoch bedeuten für Idee und Realität einer liberalen Sicherheitsordnung das endgültige Aus.

Die liberale Wirtschaftsordnung

Wenn Analysten und Politiker vom *offenen Wesen* der liberalen Ordnung sprechen, meinen sie die vorherrschende globale Wirtschaftsordnung. Offene Grenzen, freier Handel und kapitalistischer Wettbewerb sind zentrale Bestandteile dieser globalen Ordnung.

Der wirtschaftliche Liberalismus ist ebenso ideelle Voraussetzung wie konstitutiver Part der Globalisierung. Er befördert die Beseitigung von Barrieren für Waren, Dienstleistungen, Kapital, Information und (mit zunehmenden Einschränkungen) Menschen. Mehr noch: Liberale Weltordnung und Globalisierung sind miteinander in einer Weise verschränkt, dass eine klare Unterscheidung schwerfällt. Beide stehen zunehmend in der Kritik und werden gleichermaßen für die gegenwärtige Krise verantwortlich gemacht. Wie aber ist es dazu gekommen?

In den unmittelbaren Nachkriegsjahren – in Zeiten des *General Agreement on Tariffs and Trade,* kurz GATT – war der Liberalismus der Wirtschaftsordnung noch eng umschrieben. Zwar hat eine schrittweise Öffnung des zwischenstaatlichen Handels stattgefunden, Staaten und Regierungen behielten jedoch eine beträchtliche Autonomie in der politischen Gestaltung wirtschaftlicher Rahmenbedingungen – ein Arrangement, das auch als *eingebetteter Liberalismus* bezeichnet wird. In diesem Kompromiss zwischen Globalisierung und nationaler Souveränität behielten sich Regierungen eine weitgehende Einflussnahme auf Industrie- und Währungspolitik vor, Kapitalkontrollen waren fester Bestandteil ihres *policy mix.*

Dies sollte sich mit dem Siegeszug des Neoliberalismus – auch Neokonservatismus genannt – in den späten Siebzigerjahren ändern. Deregulierung und eine völlige Befreiung des Marktes waren nach den Ölpreisschocks und der Aufgabe der Goldbindung des Dollars à la mode. Die Proponenten entfesselter Märkte und des deregulierten Freihandels beriefen sich dabei gerne auf die Österreichische Schule der Nationalökonomie und den in und hat den halben Kuhstall überschwemmt.

Karla hat dem armen Kalb immer nur in die Augen geschaut, und die Augen haben so mitleidig die Karla angeschaut, als würde sie abgestochen und die Sissi schaut zu. So ist sich Karla auch vorgekommen. Tief ins Herz hinein ist dieser Stich gegangen und hat drin gebohrt.

Wie der Vater und der Nachbar, der helfen gekommen ist, die Sissi längst aufgehängt und ihr die Haut vom Fleisch geschnitten haben, ist Karla noch immer dabei gestanden und hat dem toten Vieh den Kopf gestreichelt. Dabei hat sie leise geweint. Der Vater hat sie gefragt, ob sie aufhört zu weinen, wenn er ihr den Kopf von der Sissi schenkt. Karla hat genickt, und der Vater hat auf das gute Kalbshirn verzichtet.

Drei Tage lang hat Karla den Kalbskopf in der Stängerhütte vom Nachbarn versteckt. Immer wieder ist sie hingegangen und hat ihn gestreichelt. Aber dann waren so viele fette Schmeißfliegen auf den Augen, in den Ohren und in den Nasenlöchern, daß ihr gegraust hat davor. Sie hat den Kopf dem Vater gebracht, und er hat ihn hinter dem Stall, neben dem Garten eingegraben. Zusammen mit der Karla hat er ein Holzkreuz genagelt und es aufs Grab gestellt. So ist Karlas Tierfriedhof entstanden.

Karla hat für die Sissi gebetet und sich vorgenommen, nie mehr ein Kalb so zu nennen, weil man eine Sissi nicht retten kann.

*

»Verzogen habt Ihr sie, Karl«, hat der Nachbar mit einer hohen Stimme gesagt und Karla so giftig angeschaut, daß ihr sein Gesicht vorgekommen ist wie ein Fliegenpilz.

Karla ist mit dem Kalb erst wieder herausgerückt, wie der Vater ihr versprochen hat, daß er es für die Zucht behält. Später ist sie noch oft mit der Sissi spazierengegangen und hat sie zu den saftigsten Wiesen geführt. Die anderen Kühe haben nur das gemähte, welke Gras zum Fressen gekriegt, im Stall, an der Kette.

Einmal hat die Sissi aber zuviel Klee erwischt und ist aufgegangen wie ein Faschingskrapfen. Der aufgeblähte Magen hat ihr die Luft abgedrückt und sie hat geschnauft und geröchelt zum Erbarmen. Da hat der Vater einen Pansenstich gemacht. Er hat den Trokar, ein Stilett mit einer übergestülpten Klinge, genommen und der Sissi in den Bauch gestochen. Das Messer hat er wieder herausgezogen, und die übergestülpte Klinge ist im Kälberbauch steckengeblieben. Vorne hat sie ein Loch gehabt. Aus dem Rohr sind die Gärgase herausgezischt wie die Luft aus einem löchrigen Fahrradschlauch.

Die Sissi hat aber schon die Augen übergedreht. Weil der Vater nicht gewußt hat, ob sie davonkommt, hat er vorsichtshalber eine Notschlachtung gemacht. Karla hat das nicht wollen, und sie hat den Vater angefleht, es nicht zu tun. Aber er hat gesagt, daß er schon genug Schaden hat. Wie wenn er ein Stück Brot vom Laib schneiden würd, hat er das Messer am Hals von der Sissi angesetzt und gut bis zur Hälfte aufgeschnitten. Als würd man beim Bach die Absperrung aufmachen, ist das Blut herausgeschossen

Wien geborenen Friedrich August von Hayek. Der amerikanische Ökonom Milton Friedman, einer der bekanntesten Vertreter der *Chicago School*, war ein eloquenter Verfechter dieser gar nicht so neuen Wirtschaftstheorie.

Ihm war es in den 1970er-Jahren gelungen, die seit Franklin Roosevelts *New Deal* fest im amerikanischen Bewusstsein verankerte Idee, dass der Staat eine legitime und häufig unerlässliche Rolle in der Lenkung der wirtschaftlichen Entwicklung und dem Schutz der Ärmsten hätte, nachhaltig zu diskreditieren. Sein großer Bewunderer und spätere amerikanische Präsident Ronald Reagan brachte Friedmans Weltsicht prägnant auf den Punkt: „Government is not the solution to our problems; government is the problem."

Friedmans umfangreiche wissenschaftliche Arbeiten, seine Wirkung als *public intellectual* schufen das intellektuelle Unterfutter für den neoliberalen Freihandel und die These von der Effizienz der entfesselten Märkte im Besonderen. Freie Märkte, so die Überlegung, generieren nicht nur Wohlstand für alle Staaten, sondern maximieren auch die Auswahl für Konsumenten, senken die Preise und sorgen für die effizienteste Zuweisung knapper Ressourcen.

Ein Blick in die Wirtschaftsgeschichte zeigt jedoch, dass staatliche Lenkung eine erstaunlich zentrale Rolle im Aufstieg moderner Wirtschaftsmächte gespielt hat: Großbritannien etwa agierte in der Phase seines kometenhaften wirtschaftlichen Aufstiegs im 19. Jahrhundert streng protektionistisch. London schützte seine aufstrebenden Industrien mit hohen Importzöllen, während es seine Kolonien zwang, englische Produkte zollfrei einzuführen. Erst als eine kritische Größe der britischen Industrien erreicht war – *economies of scale* oder Skaleneffekte wirksam wurden –, wurde der Rest der Welt, etwa China, vielfach durch Waffengewalt zur Annahme von freien Handelspraktiken gezwungen.

Auch die USA waren in der Zeit ihres wirtschaftlichen Aufschwungs im 19. Jahrhundert ein Hort des Protektionismus mit durchschnittlichen Importzöllen von fast 45 Prozent. Der philosophische Urheber des amerikanischen Protektionismus war Alexander Hamilton, einer der „Gründerväter" der Vereinigten Staaten, dessen Vorbild später sowohl Deutschland als auch Japan folgen sollten.

Das kraftvollste Argument gegen die Hegemonie des klassischen Freihandels-Dogmas aber ist das Beispiel Japans. In nur wenigen Jahrzehnten wurde das nach 1945 in Schutt und Asche liegende Land zum größten Investor und Exporteur in Asien. Milton Friedman sah Japans Erfolg auf einem Bekenntnis zum freien Handel begründet, der Politologe Francis Fukuyama zitierte „wirtschaftlichen Liberalismus" im Geiste Adam Smiths als Ursache – doch mit der Realität haben beide Diagnosen wenig zu tun.

Japan lernte früh die politischen Risiken ökonomischer Stagnation kennen. Auf dem Höhepunkt des westlichen Imperialismus Mitte des 19. Jahrhunderts wurde es zur Unterzeichnung eines demütigenden Vertrages gezwungen. Die Kontrolle über seine Handelspolitik wurde an fünf westliche Staaten übertragen und nahm dem Kaiser das Recht, eigenständig Zölle zu verhängen. Die konservativen Meiji-Regenten waren infolge dieses Gesichtsverlusts davon besessen, das Land zu modernisieren und seine Souveränität wiederherzustellen.

Dabei blickten sie nach Deutschland und auf den einflussreichsten deutschen Ökonomen seiner Zeit, Friedrich List. Dieser war ein Schüler Hamiltons und ein scharfer Gegner der britischen Freihandelsideologie, die er für puren Opportunismus hielt. Nach seiner Überzeugung konnte es sich Großbritannien leisten, den Protektionismus abzuschaffen und freien Handel zu predigen, nachdem es mit protektionistischen Maßnahmen an die Spitze der Weltwirtschaft aufgestiegen war.

List war für freien Handel, aber erst nachdem die Industrialisierung, geschützt durch eine protektionistische Industriepolitik, bis zu einem gewissen Grad gediehen war. Diesen Ideen folgend verwandelte sich Deutschland nach dessen Gründung 1872 in atemberaubendem Tempo von einer Agrargesellschaft zu einer der weltweit führenden Industriemächte. Dem deutschen Beispiel folgend subventionierte Japan seine ersten Fabriken massiv und garantierte Minimumprofite für ihre Produkte. Fremde Technologie und Experten wurden ins Land geholt, ausländische Produkte kopiert. Der Erste Weltkrieg zerschlug die westlichen Handelsmonopole in Asien. Japan, die Gelegenheit nutzend, ahmte den europäischen Imperialismus nach und unterwarf Taiwan und Korea. Die neuen Kolonien boten geschützte Absatzmärkte für japanische Produkte und stärkten die Industrie.

Nach dem Zweiten Weltkrieg, noch während der amerikanischen Okkupation, erließ Japan eines der restriktivsten Außenhandels- und Devisenkontrollsysteme der neueren Zeit. Korea und Taiwan erbten nach Kriegsende die kolonialen Institutionen und Industrien der Japaner auf ihren Staatsgebieten. Und auch diese beiden Staaten bedienten sich der wirtschaftlichen Ideen Lists. Insbesondere General Park Chung-hee, der Südkorea ab 1961 regierte, war tief vertraut mit Lists Werken.

Da der Westen Taiwan, Korea und Japan als Puffer gegen den Kommunismus sah, ließ er diese Staaten in ihren neomerkantilistischen Praktiken gewähren und gab ihnen sogar Zugang zu den eigenen Märkten. Gleichzeitig durften europäische und amerikanische Firmen nicht in die geschlossenen Ökonomien der *asiatischen Tiger* investieren. Das Modell dieser Staaten umfasst nicht nur Handelsprotektionismus und Industriesubventionen, sondern auch selektive Kreditvergabe und bewusste Verzerrungen von Kreditraten zur Förderung von ausgewählten Sektoren der Wirtschaft. Die Effektivität dieser Politik musste sogar die traditionell der *Laissez-faire*-Schule der Smith'schen Ökonomie anhängende Weltbank 1993 in ihrem Report *The East Asian Miracle* widerwillig anerkennen.

Aber auch im Westen ist die neoliberale Orthodoxie noch nicht so lange verwurzelt, wie es den Anschein hat. Vielmehr gab es seit 1945 eine Verschiebung der wirtschaftspolitischen Grundannahmen innerhalb der kapitalistischen Staaten. Angesichts starker kommunistischer Parteien in vielen westlichen Demokratien wurde in den Jahrzehnten nach dem Zweiten Weltkrieg Massenarbeitslosigkeit als potenzielle Bedrohung für das kapitalistische Wirtschaftsmodell gesehen. Daher wurde Vollbeschäftigung – eine Arbeitslosenquote von etwa 4 Prozent – zum Ziel der westlichen Wirtschaftspolitik. Allerdings erzeugte der langfristige Fokus auf diese wirtschaftliche Variable einen Zustand, in dem steigende Löhne durch steigende Preise nivelliert wurden. Damit aber wurde die Kreditvergabe zunehmend unattraktiver. Als in den 1970er-Jahren die Aufgabe des Goldstandards durch die USA und die Ölpreisschocks hinzukamen, entstand eine massive Kostendruckinflation.

Vor diesem Hintergrund formierte sich eine Allianz aus Arbeitgebern und Kreditgebern, um eine marktfreundliche Revolution durchzusetzen; statt Vollbeschäftigung sollte monetäre Stabilität – das Erreichen einer bestimmten Inflationsrate, üblicherweise 2 Prozent – zum Hauptziel der Wirtschaftspolitik erhoben und sozialer Ausgleich als Paradigma durch Effizienz ersetzt werden. Die Namen Reagan und Thatcher stehen für diese neokonservative Revolution der 1980er-Jahre. Erfolgreich war diese Wende auch insofern, als sie die erfolgreichsten *New-Labor*-Sozialdemokraten Tony Blair und Gerhard Schröder seit den späten 1990er-Jahren den *Dritten Weg* einschlagen ließ. Er war als ideologischer Mittelweg zwischen Konservativismus und Sozialdemokratie gedacht, führte jedoch geradewegs in die neoliberale Sackgasse. Unter dem Einfluss der Globalisierung der Produktion wurde der Einfluss der Gewerkschaften, in unterschiedlichem Ausmaß, in allen westlichen Staaten zurückgedrängt.

Wirtschaftspolitik wurde zunehmend von Zentralbanken und Technokraten anstatt von demokratisch legitimierten Parlamenten gemacht. In der Folge stiegen die Unternehmensgewinne, während die Löhne stagnierten; zwar erhöhte sich die

Produktivität, der Mehrwert verblieb aber beim Kapital. Diese Entwicklung rächt sich nun zusehends; seit der Finanzkrise von 2008 haben die größten Zentralbanken mindestens 12 Billionen US-Dollar ausgeschüttet, ohne dass es einen spürbaren Effekt auf die Inflation gehabt hätte. Fast ein Viertel der europäischen Staatsanleihen haben negative Zinssätze. Wenig verwunderlich ist daher die Verzinsung im Keller und ohne systematische Ankäufe von Assets durch die Europäische Zentralbank hätten wir heute vermutlich eine Deflation. In dieser Situation sind Arbeitnehmer und Kreditnehmer massiv unter Druck und viele wenden sich politischen Bewegungen zu, die vorgeben, mit der wirtschaftlichen Orthodoxie der vergangenen drei Jahrzehnte brechen zu wollen.

Die liberale Menschenrechtsordnung

Universalisierung und Kodifizierung der Menschenrechte gehen zurück auf die *Charta der Vereinten Nationen* von 1945, die den „Glauben an die Grundrechte des Menschen, an Würde und Wert der menschlichen Persönlichkeit" bekräftigt und die UNO-Mitglieder anhält, sich für die „Verwirklichung der Menschenrechte und Grundfreiheiten für alle ohne Unterschied der Rasse, des Geschlechts, der Sprache oder der Religion" einzusetzen. Ein weiteres Fundament der Menschenrechtsordnung ist die *Allgemeine Erklärung der Menschenrechte*, die von der UN-Generalversammlung 1948 angenommen wurde.

Dieser Pfeiler der liberalen Ordnung setzte sich erst langsam durch und blieb während des Kalten Krieges im Grunde eine Absichtserklärung. Das Bekenntnis zu universellen Menschenrechten bot dem Westen zwar einen gewissen propagandistischen Vorteil im Ringen der Ideologien, das den Kalten Krieg bestimmte. Doch auch die Sowjetunion ließ keine Gelegenheit ungenutzt, um auf Diskrepanzen zwischen dem plakativen Bekenntnis des Westens zu Menschenrechten und seinem Umgang mit (ehemaligen) Kolonien und Einwanderern in Westeuropa oder Afroamerikanern in den USA hinzuweisen.

Mit dem Ende des Kalten Krieges erlebte die Menschenrechtsordnung ihre – wie wir heute wissen – umfassendste Akzeptanz. Die Weltkonferenz über Menschenrechte, von den Vereinten Nationen 1993 in Wien abgehalten, wurde zu einem Meilenstein für das globale Bekenntnis zu universellen Rechten. In der Abschlusserklärung bekannte sich die internationale Staatengemeinschaft zum Schutz der Menschenrechte und erteilte jeglichem Kulturrelativismus eine klare Absage. „Die Menschenrechte und Grundfreiheiten sind das Geburtsrecht aller Menschen; ihre Wahrung ist die vorrangigste Pflicht aller Regierungen", hieß es dort, und weiter: „Die universelle Natur dieser Rechte und Freiheiten steht außer Frage." Dieses erneute Versprechen war nicht zuletzt deshalb bedeutsam, weil die Allgemeine Erklärung der Menschenrechte 1948 von nur 57 Staaten verabschiedet worden war – die meisten heutigen Staaten existierten damals noch gar nicht, oder sie standen unter Kolonialherrschaft.

Seit den frühen 1990er-Jahren hat der Westen versucht, die Menschenrechtsordnung und ihre Anwendbarkeit in den internationalen Beziehungen zunehmend auszudehnen. Diese Bemühungen gerieten jedoch rasch in Konflikt mit einem konservativen Verständnis staatlicher Souveränität, die insbesondere in den Staaten des Globalen Südens – aber auch in den USA – de facto absolut gesetzt wurde; ganz im Unterschied zum supranationalen Projekt Europa. Insbesondere der Internationale Strafgerichtshof und die Konzepte der Schutzverantwortung (*Responsibility to Protect*, R2P) und des *liberalen Interventionismus* wurden zu Vehikeln des westlichen Bestrebens, die Menschenrechtsordnung zu globalisieren und notfalls auch mit militärischer Macht oder geheimdienstlichen Operationen durchzusetzen. R2P und die Doktrin der liberalen Intervention erlauben es der internationalen Gemeinschaft, in die Souveränität von Staaten einzugreifen, wenn diese nicht willens oder in der Lage sind, für den Schutz der Menschenrechte auf ihrem Gebiet zu sorgen. Der Internationale Strafgerichtshof dient dazu, die für grobe Menschenrechtsverletzungen verantwortlichen Politiker und Militärs zur Rechenschaft zu ziehen.

Schien es in den 1990er-Jahren noch, als hätten nichtwestliche Mächte diese Entwicklung akzeptiert, so wird in den Jahren seither deutlich, dass diese Ausweitung der Menschenrechtsordnung seinen Preis fordert. Russland hat etwa die Präzedenz der westlichen liberalen Interventionen als Rechtfertigung für die eigenen militärischen Abenteuer, die von westlichen Analysten als Bedrohung der liberalen internationalen Ordnung bezeichnet werden, herangezogen. China nutzt seine neu gewonnene Wirtschaftsmacht dazu, internationale Verurteilungen seiner Menschenrechtspraktiken zu verhindern. Und autoritäre Regime rund um den Globus sehen sich in ihrer Ablehnung der Menschenrechte zunehmend vom Aufstieg illiberaler Parteien im Westen bestärkt.

In China, Russland, vermehrt auch in autoritären Regimen von Erdoğan bis Orbán werden Aktivisten, Menschenrechtsverteidiger, Minderheiten und Journalisten in ihrer Arbeit behindert, ins Gefängnis geworfen oder stehen buchstäblich unter Beschuss. In Myanmar ereignet sich unterdessen unter den Augen der internationalen Staatengemeinschaft ein Genozid, wie ein UNO-Bericht im August 2018 nachgewiesen hat; weitgehend ohne internationale Empörung.

Die Verteidigung der Menschenrechte, einst integraler Teil aller Sonntagsreden, ist nahezu spurlos von der Agenda verschwunden. Der realistische Zweig der internationalen Beziehungen argumentiert gerne mit dem scheinbar Unausweichlichen, dass nämlich in einem globalen System, in dem der Westen an Einfluss und Macht einbüßt, der menschenrechtliche Universalismus an Bedeutung einbüßt.

Auch hat es den Anschein, als hätte der Westen mit seinem Versuch, die Menschenrechtsordnung zu universalisieren, zugleich die globale Sicherheitsordnung ins Wanken gebracht. Anders gesagt haben Bemühungen, die liberale Ordnung liberaler zu gestalten, das ordnende Element im Gegenteil geschwächt. Dies verdeutlicht das inhärente Spannungsverhältnis zwischen Liberalismus und Ordnung innerhalb des liberalen internationalen Systems.

Inzwischen geht die Bedrohung der Menschenrechtsordnung längst nicht mehr nur von autoritären Staaten wie Russland, China oder den theokratischen Golfmonarchien aus. Mit dem Aufstieg eines ethno-nationalistisch grundierten Populismus in Europa und den USA mehren sich in den Ursprungsländern der liberalen Menschenrechtsordnung Stimmen, die deren Grundideen infrage stellen.

Mit dem graduellen Abrücken des Westens – zumal Europas seit der Flüchtlingskrise 2015 – von den Prinzipien und Institutionen des Kanons der Grund- und Menschenrechte gibt dieser eines seiner wirkungsmächtigsten Versprechen auf. Umso mehr ist darauf hinzuweisen, dass es eine der zentralen Herausforderungen jeder zukünftigen Ordnung sein wird, die Wahrung und Achtung der Menschenrechte im digital-autoritären 21. Jahrhundert zu verteidigen – und womöglich zu erweitern.

3

AMERIKAS UNIPOLARER MOMENT

Mit dem Ende des Kalten Krieges hatten die USA und das wiedervereinigte Europa den vorläufigen Gipfel ihrer Machtentfaltung in den internationalen Beziehungen erreicht. Die Implosion des Sowjet-Kommunismus hatte zur Folge, dass es einen glaubwürdigen ideologischen, wirtschaftlichen oder politischen Gegenentwurf zur liberalen Vision einer kapitalistischen, globalisierten, demokratischen und von multilateralen Organisationen und internationalem Recht geleiteten Ordnung ganz einfach nicht gab. Kein Staat konnte sich der militärischen Übermacht der USA und dem wirtschaftlichen Gewicht der transatlantischen Achse entziehen. Die allgemeine Erwartung war, dass der Westen den Rest der Welt zunehmend in seine postideologische Sphäre assimilieren und so – folgt man Francis Fukuyama – ein *Ende der Geschichte* herbeiführen würde.

Sowohl wirtschaftlich als auch in der Sicherheitspolitik begann um 1990 eine Phase beispielloser internationaler Kooperation entlang liberaler Grundsätze. Diese Zusammenarbeit war gekennzeichnet durch eine Ausweitung der Operationen von UNO-Friedenstruppen und militärischer Kooperation unter der Ägide des Sicherheitsrats, der Weiterentwicklung des Völkerrechts mittels Kriegsverbrechertribunalen oder dem Konzept der humanitären Intervention. Die Gründung des Internationalen Strafgerichtshofs (ICC) verfolgte das Ziel der globalen Einhegung von Kriegsverbrechen. *Impunity* – Straflosigkeit – sollte auch auf internationaler Ebene der Vergangenheit angehören.

Zur Globalisierung des Strafrechts kam die Institutionalisierung des globalen Handelsregimes. Die WTO mit Sitz am UNO-Standort Genf gab den institutionellen Rahmen ab, innerhalb dessen auch regionale Freihandelszonen wie die *North American Free Trade Association* (NAFTA) ihren Platz in der internationalen liberalen Ordnung einnehmen konnten.

Die machtpolitisch auf dem Höhepunkt stehenden Vereinigten Staaten konnten in der Ära von 1989 bis 2007/08 – jenem unipolaren Augenblick der Weltgeschichte – ihre strategischen Prioritäten weitgehend ungehindert formulieren und darauf zählen, dass der Rest der Staatengemeinschaft sie entweder unterstützen oder zumindest hinnehmen würde. Dies war zum einen der amerikanischen Hypermacht und globalen Hegemonie geschuldet, zum anderen der weltweiten Bereitschaft, innerhalb der von den USA vorgegebenen Regeln und Normen zu operieren.

Besser noch als mit dem Begriff des *unipolaren Augenblicks* lässt sich diese Konstellation globaler Zusammenarbeit unter amerikanischer Führung mit dem Begriff eines *unipolaren Konzerts* – in der Tradition des Wiener Kongresssystems – erfassen. Zwar blieben innerhalb dieses unipolaren Arrangements multilaterale Institutionen wie die UNO bedeutsam – ihre Agenda war allerdings deutlich von den Interessen der USA beeinflusst. Der große Rest der Staatengemeinschaft war bereit, diesen zu folgen.

Der Golfkrieg 1990/91

Ein erster Triumph des interventionistischen Multilateralismus nach dem Fall der Berliner Mauer war der Golfkrieg 1990/91. Nachdem der Irak 1990 wegen eines Disputs um Ölfördermengen und angebliches Anzapfen irakischer Ölfelder durch Kuwait in den Nachbarstaat einmarschiert war, reagierte der Sicherheitsrat der Vereinten Nationen in beispielloser Geschlossenheit: Mit Moskaus Unterstützung – Gorbatschows Sowjetunion existierte noch – ermächtigte der Sicherheitsrat eine Koalition von 34 Staaten, „mit allen erforderlichen Mitteln“ gegen den Irak vorzugehen und die Annexion Kuwaits rückgängig zu machen.

Was während des Kalten Krieges undenkbar gewesen war – eine Kooperation der USA mit dem einstigen Erzrivalen zur Erhaltung des internationalen Friedens –, war nun überraschend Realität geworden. Moskau beteiligte sich zwar nicht direkt am Militäreinsatz, doch dem sowjetischen Reformer Gorbatschow erschien es wohl am klügsten, sich angesichts der eigenen Schwäche als Partner der USA zu positionieren. Selbst arabische Staaten trugen der neuen geopolitischen Situation Rechnung und beteiligten sich an der delegierten Selbstverteidigung Kuwaits.

Sogar Syriens Diktator Hafiz al-Assad, ein traditioneller Verbündeter der Sowjets im soeben zu Ende gegangenen Kalten Krieg, schlug sich auf die Seite der von den USA angeführten Koalition. Und der traditionelle amerikanische Verbündete Saudi-Arabien, der einen Angriff durch irakische Truppen zu fürchten hatte, ermöglichte die Stationierung von US-Truppen – im Land der heiligen Stätten des Islam. Dies bewog einen jungen, unbekannten Afghanistan-Heimkehrer namens Osama bin Laden, die Familie Saud und die USA zum Feind zu erklären.

Vorerst allerdings war der als *Operation Desert Storm* bekannte Feldzug der ersten Koalition von westlichen und arabischen Armeen ein durchschlagender politischer und militärischer Erfolg. Er steht aber auch am Beginn eines neuen Zeitalters der Kriegsführung: Mithilfe überlegener Technologie konnten die irakische Luftwaffe und die Kommandozentralen der Streitkräfte Saddam Husseins bereits in den ersten Stunden praktisch vollständig ausgeschaltet werden.

Neu entwickelte Präzisionswaffen erlaubten der Koalition, ihre Ziele aus der Ferne anzugreifen, ohne eigene Truppen in Gefahr zu bringen. Die *Zero-casualty*-Strategie der USA, bedacht auf möglichst wenige gefallene Soldaten, sollte in den Kriegen im ehemaligen Jugoslawien ihre Fortsetzung finden. *Body Bags* mit gefallenen amerikanischen GIs, die den Vietnamkrieg delegitimiert hatten, sollten diese Neuen Kriege nicht mehr beeinflussen. Die NATO-Interventionen in Kroatien, Bosnien und schließlich im Kosovo wurden nach diesem Prinzip geführt.

Aber auch in der medialen Berichterstattung wurde ein neues Kapitel aufgeschlagen: Im *CNN War* kamen erstmals *live* TV-Bilder und Reportagen in die amerikanischen Heime. Die überragende Macht der USA war für alle sichtbar geworden. Die direkt in die

Kampftruppen integrierten *embedded journalists* sollten neue Standards auf dem Feld der – je nach Blickwinkel – Kriegsberichterstattung oder Regierungspropaganda setzen. Die globalen Medien entfalteten im Kampf um die *hearts and minds* der Menschen eine neue, bislang ungekannte Wirkung.

Beide Entwicklungen – Präzisionswaffen und der Livekrieg im Fernsehen (später im Internet) – sollten tiefgreifende Auswirkungen auf die internationalen Beziehungen haben: Es wurde mit einem Schlag klar, dass eine offene Konfrontation mit der mächtigsten und auf dem letzten Stand der Hochtechnologie befindlichen Armee der Welt nicht zu gewinnen war.

Aufmerksam beobachtet von alliierten wie konkurrierenden Militärs, sind die Erfahrungen des Golfkriegs in die Militärdoktrinen vieler Staaten übernommen worden. China und Russland haben ihre militärischen *Anti-access/area denial*-Strategien – eine Kombination aus modernen Flugabwehr- und Raktensystemen sowie Methoden der elektronischen Kriegsführung – danach ausgerichtet sowie ihre *Soft-Power*- und Propagandaaktivitäten systematisch erweitert. Selbst transnationale Terrorgruppen haben aus den Erfahrungen im Golfkrieg gelernt. Aktuelle Phänomene wie die Onlinepräsenz des IS mit seinen professionell produzierten Videos und Magazinen, vor allem die Informationsoperationen Russlands oder der Einsatz von kleinen, irregulären Verbänden in der Ostukraine können ebenfalls als Lehren aus dem Golfkrieg 1990/91 verstanden werden.

Doch trotz des großen militärischen Erfolgs der Operation und der Tatsache, dass Saddam Hussein ein Faktor der Instabilität in der Region bleiben würde, verzichtete Washington im Einklang mit dem Mandat der UNO-Resolution darauf, den irakischen Diktator zu stürzen. 1990/91 steht damit im krassen Gegensatz zur Situation in Libyen 2011, als die westlichen Verbündeten das UNO-Mandat zum *Regime Change*, zum Sturz Gaddafis, missbrauchten.

Obwohl der *Marsch auf Bagdad* in Washington ernsthaft erwogen wurde, entschied man sich letztlich dagegen. Dies hatte

– wie seither öffentlich gemachte interne Dokumente aus der Bush-senior-Administration zeigen – verschiedene Gründe: Erstens wollten sich die USA keinen Alleingang ohne Rückhalt der Staatengemeinschaft erlauben, um ihr internationales Standing nicht gleich zu Beginn ihrer neuen Rolle als einzige Supermacht aufs Spiel zu setzen. Zweitens ging man davon aus, dass Saddam schwer zu finden sein würde und daher eine längerfristige militärische Besetzung des Irak notwendig wäre; das aber wollte Washington unter allen Umständen vermeiden. Drittens war man der Ansicht, dass es alles andere als leicht wäre, eine stabile, legitime Nachfolgeregierung aufzubauen. Colin Powell, damals Vorsitzender des Generalstabs, und Außenminister James Baker stimmten darin überein, dass es „keine Garantien gab, dass jemand anderes besser wäre als Saddam". Viertens war ein mögliches Zerbrechen des Irak entlang konfessioneller Linien nach einer Zerschlagung des repressiven Saddam-Regimes und eine dadurch bewirkte Machtverschiebung am Golf zugunsten des Iran eine weitere Sorge Washingtons.

Mit Blick auf die katastrophalen Ergebnisse des Irakkriegs von 2003 – begonnen vom diplomatisch und politisch weit weniger versierten Bush junior – waren die damaligen Argumente nachgerade prophetisch. Für seinen Vater George H. W. Bush aber war es beim Waffengang zur Befreiung Kuwaits um „mehr als ein kleines Land" gegangen. Es ging „um eine große Idee; eine neue Weltordnung", mit „neuen Formen der Zusammenarbeit zwischen Staaten", der „friedlichen Beilegung von Disputen, Solidarität im Angesicht von Aggression" und „Gerechtigkeit für alle Völker".

Diese neue Form relativer Kooperation schien sich durch die einigermaßen friedlich verlaufene Auflösung des ehemaligen Ostblocks zu bestätigen. Nicht bloß war der Kalte Krieg überwunden; die umsichtig geführten Gespräche zwischen der zur alleinigen Supermacht aufgestiegenen USA und der moribunden Sowjetunion waren eine diplomatische Meisterleistung gewesen. Die Sowjetunion unter Michail Gorbatschow und ab 1991 Russland unter Boris Jelzin stimmte der deutschen Wiedervereinigung ebenso zu, wie die NATO-Mitgliedschaft Gesamt-Deutschlands akzeptiert worden war. Die Staaten des 1991 aufgelösten *Warschauer Paktes* sowie die Sowjetrepubliken Osteuropas, des Baltikums, des Kaukasus und Zentralasiens wurden in die Unabhängigkeit entlassen. Das kommunistische Sowjetsystem war Geschichte.

Der Zerfall Jugoslawiens

Schon bald jedoch sollte die europäische Sicherheitspolitik vor ihre erste große Herausforderung gestellt werden: In der Sozialistischen Föderativen Republik Jugoslawien hatten sich seit den 1980er-Jahren vor dem Hintergrund massiver wirtschaftlicher Schwierigkeiten die ethnischen Spannungen deutlich erhöht.

Während der Hochphase des Kalten Krieges genoss der blockfreie kommunistische Staat an der Demarkationslinie zwischen Sowjetimperium und westlicher Allianz eine besondere strategische Bedeutung. Dafür wurde er von Washington großzügig finanziell unterstützt. Diese geopolitische Sonderstellung Jugoslawiens sollte sich allerdings nach dem Tod Titos 1980 und dem Niedergang der Sowjetunion sukzessive ändern. Gorbatschows Reformpolitik, wofür die Schlagworte *Perestroika* und *Glasnost* stehen, bedeutete in gewisser Weise den Versuch der Jugoslawisierung der Sowjetunion. Angesichts der Konfliktgeschichte zwischen den beiden kommunistischen Staaten durchaus bemerkenswert.

Jugoslawien freilich erwies sich als strategischer Schild gegen die Sowjetmacht vernachlässigbar und schlitterte im Lauf der 1980er-Jahre in zunehmende wirtschaftliche, soziale und separatistische Schwierigkeiten. In diesem krisenhaften Umfeld gelang Slobodan Milošević mithilfe eines nationalistisch geprägten Populismus der Aufstieg an die Spitze der Kommunistischen Liga Serbiens. Der Wendekommunist schürte dabei geschickt Spannungen zwischen den zahlreichen jugoslawischen Ethnien, insbesondere zwischen Serben und Albanern im Kosovo. Das wiederum beflügelte die Ängste der kleineren Teilrepubliken Slowenien, Kroatien, Bosnien-Herzegowina, Mazedonien und Montenegro.

Während sich in den osteuropäischen Staaten Intellektuelle oder Gewerkschaftsfunktionäre wie Václav Havel oder Lech Wałęsa an die Spitze der demokratischen Reformbewegungen stellten, übten sich die jugoslawischen Kommunisten in der ideologischen Rolle rückwärts. Aus Kommunisten wurden Nationalisten, das Kollektiv Volk setzte sich als politisches Machtinstrument gegen das bürgerliche Konzept von Staat und Gesellschaft durch.

Dabei ist zu betonen, dass die ethnischen Spannungen nicht Ursache für, sondern vielmehr Folge von Krise und Zerfall Jugoslawiens gewesen sind. Ivan Krastev vom Center for Liberal Studies in Sofia vermeint in der Überbetonung der ethnischen Ursachen der Jugoslawienkriege einen wichtigen Grund für die aktuelle Krise der offenen Gesellschaft in den osteuropäischen Staaten zu erkennen. Liberale Kräfte auf dem gesamten Kontinent sahen im Nationalismus den Ausgangspunkt dieser Konflikte und waren bemüht, sich von dieser vermeintlichen Wurzel allen Übels zu distanzieren. Dabei wurde, so Krastev, übersehen, dass der Nationalismus in postkommunistischen Gesellschaften ein identitätsstiftendes Narrativ angeboten hat. Nicht zuletzt war es eine Koalition liberaler und nationalistischer Kräfte, die den Sturz des Kommunismus etwa in Polen und Ungarn herbeigeführt hatte. Nationalstolz war für Bürger dieser Staaten, ganz anders als etwa in Deutschland, keine schambesetzte historische Altlast, sondern schien vielmehr durch die jeweils eigene Geschichte bestätigt. In der Periode unmittelbar nach 89 definierte sich osteuropäische Heimatliebe noch häufig über ein inklusives Verständnis der eigenen Kultur sowie der demokratischen Errungenschaften und persönlichen Freiheiten, die beim Sieg über kommunistische Regime erkämpft wurden.

Der ehemalige Kommunist Slobodan Milošević wurde jedoch bald zur Symbolfigur des modernen Ethno-Nationalismus der kriegerischen 1990er-Jahre. Das wiederum hatte zur Folge, dass der Rückbezug auf die eigene Geschichte und Kultur von den liberalen Eliten vielfach als suspekt erachtet wurde. Der patriotische Stolz auf die vom Kommunismus befreite Heimat konnte nicht selbstbewusst artikuliert werden. Damit aber wurde das weite Feld der postkommunistischen Identitätsfindung den Ethno-Nationalisten überlassen; mit Folgen, die heute noch nachwirken. Selbst in den einst liberal-demokratischen Gesellschaften Ost- und Südosteuropas entwickelte sich ein autoritärer Rückschlag; dafür stehen die Namen Orbán oder Kaczyński.

Die von Krastev konstatierte Überbewertung des Ethnischen als Kriegsgrund hatte eine paradoxe Folge. Im Bestreben der amerikanisch-europäischen Architekten des Friedensvertrags von Dayton, die drei Kriegsparteien in ein multiethnisches Bosnien zu zwingen, wurden in die Verfassung des Staates (zu) viele ethnisch-kollektive und (zu) wenige demokratisch-individuelle Rechte aufgenommen. Dieser Versuch der Quadratur des Kreises hat die ethno-nationalistische Politik und damit die Dysfunktionalität des Staates gleichsam in die bosnische Verfassung eingeschrieben.

Vor allem die wohlhabenden Teilrepubliken im Norden der jugoslawischen Föderation – Kroatien und Slowenien – beobachteten den wachsenden serbischen Einfluss auf den Gesamtstaat mit Argwohn. Sie strebten, anders als Milošević in Serbien, Öffnung und Demokratisierung an und kündigten die Transfergemeinschaft mit dem wirtschaftlich schwachen Süden der Föderation. Eine massive Währungskrise 1989/90 besiegelte schließlich das Schicksal Jugoslawiens. Slowenien und Kroatien drohten mit der Loslösung von Jugoslawien, sollte es nicht zu einer politischen Neuordnung der Föderation kommen. Am 25. Juni 1991 erklärten sich die beiden Teilrepubliken schließlich für unabhängig. Halbherzige europäische und amerikanische Vermittlungsversuche, die Auflösung Jugoslawiens zu verhindern, waren gescheitert.

Die jugoslawischen Zerfallskriege hatten ihren Ausgang von Slowenien genommen, der einzigen monoethnischen Teilrepublik des Vielvölkerstaats. Nach dem kurzen Krieg zwischen slowenischen Territorialkräften und der jugoslawischen Armee verlagerte sich dieser erste militärische Konflikt seit 1945 auf europäischem Boden nach Kroatien, wo die serbische Volksgruppe gegen den kroatischen Nationalstaat den sezessionistischen Aufstand probte. Schließlich griff der Krieg 1992 auf das tatsächlich multiethnische Bosnien-Herzegowina über.

Die politische Instrumentalisierung des ethnischen Hasses, der bis in den Zweiten Weltkrieg reichende Rückbezug auf angebliche und tatsächliche Verbrechen gegen die jeweils andere Gruppe, die gezielten Angriffe auf die Zivilbevölkerung und die systematischen ethnischen *Säuberungen* – welch schreckliche Metapher für brutale Vertreibung und tausendfachen Mord – erschütterten eine perplexe Weltöffentlichkeit. Insbesondere die Gräuel des Bosnienkriegs wurden zum Sinnbild für das beispielhafte Scheitern der neuen europäischen Ordnung und, ganz allgemein, das Versagen der internationalen Staatengemeinschaft. UNO-Friedenstruppen konnten weder die von allen Seiten begangenen Massaker an der Zivilbevölkerung noch den Genozid in Srebrenica verhindern; wo kein Frieden vorhanden war, konnte er auch nicht geschützt werden.

Die sich überstürzende Eskalation der Gewalt in Jugoslawien traf die Europäische Gemeinschaft unvorbereitet. Sie war in den frühen 1990er-Jahren mit dem zweiten Golfkrieg, der turbulenten Auflösung der Sowjetunion, der Wiedervereinigung Deutschlands und der Vorbereitung des Maastricht-Vertrags ausgelastet. Auch mangelte es den Europäern an einer institutionellen Zusammenarbeit in den Bereichen Außen- und Sicherheitspolitik.

Aber auch die internationalen Organisationen – vor allem die UNO – wurden durch die Kriege in Jugoslawien vor völlig neuartige Fragen gestellt: Wie sollte das völkerrechtlich verbriefte Selbstbestimmungsrecht der Völker im Fall der Auflösung Jugoslawiens interpretiert werden? Handelt es sich dabei um einen internationalen oder einen innerstaatlichen Konflikt? Was sagt die jugoslawische Verfassung über das Austrittsrecht von Teilrepubliken – und wie sollte mit den verfassungsmäßig nahezu gleichgestellten Provinzen wie etwa dem Kosovo verfahren werden? Welche Regeln und Präzedenzfälle sahen die Vereinten Nationen in Fragen der

Sezession von Teilrepubliken wie in der Sowjetunion oder eben in Jugoslawien? Welche internationalen Abkommen waren anzuwenden? Viele offene Fragen, auf die es bloß widersprüchliche Antworten gab in einem aus dem Ruder laufenden Konflikt mitten in Europa.

Neue Kriegsführung

In den jugoslawischen Zerfallskriegen wurde ein neues Muster bewaffneter Auseinandersetzungen erkennbar, das sehr bald die Konflikte der Post-89-Ära bestimmen sollte: Bürgerkriege haben die zwischenstaatlichen Kriege der ersten Hälfte des 20. Jahrhunderts abgelöst. Die Konflikte nach dem Ende des Kalten Krieges wurden primär innerstaatlich ausgetragen, oftmals waren sie *asymmetrisch* in ihrer Ausprägung. Das bedeutete in den zumeist irregulären Kampfhandlungen eine hybride Vermengung von staatlichen und nichtstaatlichen Akteuren, wie dies etwa im Bosnienkrieg der Fall gewesen ist, der im Wesentlichen von Belgrad aus gesteuert – und dann auch durch Miloševićs Unterschrift unter den Dayton-Vertrag 1995 beendet – wurde.

Eine weitere Besonderheit des Jugoslawienkriegs war die rasche Etablierung einer Konfliktökonomie besonderer Art, nämlich die Kooperation der kriegführenden Parteien mit transnationalen kriminellen Netzwerken zur Finanzierung sowie zur Beschaffung von Kriegsgütern. Die unkonventionelle Kriegsführung führte zu massiven Menschenrechtsverletzungen an der Zivilbevölkerung (Vertreibungen, sexualisierte Gewalt, gezielte Sprengung von Wohnanlagen und Privathäusern, ja ganzen Dörfern, sowie die systematische Zerstörung von Moscheen, Kirchen, Klöstern oder der Brücke von Mostar; der Großteil nicht im Zuge von Kriegshandlungen). Schließlich spielte die religiös-ethnische anstelle von ideologischer Motivation eine entscheidende Rolle in der Begründung der Konflikte.

Es wäre jedoch falsch, diese neue Kriegsführung als *typisch Balkan* zu bezeichnen. Auch in einer Reihe von Konflikten, die sich etwa zur selben Zeit in Afrika, Asien und im Mittleren Osten abspielten, waren ähnliche Motivations- und Ablaufmuster feststellbar. Die besonders in der angloamerikanischen Literatur gängige These von den *ancient hatreds*, den vom kollektiven Hass getriebenen ewigen Konflikten, ist jedenfalls zurückzuweisen. Vielmehr waren es machtpolitische, ökonomische und von Persönlichkeiten wie Milošević oder Tuđman bestimmte Faktoren, die für den blutigsten Konflikt auf europäischem Boden seit 1945 ausschlaggebend gewesen sind.

Der Kriegstross aber bewegte sich vom Norden südwärts.

In Slowenien, das zu 90 Prozent von ethnischen Slowenen bewohnt ist, konnte bereits nach zehn Tagen das Ende des Krieges am Verhandlungstisch erzielt werden. Milošević begründete den mit Präsident Milan Kučan ausgehandelten Rückzug der Jugoslawischen Volksarmee mit der Tatsache, dass es in Ljubljana keine Serben zu verteidigen gäbe.

Die Lage in Kroatien war eine andere. Hier konnte Anfang 1992 ein Waffenstillstand zwischen separatistischen Serben und der Regierung in Zagreb vermittelt werden, UNO-Friedenstruppen besetzten die serbisch kontrollierten Gebiete. Allerdings überrannte die kroatische Armee diese Gebiete 1995 und vertrieb Hunderttausende Serben, während die Blauhelme tatenlos zusehen mussten.

In Bosnien-Herzegowina, wo der Krieg zwischen muslimischen Bosniaken, katholischen Kroaten und orthodoxen Serben geführt wurde, zeigte sich erneut die Unfähigkeit der eingesetzten UNO-Friedenstruppen, der Lage Herr zu werden.

UNO-Friedensmissionen in neuem Umfeld

UNO-Friedensmissionen waren für Situationen konzipiert worden, in denen eine politische Bereitschaft zum Ende der Kampfhandlungen gegeben war; sie sollten den Frieden sichern, nicht herbeiführen. Daher waren sie traditionell leicht bewaffnet und drei Prinzipien verpflichtet, die ihren Einsatz unter den Bedingungen der *Neuen Kriege* extrem schwierig machten:

Erstens waren die Friedenstruppen vom Einverständnis der Regierung des Landes, in das sie entsandt wurden, bzw. von der Einwilligung der Konfliktparteien abhängig. Zweitens mussten sie stets unparteilich agieren; und drittens durften sie ausschließlich zur Selbstverteidigung oder zum Schutz ihres (meist sehr eng umschriebenen) Mandats Gewalt anwenden. Daher wurden sie – wie auch in Bosnien und Kroatien geschehen – von den Regierungen akzeptiert, von diesen (und den paramilitärischen Gruppen) an der Erfüllung ihrer Mission je nach Lage unterstützt, behindert oder gar instrumentalisiert. Die kurz nach Beginn der Kämpfe in Kroatien entsandten internationalen Friedenstruppen – unter der Bezeichnung UNPROFOR – waren Anfang 1992 bis zum Abschluss des Friedensvertrags von Dayton Ende 1995 in Kroatien und Bosnien aktiv. Zu strenger Neutralität verpflichtet, schlitterte diese erste Friedensmission auf dem Gebiet des ehemaligen Jugoslawien alsbald in eine unmögliche Situation.

Eine häufig angewendete Taktik der Konfliktparteien bestand darin, internationale Hilfskonvois festzusetzen, um diese nicht in gegnerische Gebiete passieren zu lassen. UNO-Soldaten wurden als Geiseln genommen, um sie an strategisch wichtigen Punkten als lebende Schutzschilde zur Absicherung gegen NATO-Luftschläge zu platzieren.

Den Vereinten Nationen ist es im Chaos des vierjährigen Konflikts über weite Strecken nicht gelungen, den immer wieder aufflammenden Massakern, Vertreibungen, Vergewaltigungen und Zerstörungen wirkungsvoll zu begegnen. Zahlreiche paramilitärische Gefangenenlager komplettieren das Bild einer wirkungslos gewordenen internationalen Ordnung. Die zahlreichen von europäischen und amerikanischen Vermittlern ausgehandelten Waffenstillstandsvereinbarungen wurden allesamt gebrochen; nicht einmal die elementaren Prinzipien humanitärer Hilfe waren ohne weiteres durchsetzbar.

Ebenso erwiesen sich die seit 1975 zwischen den ideologischen Blöcken ausverhandelten Bestimmungen der *Konferenz für Sicherheit und Zusammenarbeit in Europa* als wirkungslos. Die Kriegspolitiker aller Seiten ließen sich auch nicht sonderlich von der erst 1990 feierlich unterzeichneten *Charta von Paris für ein neues Europa*, die die Teilung Europas formell beendete, beeindrucken. Ging es ihnen doch nicht um soeben überwundene ideologische Trennlinien, sondern um politische Macht und Dominanz im Gewand eines ethnischen Tribalismus.

Der Krieg im ehemaligen Jugoslawien markiert daher auch einen Wendepunkt im internationalen Konfliktmanagement. Die sogenannte *internationale Gemeinschaft* musste sich auf völlig neue Herausforderungen einstellen. Zwischenstaatliche Kriege waren von innerstaatlichen Konflikten abgelöst worden.

Das aus dem Kalten Krieg stammende Prinzip absoluter Neutralität zwischen den Konfliktparteien hatte im Jugoslawienkrieg geradewegs ins Desaster geführt. In den Schluchten des Balkans haben die Vereinten Nationen – führungsschwach und überfordert – viel von ihrem Prestige verloren. Im Übrigen ein Grund, warum für Bosnien für die Umsetzung des Friedensvertrags von Dayton eine institutionelle Zwischenform gefunden wurde. Ein eigens geschaffenes *Büro des Hohen Repräsentanten* sollte den zivilen, eine *Koalition der Willigen* (bestehend aus NATO und anderen Staaten, inklusive Russland) den militärischen Teil des Abkommens umsetzen. Die Vereinten Nationen mussten sich in Bosnien im Wesentlichen auf eine Polizeimission beschränken.

Blauhelm-Missionen sind in der Charta der Vereinten Nationen streng genommen nicht vorgesehen; der zweite UNO-Generalsekretär Dag Hammarskjöld beschrieb sie als unter *Kapitel sechseinhalb* fallend; also zwischen den in Kapitel 6 beschriebenen friedlichen Mitteln zur Beilegung von Konflikten wie Verhandlungen und Mediation und den friedenserzwingenden militärischen Maßnahmen, die unter Kapitel 7 geregelt sind, um ernste Bedrohungen des Weltfriedens abzuwenden, stehend.

Waren die UNO-Einsätze im Jugoslawienkonflikt durchaus problematisch und von Fehlleistungen begleitet, so haben Friedensmissionen in den Jahren unmittelbar nach dem Ende des Kalten Krieges ein ungeahntes Aktivitätsniveau erreicht: Gab es zwischen 1956 und 1989 ganze dreizehn derartige UNO-Missionen, so wurden allein zwischen 1991 und 1995 zwanzig neue Einsätze ins Feld geschickt. Diese rapide Vervielfachung der Aktivitäten der internationalen Gemeinschaft war erst durch das Ende des Systemkonflikts zwischen den beiden Blöcken möglich geworden. Bis 1989 sahen sich Ost und West als alleinzuständig für Konflikte in der jeweils eigenen Einflusssphäre; eine Einbeziehung der Vereinten Nationen wäre jedenfalls am Veto einer der beiden Supermächte im Sicherheitsrat gescheitert.

Die USA wollten nach ihrem Sieg im Kalten Krieg jedoch nicht die Rolle einer Weltpolizei einnehmen, die in jeden Krisenherd direkt eingreifen müsste – auch darum ist die Zahl der UNO-Missionen stark gestiegen. Zugleich gab es höhere Erwartungen seitens der Zivilgesellschaft, was die Einhaltung von Menschenrechten und die globale Rolle der Vereinten Nationen anbelangt. Und das Ende der Abschottungspolitik der ehemals kommunistischen Welt machte Konflikte in weit entfernten Ländern auch im Westen sichtbarer. Alle diese Entwicklungen führten zu einer Reform der UNO-Instrumente und Regeln zur Sicherung des Weltfriedens.

Innovationen im Völkerrecht und bei Friedensmissionen

Nach den bitteren Erfahrungen von Ruanda und Bosnien-Herzegowina wurden die Mandate von Blauhelm-Missionen beträchtlich erweitert. An die Stelle von „traditionellen“ sollten verstärkt „robuste“ *peacekeeping missions* treten, deren Mandat von nun an den *Einsatz aller erforderlichen Mittel* zur Sicherung des Friedens vorsah. Auch verschob sich der Schwerpunkt von rein militärischen Missionen immer mehr Richtung *multidimensionale Einsätze*, bei denen es neben der unmittelbaren Herstellung und Sicherung von

Frieden als bloße Abwesenheit von Waffengewalt nunmehr um einen erweiterten Sicherheitsbegriff ging.

Multidimensionale UNO-Missionen sollten die Fundamente für einen nachhaltigen Frieden schaffen und umfassen je nach Kontext technische Unterstützung beim Aufbau von öffentlichen Institutionen, die Überwachung der Menschenrechtssituation, Reformen des Sicherheitssektors oder die Demobilisierung, Entwaffnung und Wiedereingliederung ehemaliger Kämpfer. Dabei werden der militärischen Komponente je nach Anforderung Experten aus verschiedenen Bereichen der Verwaltung und Technik beigestellt und Akteure aus der öffentlichen Verwaltung und der Zivilgesellschaft des Gastlands einbezogen.

Die neuen Dimensionen dieser UNO-Einsätze, wie auch allgemein eine breitere Hinwendung zu den Menschenrechten, waren getragen von den Konzepten eines *positiven Friedens* und der *menschlichen Sicherheit*. Ersterer Begriff wurde in den frühen Siebzigerjahren vom norwegischen Friedensforscher Johan Galtung geprägt und beschreibt einen Zustand, der nicht allein durch Abwesenheit von Gewalt zwischen Staaten, sondern von jeder Form interpersoneller oder struktureller Gewalt geprägt ist. Davon angeregt definierte der 1994 erschienene *Bericht über menschliche Entwicklung* des Entwicklungsprogramms der Vereinten Nationen (UNDP) ein Konzept der menschlichen Sicherheit, das anstelle des Staates das Individuum und die Menschenwürde ins Zentrum des Sicherheitsbegriffs stellt.

Bereits der erste *UN-Human Development Report* von 1994 hat die grundlegenden Elemente des neuen Konzepts – Freiheit von Not und Freiheit von Furcht – in den Mittelpunkt gerückt. Ziel des UNDP-Berichts war es, die nachhaltige Entwicklung und Fragen der Umwelt sowie Gesundheit, Ernährungssituation, aber auch politische und gesellschaftliche Stabilität gezielt auf die internationale Agenda zu setzen. Auch die von einer neuartigen Koalition von Regierungen und privaten Organisationen betriebenen Kampagnen zum Verbot von Landminen oder Streumunition haben *human security* ins Bewusstsein einer breiteren Öffentlichkeit gebracht. Insgesamt befürwortet das Konzept der menschlichen Sicherheit – wie eine ganze Reihe von ähnlichen Vorstößen seit den 1990er-Jahren – eine Beschränkung des innerstaatlichen Durchgriffsrechts von Regierungen durch die Verpflichtung, die grundlegenden Rechte ihrer Bevölkerungen zu wahren.

Die wachsende Bedeutung von fundamentalen Menschenrechten, die auf dem Konzept der menschlichen Sicherheit beruhen, hat den Boden für sogenannte *humanitäre Interventionen* aufbereitet. Diese weitreichenden Überlegungen für politische, humanitäre und – *in extremis* – militärische Eingriffe in die Souveränität von Staaten zum Schutz ihrer Bevölkerung haben im Zuge der historisch einmaligen Dominanz der USA in den Jahren um die Jahrtausendwende an Bedeutung gewonnen. Ein derartiges Vorgehen steht prinzipiell im Gegensatz zum völkerrechtlich verankerten Souveränitätsprinzip.

Die als Reaktion auf den Zweiten Weltkrieg und den Holocaust gewachsene Bedeutung des Menschenrechtsschutzes in der internationalen Politik und die Medienberichte von den Gräueltaten in Somalia, Ruanda und Bosnien-Herzegowina haben den Ruf nach Einschreiten der Völkergemeinschaft verstärkt; und zwar dann, wenn Staaten nicht willens oder nicht in der Lage sind, den Schutz ihrer eigenen Bürgerinnen und Bürger zu gewährleisten. Den Anlass für die Ausarbeitung der sogenannten Schutzverantwortung – *Responsibility to Protect* – gab die ohne UNO-Mandat erfolgte NATO-Intervention im Kosovo. Die internationale Staatengemeinschaft wollte sich neue Möglichkeiten eröffnen, in lokale Konflikte souveräner Staaten einzugreifen.

Der Kosovokrieg und das Konzept der humanitären Intervention

Nach Auffassung des Westens, der soeben erst den Bosnienkrieg beendet hatte, sollte im zu 90 Prozent von Albanern bewohnten und seit 1974 autonomen Kosovo ein Krieg überhaupt verhindert werden. Das Milošević-Regime hatte seit dem Beginn des Zerfalls Jugoslawiens Anfang der 1990er-Jahre vergeblich versucht, die Unruheprovinz zu befrieden. Nach jahrelangem zivilen Widerstand gegen die 1989 erfolgte Aberkennung des Autonomiestatus durch Belgrad formierte sich 1996/97 der militärische Widerstand der UCK, der Kosovo-Befreiungsarmee; der Pazifismus Ibrahim Rugovas war gescheitert und die Spirale der Gewalt drohte außer Kontrolle zu geraten. Repressalien des serbischen Sicherheitsapparats und Terroranschläge der UCK wechselten sich ab.

Der Westen befürchtete das Schlimmste; insbesondere Deutschlands neue rot-grüne Regierung drängte unter Hinweis auf Bosnien auf ein frühzeitiges Eingreifen im Kosovokonflikt. Nur wenige Jahre zuvor war es in der Umgebung der bosnischen Stadt Srebrenica unter den Augen niederländischer UNO-Truppen zu einem grauenhaften Massaker an über achttausend muslimischen Männern und Jugendlichen gekommen. Dieses größte Verbrechen auf europäischem Boden nach 1945 hatte den Ausschlag gegeben für ein entschiedenes Eingreifen der internationalen Gemeinschaft in den Kosovokonflikt. Srebrenica, so die Argumentation, darf sich im Kosovo nicht wiederholen.

Aber selbst monatelange amerikanisch-europäische Vermittlungsversuche konnten die eskalierende Gewalt zwischen Rebellen und Belgrader Spezialeinheiten nicht stoppen. Auch der Einsatz einer auf zweitausend Personen angelegten OSZE-Verifizierungsmission zeitigte keine Erfolge. Schließlich wurden die beiden Streitparteien im Februar/März 1999 zu Friedensverhandlungen nach Rambouillet nahe Paris beordert. Während die kosovo-albanische Seite den über Wochen ausgehandelten Kompromiss zur Wiederherstellung der Autonomie und Entmilitarisierung der Provinz unterschrieb, hatte Belgrad letztlich – es war das *Ne* Milošević́s – die Unterschrift verweigert.

Die bereits seit Oktober des Vorjahrs gültige *ACTORD* der NATO löste nur 24 Stunden später den Luftangriff auf Jugoslawien aus. Rechneten beide Seiten anfangs mit einem kurzen Krieg, so zog sich dieser über 79 Tage hin. Die Zerstörung von militärischer und ziviler Infrastruktur in Jugoslawien (in Serbien, aber auch im damals bereits prowestlichen Montenegro), der Einsatz von Streumunition und uranummantelten Geschossen, die Tausenden zivilen Opfer auf beiden Seiten, die riesige Flüchtlingsbewegung sowie die angeblich unbeabsichtigte Bombardierung der chinesischen Botschaft in Belgrad trugen dem westlichen Verteidigungsbündnis scharfe Kritik auch aus den eigenen Reihen ein.

Zweifellos hat die Verletzung gültiger Völkerrechtsnormen, die sogenannte *Selbstmandatierung* des westlichen Verteidigungsbündnisses unter humanitären Vorzeichen, die Kontroverse um Legitimität und Legalität internationaler Interventionen neu belebt. Es war gewissermaßen auch eine Überschreitung informeller *roter Linien*, wie sie im Kalten Krieg nicht vorgekommen ist. Damals hatten die beiden Supermächte nur in ihrem jeweiligen Herrschaftsbereich militärisch interveniert; die Sowjetunion etwa in der DDR, in Ungarn, der Tschechoslowakei oder im paktfreien Afghanistan, die USA in Vietnam, Kambodscha oder in ihrem lateinamerikanischen *Hinterhof*.

Das Verhältnis zwischen Staatssouveränität, Völkerrecht und individuellen Menschenrechten wurde als Folge der jugoslawischen Sezessionskriege neu definiert. Begriffe wie *humanitäre Intervention* und *universelle Moral* erhielten angesichts der von den Konfliktparteien begangenen Kriegsverbrechen eine zwiespältige Bedeutung. Einen *Krieg an der Grenze zwischen Recht und Moral* nannte Jürgen Habermas die NATO-Intervention in Jugoslawien. Die mediale Kritik am vorschnellen militärischen Eingreifen, ohne davor alle diplomatischen Möglichkeiten ausgeschöpft zu haben, ist freilich geblieben.

Dabei wird übersehen, dass gerade dieses – letztlich vergebliche – *Ausschöpfen aller diplomatischen Möglichkeiten* für den tragischen Verlauf des vierjährigen Bosnienkriegs mit über 100.000 Toten, mehr als zwei Millionen Vertriebenen und der nahezu völligen Zerstörung des Landes mitverantwortlich war. Der als humanitär apostrophierte Interventionismus zeigte damit gleich am Beginn seine eigenen moralischen und realpolitischen Grenzen auf. Dieses dramatische Dilemma illustriert aufs deutlichste die faktische Unauflöslichkeit des Gegensatzes von Krieg und Menschenrechten: Kann, ja, soll man im Namen der Menschenrechte denn überhaupt Krieg führen? Der Versuch, diesen Gegensatz zu überbrücken – und damit Waffengewalt zu rechtfertigen –, lässt sich am Beispiel Kosovo besonders deutlich herausarbeiten. Die kurz nach dem Ende der Militärintervention eingesetzte *Independent International Commission on Kosovo* kam denn auch zu einem zwiespältigen Urteil. Einerseits war die NATO-Intervention zwar völkerrechtlich *illegal*, da ohne UNO-Mandat geführt; andererseits wurde sie aufgrund der humanitären Situation jedoch als *legitim* eingestuft.

Das unilaterale Vorgehen der NATO sollte zu einer nachhaltigen – und bis heute andauernden – Belastung der Beziehungen zwischen den USA und Russland und China führen. Die beiden letzteren Vetomächte sahen in der Intervention unter Umgehung des Sicherheitsrats die Gefahr eines Präzedenzfalls, der es dem Westen gestatten würde, unter dem Vorwand jedweder humanitären Katastrophe jederzeit und überall militärisch eingreifen zu können. Damit sollten sie nicht unrecht behalten, wie wenig später Washingtons Begründung für den Irakkrieg belegen sollte.

Die Kosovo-Frage ist insofern von Bedeutung für die künftige globale Machtverteilung, als sie nach der Auflösung des Warschauer Paktes dem westlichen Verteidigungsbündnis neues Leben eingehaucht hat. Die Frage nach dem Fortbestand der NATO schien für deren Befürworter beantwortet. Als Zufall mag gelten, dass das fünfzigjährige Bestehen des Paktes gerade während des NATO-Krieges in einem feierlichen Akt der Selbstbestätigung in Washington stattgefunden hat.

Die neue Ausrichtung der NATO hatte im Kosovo seine erste Bewährung erfahren. Der Krieg gegen Jugoslawien war die erste *Out-of-area*-Operation der NATO und zugleich ein Einsatz, der

– im Widerspruch zu den eigenen Satzungen – nicht als Selbstverteidigung durchgeführt wurde. Für Russland war dies besonders irritierend, da das westliche Militärbündnis zu diesem Zeitpunkt bereits mit seiner Osterweiterung begonnen hatte. Polen, Tschechien und Ungarn waren der NATO 1999 beigetreten; die baltischen Staaten, die Slowakei, Slowenien, Rumänien und Bulgarien sollten fünf Jahre später folgen.

Wie haben die aufstrebenden Mächte Asiens und Afrikas auf die interventionistische Expansionspolitik des Westens reagiert?

Für China war, gerade nach dem Massaker von Tiananmen 1989, der wachsende Fokus des nun siegreichen Westens auf die Universalität der Menschenrechte in den internationalen Beziehungen ein Grund zur Ablehnung jedweden Eingriffs in die Souveränität und territoriale Integrität von Staaten. Peking wurde von einer breiten Front von Entwicklungsländern unterstützt, die das Konzept der humanitären Intervention als westlichen Neoimperialismus ablehnten. Selbst das westlich orientierte Indien – betroffen von der postkolonialen Aufteilung seines Territoriums – war diesfalls aufseiten seines asiatischen Rivalen China.

Russland rechtfertigt die Annexion der Krim mit dem Beispiel Kosovo; eine klar machtpolitische, jedoch keinesfalls völkerrechtlich korrekte Begründung.

Aber auch im westlichen Lager gab es Vorbehalte gegen das nach Auffassung vieler inkonsistente Konzept. Warum hatte die NATO im Kosovo eingegriffen, nicht aber in Algerien, im Sudan, in Sierra Leone oder in einer Reihe weiterer Konfliktherde? Sollte die US-geführte NATO etwa in Zukunft als Weltpolizei überall nach dem Rechten sehen? Gerade für die europäischen Verbündeten keine gute Option. Daher ist der Einwand nicht ohne weiteres von der Hand zu weisen, dass die Entscheidung zur Intervention aufseiten der unterdrückten Kosovaren nicht auf Grundlage völkerrechtlicher Prinzipien, sondern beeinflusst von politischen Interessenlagen und einem beträchtlichen öffentlich-medialen Druck getroffen wurde. Dieser sollte nach dem Militäreinsatz freilich rasch in Kritik am Vorgehen der NATO umschlagen. In der Kritik steht auch der Fokus auf militärisches Eingreifen in Konflikte bei gleichzeitigem Fehlen von umfangreicheren Begleitmaßnahmen in den Bereichen der sozialen und wirtschaftlichen Entwicklung sowie mangelndem Engagement beim Wiederaufbau.

Darüber hinaus äußerten auch überzeugte Realisten, die kein prinzipielles Problem mit dem Einsatz militärischer Gewalt haben, Bedenken an der Sinnhaftigkeit von humanitären Interventionen. Am bekanntesten ist wohl die Ablehnung der Kosovo-Intervention durch Henry Kissinger, dem Doyen der amerikanischen Außen- und Sicherheitspolitik. Bereits während der NATO-Intervention 1999 hatte Kissinger vor den langfristigen politischen Folgen des Krieges gegen Miloševićs Jugoslawien für die Beziehungen mit Russland und China gewarnt und die Doppelmoral einer Strategie kritisiert, die zwar Menschenleben schützen will, dafür aber die Wirtschaft und Infrastruktur eines Landes in Schutt und Asche zu legen bereit ist.

Vom Jugoslawien-Tribunal zum Internationalen Strafgerichtshof

Nachdem die internationale Gemeinschaft in den 1990er-Jahren mit den Problemen neuartiger Kriege konfrontiert wurde, rückte der Menschenrechts- und Sicherheitsdiskurs in den Vordergrund. Damit stellte sich die Frage, wie mit den Hauptverantwortlichen für diese neuartigen Konflikte umzugehen wäre. Mit den Termini *Bürgerkrieg* oder *asymmetrische Konflikte* (zwischen Staatsgewalt und Rebellen, Paramilitärs, Dschihadisten oder Sezessionisten; lokalen, regionalen und externen Akteuren) waren diese Mehr-Ebenen-Konflikte entlang vorgeblich ethnisch-religiös gezogener Demarkationslinien juristisch schwer zu fassen. Das Eingreifen der internationalen Gemeinschaft – UNO, OSZE, Europäische Gemeinschaften – in Auseinandersetzungen mit schwersten Menschenrechtsverletzungen bis hin zum Genozid stellte diese vor schier unlösbare Herausforderungen. Der historische Rückgriff, etwa auf die Tribunale in Nürnberg und Tokio, hatte begrenzten Erkenntniswert. Der öffentliche und mediale Druck aber hatte sich an den Bildern aus dem belagerten Sarajevo, der Bombardierung von Dubrovnik und am Genozid in Srebrenica aufgebaut. Kriegsverbrechen, begangen in Bosnien, Kroatien, Mazedonien und im Kosovo, sollten vor einem international besetzten Tribunal geahndet werden.

Noch während der jugoslawischen Zerfallskriege und dem Bürgerkrieg in Ruanda wurden vom UNO-Sicherheitsrat 1993 bzw. 1994 *Ad-hoc*-Tribunale mit Sitz in Den Haag eingerichtet, um schwere Verletzungen der Genfer Konventionen, Kriegsverbrechen, Völkermord zu ahnden. Im Zeitraum von 1993 bis zur offiziellen Schließung Ende 2017 hat allein das Jugoslawien-Tribunal in über elftausend Prozesstagen gegen 161 vorwiegend Politiker und Militärs Anklage erhoben. Es gab 84 Verurteilungen, davon dreißig wegen sexueller Gewalt. Das Haager Tribunal hat erstmals Vergewaltigung als Kriegsverbrechen anerkannt. Die diesbezüglichen Entscheidungen sind nicht unkontroversiell, sie basieren auf einer breiten Auslegung von Kapitel 7 der UN-Charta, in dem von „besonderen Maßnahmen, um den Weltfrieden und die internationale Sicherheit zu wahren oder wiederherzustellen", die Rede ist.

Im Gegensatz zu den Kriegsverbrechertribunalen, die dem Sicherheitsrat direkt untergeordnet waren, wurde der Internationale Strafgerichtshof (ICC) 1998 in Rom als unabhängige Institution ins Leben gerufen. Er steht außerhalb des UNO-Systems und wird tätig, wenn Staaten auf nationaler Ebene Völkermord, schwere Kriegsverbrechen oder Verbrechen gegen die Menschlichkeit nicht selbst verfolgen können oder wollen.

Nachdem 2002 die notwendige Anzahl von sechzig Staaten das Rom-Statut ratifiziert hatte, nahm der ICC in Den Haag seine Arbeit auf. Vom Gerichtshof können Einzelpersonen belangt werden, wenn deren Heimatland oder das Land, in dem die Verbrechen begangen wurden, das Statut ratifiziert haben. Daneben kann der Sicherheitsrat den ICC beauftragen, in Staaten zu ermitteln, die dies nicht getan haben, wie es etwa im Falle des Sudan oder Libyens geschehen ist.

Die völkerrechtlichen Voraussetzungen für militärische Interventionen in Drittländern beschäftigen seit der bis heute umstrittenen NATO-Intervention im Kosovo 1999 Politik und Öffentlichkeit. Einen innovativen Beitrag dazu lieferte eine Gruppe um den ehemaligen australischen Außenminister Gareth Evans, die im Gegensatz zu dem vielfach postulierten Recht auf Intervention das Konzept einer internationalen Schutzverantwortung (*Responsibility to Protect*, R2P) formulierte. Diese Verpflichtung soll im Fall der einzelstaatlichen Verweigerung oder Unfähigkeit auf die internationale Gemeinschaft übergehen; ein zweifellos anregender Denkansatz.

Es ist in diesem Zusammenhang einigermaßen bemerkenswert, dass es die *Afrikanische Union* (AU) gewesen ist, die als Erste die Schutzverantwortung in ihrer eigenen Organisation verankert hat. Die AU ging sogar so weit, für sich ein eigenes „Recht auf Intervention" zu postulieren. Dies relativiert die häufig – und nicht ganz zu Unrecht – geäußerte Kritik, die Schutzverantwortung sei eine westliche Idee zur nackten Legitimierung der eigenen Großmachtambitionen.

Das Konzept wurde 2005 auf dem *UN-World Summit*, einem Gipfeltreffen aller Staats- und Regierungschefs, in abgeschwächter Form als neue Norm internationalen Rechts anerkannt. Dies sollte der internationalen Gemeinschaft die – bislang nie aktivierte – Verantwortung zur Abwendung von *ethnischen Säuberungen*, Kriegsverbrechen, Verbrechen gegen die Menschlichkeit und Genozid übertragen. Eine solche humanitäre Intervention ist freilich nur mit dem Mandat des Sicherheitsrats gestattet.

Allerdings hat die aus dem Ruder gelaufene NATO-geführte Intervention in Libyen 2011 der *Responsibility to Protect* als anwendbares Völkerrecht ein vorzeitiges Ende bereitet. Die mit den Stimmen Russlands und Chinas beschlossene Mandatierung einer Koalition westlicher und arabischer Staaten zum Schutz der libyschen Zivilbevölkerung vor den Übergriffen des Gaddafi-Regimes wurde unversehens zu einer *Regime-change*-Operation, die schließlich zur gewaltsamen Beseitigung des langjährigen Diktators geführt hat.

Dieser flagrante Missbrauch der UN-mandatierten Schutzverantwortung durch Frankreich und die USA hat China und Russland ein für alle Mal davon überzeugt, in Zukunft keiner wie immer gearteten humanitären Intervention zuzustimmen. Damit aber war ein wichtiger Baustein für eine neue internationale Ordnung zerschlagen.

Rückschlag in der Internationalisierung von Normen und Rechten

Die Kriegsverbrechertribunale und der ICC wie auch die – bereits in Libyen gebrochene – Norm der Schutzverantwortung von Staaten stehen für eine mit dem Ende des Kalten Krieges beginnende Aufweichung der westfälischen Prinzipien territorialer Unverletzlichkeit, absoluter staatlicher Souveränität und Legalität. Der allgemeine Trend hin zu *bedingter Souveränität*, zu globalen Rechtsprinzipien sowie zu multilateralen bzw. supranationalen Organisationen entspricht so ganz der in Handel, Wirtschaft und Neuen Technologien bereits praktizierten Globalisierung.

Der anfängliche Optimismus weckte Hoffnungen auf eine friedlichere und gerechtere Zukunft. Eine national und international verschränkte Rechtsstaatlichkeit, gebündelt in einem Prozess des Multilateralismus – so die Vorstellung –, könnte das System der internationalen Beziehungen den geänderten Bedingungen anpassen. Die Einbindung Russlands und Chinas in das westlich dominierte System von Handel und Sicherheit würde diese Mächte entlang liberal-demokratischer Werte *zivilisieren*.

Allerdings erleben wir seit einigen Jahren eine Enttäuschung dieser Hoffnungen; die USA selbst – obgleich zentrale Kraft hinter der Errichtung dieser neuen Architektur internationaler Ordnung – hatten stets ein ambivalentes Verhältnis zu ihr. Als globale

Hypermacht wollten sie nie anderen Staaten oder Organisationen gegenüber rechenschaftspflichtig sein. Darum hat das Weiße Haus während der Clinton-Administration etwa das Rom-Statut unterzeichnet, aber – wie als Echo auf den Völkerbund der Zwischenkriegszeit – nie dem Kongress zur Ratifizierung vorgelegt. Aber auch Russland und China sowie Indien und der Großteil der Staaten im Nahen Osten und in Südostasien haben das Rom-Statut nie unterzeichnet bzw. nicht ratifiziert.

Doch es geht um weit mehr als den Internationalen Strafgerichtshof oder einzelne Normen internationalen Rechts. Die gesamte liberal-demokratische Grundordnung der internationalen Beziehungen *post 89* ist aktuell in Auflösung begriffen. Unter Obama hat sich der Rückzug Amerikas von seiner globalen Führungsrolle schon deutlich vollzogen, während sein Vorgänger, Bush junior, zwar Gefallen an außenpolitischem Aktivismus fand, jedoch die Regeln und Normen der internationalen Ordnung vielfach gebrochen hat. Mit Donald Trump haben die USA aktuell allerdings einen Präsidenten, der für das Gegenteil all dessen steht, wofür Washington in den vergangenen siebzig Jahren eingestanden ist. Europa ist derweil seit fast zehn Jahren ununterbrochen mit internem Krisenmanagement beschäftigt und es scheint momentan ungewisser als zu jedem anderen Punkt in der Geschichte, ob das Projekt des geeinten Kontinents eine Zukunft hat.

Der Optimismus einer Epoche, die mit dem Bild vom *Ende der Geschichte* vor fast dreißig Jahren ihren Anfang nahm, scheint im Rückblick in eine Hybris der liberalen Hypermacht umgeschlagen zu sein, an der die globale Ordnung zu zerbrechen droht.

Innere Widersprüche der liberalen Ordnung

Rückblickend betrachtet haben sich die inneren Widersprüche des liberalen Modells bereits im Verlauf der 1990er-Jahre abgezeichnet. Im Kalten Krieg konnten die innerwestlichen Spannungen zwischen sozialliberalen und wirtschaftsliberalen Positionen, zwischen Kapitalismus und Demokratie sowie zwischen einer auf multilateralen Organisationen und Völkerrecht basierenden internationalen Ordnung und dem westlichen – amerikanischen – Imperialismus noch durch das Bild – tatsächlicher oder vorgegebener – äußerer Bedrohung einigermaßen kontrolliert werden.

Auch wenn auf das Wendejahr 1989 fast zwei Dekaden beispielloser westlicher Dominanz folgen sollten – das unipolare Konzert unter US-Führung und die Weiterentwicklung zur Europäischen Union fallen in diese Zeit –, haben sich die grundlegenden Ursachen der aktuellen Krise bereits in jenen Jahren westlicher Überlegenheit abgezeichnet.

Spätestens seit 9/11 wurde die wachsende Bereitschaft der USA deutlich, ihre Vision einer Weltordnung auch außerhalb der konsensbasierten multilateralen Organisationen durchzusetzen. Wenn nötig, auch mit Waffengewalt. In den Jahren praktisch unangefochtener amerikanischer Vorherrschaft in den internationalen Beziehungen war kein Staat willens oder imstande, den US-bestimmten *Status quo* anzufechten oder die Hypermacht gar herauszufordern. Die USA waren zwischen 1989 und 2001 in der Lage, nicht nur die eigene Sicherheit zu garantieren, sondern auch ihre eigenen nationalen und globalen Interessen weitgehend durchzusetzen.

Ab der Jahrtausendwende sollte sich dann auch zeigen, dass die liberale Ordnung ihre größten Versprechen für viele Menschen nicht einlösen konnte. Die hyperglobalisierte Wirtschaft ging nicht notwendigerweise einher mit demokratisch verfasster Politik. Im Gegenteil, der entfesselte Kapitalismus schien zunehmend die Fundamente der liberal-demokratischen Ordnung zu erodieren.

4

DIE HYPERGLOBALISIERUNG UND IHRE FOLGEN

Seit dem Zusammenbruch des kommunistischen Wirtschafts- und Gesellschaftsmodells sehen wir eine Verschiebung des bis dato existierenden ökonomischen Kräfteungleichgewichts hin zu den Schwellenländern des Globalen Südens. Die Volkswirtschaften der sogenannten BRICS (Brasilien, Russland, Indien, China, Südafrika), allen voran Chinas, zeigen trotz Rückschlägen – etwa in Russland oder Brasilien – seit nunmehr 25 Jahren kräftiges Wachstum.

Hingegen hat sich die institutionelle Machtverteilung in den für die Regulierung der Weltwirtschaft geschaffenen internationalen Organisationen unterdessen kaum verändert. Die Stimmverteilung im Internationalen Währungsfonds (*International Monetary Fund*, IWF) und in der Weltbank bildet immer weniger die Wirklichkeit ab. Hier, wie auch bei den Vetomächten im Sicherheitsrat, zeigt sich der politische Widerstand der Sieger des Zweiten Weltkriegs – allen voran die USA, Großbritannien und Frankreich –, die von ihnen geschaffene globale Ordnung den neuen Realitäten des 21. Jahrhunderts anzupassen. Erst 2015 ist es im IWF zu kleineren Reformen in der Stimmgewichtung gekommen, die USA besitzen aber immer noch ein De-facto-Vetorecht.

Die globalen Machtverschiebungen wie der Aufstieg der BRICS haben bislang zu keinen Anpassungen in den Gremien der *Global Governance* geführt, sondern bloß in den informellen Gruppierungen etwa mittels Erweiterung der G7 um Russland (seit der Krimkrise sistiert). Die G20 wurde nach Ausbruch der Finanzkrise auf die Ebene der Staats- und Regierungschefs gehoben. Seit dem G7-Treffen in Kanada 2018, das mit einem Eklat des amerikanischen Präsidenten endete, ist diese

Formation ebenso beschädigt, wie die G20 die großen Hoffnungen auf ein breiter aufgestelltes globales Lenkungsgremium nicht erfüllen konnte.

Die Ursachen für die Krise der *Global Governance* liegen jedoch viel tiefer. Dabei geht es um so fundamentale Fragen wie Nachhaltigkeit, Wachstum, Ressourcen, Diskriminierung sowie Arbeitsbedingungen. Die wachsende Nord-Süd-Kluft in der Verteilung der erlösten Gewinne aus dem Handel, der Extraktion von Ressourcen oder aus dem gigantischen *Landraub* wird zum eigentlichen Thema einer künftigen Ordnung. Die global ausgreifende Finanzindustrie, die Börsenspekulation auf Rohstoffe und agrarische Produkte verschärfen und vertiefen die Gegensätze.

Versuche, transparente Regeln und Normen zu etablieren, sind bislang erfolglos geblieben oder haben bloß unzulängliche Fortschritte gebracht, um etwa Landflucht und Metropolenbildung – und damit die Migration nach Europa – zu managen. Immerhin werden bis 2023 die Exporthilfen für Agrargüter sukzessive abgebaut; ein nicht unwichtiger Erfolg für die vom Klimawandel besonders betroffenen Länder Afrikas südlich der Sahara.

Die Feststellung ist nicht neu, diese Themen stehen seit vielen Jahren auf der Agenda internationaler Organisationen ganz obenauf. Erst unter dem Eindruck von 9/11 wurden noch im selben Jahr 2001 die führenden Industrieländer bewogen, in der sogenannten *Doha-Runde* der WTO bessere und faire Handelsbedingungen mit dem Süden auszuhandeln. Nach zahllosen Konferenzen und Verhandlungsrunden mussten die 160 Mitgliedsländer schließlich 2015 lapidar feststellen, dass es „unterschiedliche Meinungen“ gebe.

Mit der protektionistischen Wende im multilateralen Handel, dem eskalierenden Handelskrieg zwischen den USA, China und der Europäischen Union, sind die Chancen auf eine faire Welthandelsordnung in weite Ferne gerückt.

Die globale Finanzkrise: Das Ende des Kapitalismus wird *vorstellbar*

Der Zusammenbruch der Finanzmärkte vor etwa einem Jahrzehnt verdeutlichte die fundamentalen Unzulänglichkeiten der seit den späten Siebzigerjahren im Westen und vielen anderen Teilen der Welt dominanten Wirtschaftstheorien. Diese werden im Allgemeinen unter dem Begriff des Neoliberalismus subsumiert und können folgendermaßen auf den Punkt gebracht werden: Der freie Markt ist selbstregulierend und erzeugt, zusammen mit individuellem Gewinnstreben, den größtmöglichen Wohlstand für alle, während jeder Versuch der Regulierung und Steuerung bestenfalls zu Ineffizienz und schlimmstenfalls direkt in den Totalitarismus führt.

Die Finanzkrise freilich widerlegte diese Grundannahme auf spektakuläre Weise, hatte doch der freieste, hochentwickeltste Markt aller Zeiten zu einer beispiellosen Vernichtung von Vermögenswerten geführt. Die Banken, die sich zuvor gegen jede staatliche Einflussnahme verwehrt hatten, wurden plötzlich zu Bittstellern und mussten mit Steuergeld gerettet werden. Wie konnte es so weit kommen?

Ihren Ausgang nahm die Krise mit dem Platzen der amerikanischen Immobilienblase. Nach dem Platzen der Dotcom-Blase 2001 senkte die amerikanische Zentralbank, die Federal Reserve, die Leitzinsen auf 1 Prozent, um eine Rezession zu vermeiden. Ihr Gouverneur Alan Greenspan beließ die Zinsen zu lange auf einem zu niedrigen Niveau und befeuerte damit einen Immobilienboom, der 2006 seinen Höhepunkt erreichte und 2007 die Finanzkrise auslöste, die 2008 zu einem globalen Problem wurde.

Die amerikanische Immobilienblase hatte einige entscheidende Besonderheiten: Sie war gekennzeichnet vom großen Volumen an synthetischen Finanzinstrumenten und elaborierten Risikomanagement-Modellen, die allesamt auf der Theorie der effizienten Märkte basierten. Gemäß dieser Theorie tendieren Finanzmärkte in Richtung eines natürlichen Gleichgewichts;

allerdings wurde dem Einfluss dieser komplexen Instrumente und Modelle auf das Verhalten der Märkte selbst dabei kein Augenmerk geschenkt.

Das bekannteste und folgenreichste Finanzinstrument hinter der Krise waren *Collateralized Debt Obligations,* kurz CDOs. In ihnen wurden Hypotheken aus den gesamten USA zusammengefasst und mit einer niedrigeren Risikobewertung versehen als die Summe der enthaltenen Schulden. Das war möglich, weil die Modelle hinter diesen sogenannten Derivaten davon ausgingen, dass die Immobilienpreise niemals in allen Regionen der USA zugleich einbrechen und das Risiko deshalb durch geografische Streuung minimiert werden könnte. Tatsächlich aber haben die CDOs einen landesweiten Boom befeuert, der schließlich in einem ebenso umfassenden Einbruch der Preise mündete – ein beispielloses Ereignis.

Der verbreitete Einsatz von synthetischen Instrumenten vergrößerte zudem die Risiken. Es wurde ein bedeutend größeres Volumen an CDOs gehandelt als jenes der zugrunde liegenden Hypotheken. Daher kam beim Preisverfall nicht nur der amerikanische Immobilienmarkt, sondern auch das weltweite Bankensystem unter Druck. Dies überraschte sowohl Marktteilnehmer als auch Aufsichtsbehörden, die von der Richtigkeit ihrer Modelle und deren Grundannahmen überzeugt gewesen waren.

Die US-Administration beging im Herbst 2008 einen folgenschweren Fehler, als sie beschloss, die schwer angeschlagene Investmentbank Lehman Brothers nicht mit Steuergeldern zu retten. Nach der Rettung von bereits drei großen Banken kurz davor war der politische Druck auf den damaligen Finanzminister Henry Paulson zu groß geworden und er kündigte an, dass keine Bank mehr als *too big to fail* angesehen würde. Diese Aussage musste er allerdings schon wenige Tage darauf revidieren, da der Konkurs von Lehman Brothers drohte, das globale Finanzsystem in den Kollaps zu reißen. Die Versicherungsanstalt American International Group (AIG), die in großem Umfang in das Geschäft mit

Credit Default Swaps – Instrumenten zur Absicherung von CDOs – investiert hatte, musste gerettet werden. Wenig später beantragte Paulson beim amerikanischen Kongress einen Rettungsfonds im Umfang von 700 Milliarden Dollar.

Das globale Finanzsystem wurde durch diese und ähnliche Maßnahmen in anderen Regionen künstlich am Leben gehalten und die Finanzminister der Industrienationen erklärten, dass sie keine systemisch wichtigen Finanzinstitutionen untergehen lassen würden. Praktisch bedeutete dies, dass Regierungen und Nationalbanken die versiegenden Marktkredite durch öffentliche Kredite und billiges Geld ersetzten. Sie versuchten, die Folgen der exzessiven Kreditvergabe und des massiven Einsatzes von Fremdkapital in den Finanzmärkten aufzufangen, mussten dazu allerdings selbst die Märkte mit Geld in Form von Staatskrediten und Staatsschulden fluten.

Zwar gelang es den Regierungen, die Banken zu stabilisieren, aber die Marktungleichgewichte blieben bestehen. Schließlich wurden die staatlichen Kredite, die 2008 zur Rettung der Banken ausgegeben wurden, selbst zum Ziel spekulativer Attacken. Der Euro stand aufgrund seiner Konstruktionsmängel und des hohen Schuldenstands einiger Mitgliedsstaaten im Zentrum dieser zweiten Krise.

Neoliberale Wirtschafts- und Geldpolitik sowie Computer- und Netzwerktechnologie hatten Entstehung und Umfang der Krise erst ermöglicht. Die Deregulierung des Hypothekenmarktes führte zur aggressiven Vergabe von Immobilienkrediten an schlechte Schuldner. Deregulierte Finanzmärkte erlaubten hochkomplexe Finanzinstrumente wie die CDOs, in denen riskante Schulden gebündelt, tranchiert, erneut gebündelt und gehandelt wurden. Warren Buffett hat diese Produkte schon 2003 als „finanzielle Massenvernichtungswaffen" beschrieben, trotzdem blieben sie kaum reguliert – und höchst begehrt!

Ratingagenturen bescheinigten diesen äußerst spekulativen, undurchsichtigen Finanzprodukten aus nachvollziehbaren

Gründen (der Wunsch, im Geschäft zu bleiben, war zentral – es fand sich immer eine Ratingagentur, die bereit war, das gewünschte Rating zu vergeben) die höchste Anlageklasse – *Triple A* –, ohne Konsequenzen fürchten zu müssen. Derartige Agenturen, auf deren Urteil sich alle Marktteilnehmer verlassen, die aber, falls sie mit ihrer Einschätzung falsch liegen, nicht zur Rechenschaft gezogen werden können, sind nach wie vor ein Paradebeispiel für *moral hazard*.

Elaborierte mathematische Modelle standen sowohl hinter den nun wertlosen, extrem komplexen Finanzprodukten wie auch den Risikoanalysen der Versicherer und Regulierungsbehörden. Diese verließen sich auf die Berechnungen ihrer Computer, ausgeführt auf Basis von fehlerhaften ökonomischen Grundannahmen. Blitzschnelle weltweite Kommunikation über das Internet schließlich ermöglichte den globalen Run auf die lukrativen CDOs und Swaps, die den Boom befeuerten, und führten letztlich zur weltweiten Ansteckung nach dem Platzen der Blase.

George Soros argumentiert, dass die globale Finanzkrise nur Teil einer *Superblase* sei, die seit 1980 in der Weltwirtschaft gewachsen sei. In diesem Jahr wurde Ronald Reagan zum Präsidenten gewählt, während Margaret Thatcher schon Premierministerin war. Unter den beiden sollte der Marktfundamentalismus zum dominanten Paradigma der westlichen Wirtschaftspolitik werden. Dieser beruht auf der Theorie effizienter Märkte und rationaler Erwartungen, die zwar empirisch nicht haltbar, aber dennoch sehr einflussreich sind.

Diese Ansätze haben das Problem, dass sie jegliche Interaktion zwischen der Wahrnehmung der Märkte und dem Marktverhalten ausklammern. Die dominanten ökonomischen Theorien versuchen, Unsicherheiten so weit wie möglich aus ihren Modellen herauszuhalten – sie orientieren sich in ihren Gleichungen an der Newton'schen Physik. Die Schwäche dieser Herangehensweise ist, dass Newton sich mit Naturphänomenen beschäftigte, deren Ablauf sich unabhängig von der Wahrnehmung des Menschen vollzieht. Ökonomen allerdings setzen sich mit einem Gegenstand auseinander, in dem Wahrnehmungen und Erwartungen eine zentrale Rolle spielen.

Die Modelle der dominanten wirtschaftswissenschaftlichen Strömungen *prä 2007* gingen unter anderem von der Annahme rationaler Akteure und vollständiger Information der Marktteilnehmer aus. Wie weit dies an der Realität vorbeilief, musste im November 2008 Luis Garicano, ein junger Professor an der London School of Economics, öffentlich eingestehen. Auf die Frage der britischen Königin, wie es möglich war, dass niemand in seiner Zunft die Krise vorhersah, konnte er bloß antworten: „In jeder Phase hat sich jemand auf jemand anderen verlassen, und alle dachten, das Richtige zu tun."

Seitdem sind zehn Jahre vergangen, und die Frage der Queen wird immer wieder von neuem gestellt, obwohl zahlreiche Bücher mit Antwortversuchen gefüllt wurden. Gleichzeitig sind der Einfluss der Finanzmärkte und die Dominanz der Wirtschaft über die Politik weiter gestiegen; man denke etwa an den Sparzwang zum Abbau öffentlicher Schulden, an die Kürzungen öffentlicher Leistungen, an eine weder gewählte noch rechenschaftspflichtige Troika. Es scheint ironisch, dass jene Experten und hochbezahlten Manager, die die Krise nicht kommen sahen, nachher der Politik den Rahmen zu deren Überwindung diktieren durften. Neben einem weitverbreiteten Gefühl wirtschaftlicher Entrechtung ist das historisch niedrigste Niveau an Vertrauen in die Politik eine der Folgen, die in ganz Europa und den USA zu spüren sind.

Eine kurze Geschichte des Neoliberalismus

Die ökonomische Theorie des Neoliberalismus und ihre Vertreter – gründlich diskreditiert durch die Erfahrung der Finanzkrise, sollte man meinen – haben sich im vergangenen Jahrzehnt noch fester in den Korridoren der Macht etabliert. Colin Crouch hat dieses Phänomen in seinem Buch *Das wundersame Überleben des Neoliberalismus* eindrücklich geschildert. Doch woher kommt diese umstrittene Denkschule überhaupt, deren Verfechter die längste Zeit behaupteten, dass es sie in Wahrheit gar nicht gebe und die Bezeichnung ein bloßer Kampfbegriff ihrer Kritiker sei?

Das erste Mal zu politischem Einfluss kam der Neoliberalismus, als in den Siebzigerjahren eine Inflationskrise den Keynesianismus in Misskredit brachte. Die Politik der Nachfragesteuerung nach Keynes vertrat in erster Linie die Interessen von Arbeitern und Angestellten, eine Schicht, die in jener Zeit an gesellschaftlichem Einfluss zu verlieren begann. Demgegenüber befanden sich die größten Nutznießer neoliberaler Ansätze – internationale Großkonzerne und der Finanzsektor – im Aufwind.

Die Ölpreisschocks von 1973 und 1978 boten die ideale Gelegenheit, den Keynesianismus auszuhebeln. Er war, so das Argument, nicht geeignet, um die Inflation in den Griff zu bekommen. Preisstabilität sollte daher die Vollbeschäftigung als politisches Ziel ablösen, ein gesunder Markt würde die Arbeitslosigkeit von selbst gering halten. Diese wirtschaftlichen Ideen kamen nicht plötzlich neu auf, sondern hatten schon lange in den Schubladen auf ihren großen Moment gewartet.

Ihre Ursprünge können in die 1940er-Jahre zurückverfolgt werden, zu Friedrich August von Hayeks Buch *Der Weg zur Knechtschaft*, in dem der österreichische Ökonom argumentierte, dass jede Form von staatlicher Einmischung in die Wirtschaft im Widerspruch zu individueller Freiheit und rechtsstaatlichen Prinzipien stünde. Ludwig von Mises, ein weiterer Österreicher und ehemaliger Lehrer von Hayek, leistete mit *Die Bürokratie* und anderen Büchern einen weiteren Beitrag zum neoliberalen Kanon, indem er vor Versuchen der Umverteilung warnte und freies Unternehmertum als Weg zur Befriedigung materieller Bedürfnisse einforderte.

Für Hayek war der Markt mehr als eine abstrakte Vorstellung von einer möglichen Gestaltung wirtschaftlichen Austausches – er sah darin vielmehr ein Instrument zur Erkenntnis der Wahrheit. Aus diesem Blickwinkel ist individuelle Rationalität oder Moral notwendigerweise subjektiv und daher nebensächlich. Was zählt, ist einzig die aggregierte Summe von Präferenzen, die sich im Marktgeschehen ausdrückt. Jeder Wert, dem sich kein Preis zumessen lässt, ist gleichermaßen suspekt und nichts mehr als eine persönliche Meinung. Mit dieser Weltsicht ist der Grundstein für zahlreiche aktuelle Probleme gelegt: die *Post-truth*-Gesellschaft, in der jeder seine persönliche Wahrheit pflegt und Fakten keinen Wert haben; die Verwandlung des öffentlichen Diskurses, mit dessen Hilfe gesellschaftlicher Konsens erreicht wurde, zum Marktplatz der Ideen, in dem sich jeder wie in einem Supermarkt seine Favoriten herauspickt; und schließlich die Atomisierung der westlichen Gesellschaften, wo jeder Lebensaspekt durchökonomisiert und Gemeinschaft vielfach zum Fremdwort geworden ist.

Die Ideen von Hayek und Mises fristeten allerdings, bevor sie die Welt so nachhaltig umgestalteten, lange Zeit ein akademisches und politisches Nischendasein. Hayek stand während seiner Zeit an der London School of Economics stets im Schatten seines Kollegen Keynes und seine Studenten machten sich angeblich hinter seinem Rücken über den konservativ gekleideten Außenseiter mit dem starken Akzent lustig. Dennoch fanden seine Ideen Unterstützung durch eine Handvoll Geschäftsleute, die Franklin Roosevelts *New Deal* kritisch gegenüberstanden; nach seinem Abgang von der LSE hatte Hayek stets von Unternehmern finanzierte akademische Posten inne. Die 1947 von Hayek ins Leben gerufene Mont Pèlerin Society wurde zum wichtigsten Netzwerk von Befürwortern seiner Positionen aus den Wirtschaftswissenschaften, der Philosophie und Geschäftswelt. Von hier aus wurden die neoliberalen Ideen später in Regierungen der westlichen Welt gestreut.

Waren einige Vertreter des Neoliberalismus in seinen Anfangszeiten noch offen für staatliche Interventionen – etwa wenn es um Kartellrecht oder Umwelt- und Verbraucherschutz ging –, so tendierte die Ideologie mit der Zeit zunehmend in Richtung eines *Laissez-faire*-Kapitalismus. Diese Verschiebung vollzog sich in erster Linie an der University of Chicago, wo Milton Friedman unterrichtete. Die jüngere Generation neoliberaler Ökonomen aus der sogenannten *Chicago School* strebte eine radikale Deregulierung – von Joseph Stiglitz als Marktfundamentalismus bezeichnet – an und stand bereit, sie umzusetzen, als Ronald Reagan 1980 an die Macht kam.

Doch ihre Rezepte wurden nicht allein von konservativen Politikern umgesetzt; schon unter dem Demokraten Jimmy Carter, Reagans Vorgänger, wurden in den USA das Transport- und Finanzwesen dereguliert sowie zahlreiche öffentliche Versorgungsbetriebe privatisiert. Auch in Großbritannien war es zuerst die Labour-Partei, die mit dem Keynesianismus brach, bevor Margaret Thatcher an die Macht kam. Sie beschleunigte den Prozess von Deregulierung, Privatisierungen sowie die Schwächung der Gewerkschaften jedoch und setzte ihn in einer anderen Größenordnung fort.

Auch wenn Reagan und Thatcher bei vielen Linken zum Synonym für die neoliberale Wende geworden sind, muss man gerechterweise sagen, dass die Agenda über weite Strecken von beiden Lagern der politischen Mitte getragen wurde: Deregulierung, Senkung der Spitzensteuersätze, Freihandelsabkommen und Reformen zum Abbau des Wohlfahrtsstaates wurden in Europa ebenso sehr von New Labour unter Tony Blair wie den deutschen Sozialdemokraten unter Gerhard Schröder unternommen, um nur zwei Beispiele zu nennen. Politiker beider Lager stellten die Legitimität staatlicher Einflussnahme auf die Wirtschaft und die Märkte sowie den historischen Kompromiss zwischen den Eigentümern der Produktionsmittel und den Lohnarbeitern infrage. Damit schufen sie mit eine Grundlage für die aktuelle Krise der Demokratie: Indem sie die Wirtschaft als jenseits ihres Gestaltungsspielraums definierte, beraubte sich die Politik zentraler Werkzeuge zur Lösung gesellschaftlicher Fragen.

Wenn von den etablierten Mitte-rechts- und Mitte-links-Parteien gleichermaßen Alternativlosigkeit postuliert wird, steigt die Frustration mit demokratischen Prozessen. Wozu wählen, wenn es ohnehin keinen Unterschied macht? Es sollte nicht weiter verwunderlich sein, dass dies einen hervorragenden Nährboden für Populisten und Demagogen bildet. Diese müssen dabei noch nicht einmal eine Besserung der wirtschaftlichen Lage versprechen. Es dürfte den meisten Wählern von Donald Trump oder Viktor Orbán durchaus klar sein, dass deren Politik ihre persönliche Situation nicht verbessern wird. Es scheint vielmehr in erster Linie darum zu gehen, dass Politiker dieses Schlages sich anschicken, die unausgesprochenen Regeln des Neoliberalismus öffentlichkeitswirksam zu brechen. Trumps Wähler stehen hinter seinen Handelskriegen, auch wenn diese ihnen höhere Konsumpreise bescheren und viele Arbeitsplätze kosten werden. Und Orbán genießt breite Zustimmung für sein Programm von Verstaatlichungen und gelenkten Kreditvergaben – die allzu oft seinen politischen Verbündeten und persönlichen Freunden zugutekommen –, obwohl das Gros des ungarischen Wirtschaftswachstums auf EU-Mittel und Überweisungen von Auslandsungarn basiert. Die ostentative Abkehr von einer Politik der Alternativlosigkeit, eine symbolische Ablehnung des neoliberalen Konsenses, ohne eine tatsächliche Alternative vorzuschlagen, reicht heute offensichtlich schon, um eine signifikante Menge an Wählerstimmen zu mobilisieren.

Neoliberalismus und internationale Beziehungen

Die Theorien des Neoliberalismus blieben jedoch nicht auf nationale Wirtschaftspolitik beschränkt. Als sie langsam zur Orthodoxie westlicher Wirtschaftspolitik wurden, wuchs parallel dazu auch ihr Einfluss auf die Außen- und Entwicklungspolitik der industrialisierten Staaten und auf internationale Organisationen. Sie übten etwa einen steigenden Einfluss auf die Bretton-Woods-Institutionen aus, wurden zur Basis ökonomischer Empfehlungen für Entwicklungsländer, bestimmten zunehmend die Agenden von Freihandelsabkommen und sollten schließlich als Basis der wirtschaftlichen Neuordnung des postsowjetischen Raumes in Osteuropa nach 1989 dienen.

Dabei ist freier Handel nicht per se abzulehnen und auch keineswegs eine rein neoliberale Agenda. Zugang zu globalen Waren-, Technologie- und Kapitalmärkten ist eine wichtige Voraussetzung für wirtschaftliche Entwicklung, und die Globalisierung hat vielen Staaten der Dritten Welt bei der Überwindung erdrückender Armut geholfen. Südkorea, Taiwan, Japan und zuletzt China haben etwa massiv von ihr profitiert. Allerdings haben diese Staaten, wie bereits dargestellt, während ihres Aufschwungs neoliberale Grundprinzipien ignoriert, indem sie Importe begrenzten und Exporte subventionierten, Kapitalverkehrskontrollen einsetzten und andere Maßnahmen ergriffen, um ihre jungen Industrien zu schützen.

In der Tat birgt eine wirtschaftliche Öffnung nach den Leitlinien der reinen Freihandelslehre und des Marktfundamentalismus erhebliche Risiken, insbesondere für die Länder des Globalen Südens. Auch wenn es eine breite Korrelation zwischen freiem Handel und Wachstumsraten gibt, ist diese komplexer, als es auf den ersten Blick scheint. Handelsliberalisierung ist in jenen Ländern am erfolgreichsten, die bereits über eine entwickelte industrielle Basis verfügen und die von neuen Absatzmärkten profitieren können.

Auch führen Freihandel und Privatisierungen zwar häufig zu erhöhter Produktivität und verstärktem Einsatz von Technologie – allerdings bedeutet dies auch einen (mindestens kurzfristigen) Verlust von Arbeitsplätzen. In vielen Entwicklungsländern waren etwa vor der Umsetzung von neoliberalen Reformen viele Menschen abhängig von Arbeitsplätzen im öffentlichen Sektor oder haben Subsistenzwirtschaft betrieben. Die Einführung industrialisierter, exportorientierter Landwirtschaft und die Privatisierung von Staatsunternehmen – häufig zentrale Punkte solcher Reformen – zerstören diese Lebensgrundlage. Aber auch in Industriestaaten kann Freihandel zum Verlust von Arbeitsplätzen führen oder die Löhne in ganzen Wirtschaftssektoren drücken. In den USA etwa hat die verstärkte Konkurrenz aus China die Fertigungs- und die Montanindustrie schwer getroffen; das ist spätestens mit der Wahl von Trump ins allgemeine Bewusstsein gerückt.

Zwar ist dieser Verlust von Arbeitsplätzen direkt mit einem – global gesehenen – Plus an Effizienz verbunden. Allerdings sind, um die negativen Auswirkungen auf die direkt Betroffenen auszugleichen, Investitionen in Bildung und Umschulung notwendig. Derartige staatliche Einflussnahme auf den Arbeitsmarkt aber ist strikten Neoliberalen ein Gräuel.

Zwei Entwicklungsländer, die sich weitestgehend an die Empfehlungen der *Chicago School* hielten, sind Chile unter Augusto Pinochet und Mexiko ab Ende der Neunzigerjahre; beide wurden bitter enttäuscht. Nach dem (von den USA orchestrierten) Militärputsch gegen den Sozialisten Allende wurde Pinochet durch Berater von der University of Chicago unterstützt, die die Wirtschaft nach neoliberalen Vorgaben umbauten. Staatsunternehmen wurden privatisiert, Handels- und Finanzregulierungen abgebaut. Weitreichende Deindustrialisierung, der Verfall öffentlicher Dienstleistungen, ein Anstieg der Arbeitslosigkeit um das Zehnfache und massive Korruption waren die Folgen in dem Land, das bis in die Sechzigerjahre über das beste Gesundheits- und Bildungssystem des Kontinents verfügte. Chile schlitterte in eine Schuldenkrise, die so gravierend war, dass Pinochet 1982 seine *Chicago Boys* feuern und wichtige Industrien wieder verstaatlichen ließ. Erst Ende der Achtzigerjahre sollte sich die Wirtschaft erholen und dem Land einen Boom bescheren.

Zwar stimmt es, das Chile unter Salvador Allende eine massive Wirtschaftskrise durchmachte; diese ging allerdings nicht allein auf dessen Wirtschaftspolitik zurück. Vielmehr wurde sie von den USA unter Richard Nixon durch ein Handelsembargo bewusst mit angeheizt, da Washington in der Zeit des Kalten Krieges kein erfolgreiches Vorbild einer sozialistischen Wirtschaft in seinem Einflussbereich duldete. Wenn Verfechter des Freihandels neoliberaler Prägung also Pinochets Chile als Modell für den Erfolg ihrer Theorie und jenes unter Allende als Beispiel für das Versagen einer gesteuerten Wirtschaft bemühen, so hinkt der Vergleich gewaltig.

In Mexiko wurden nach einer Reihe von Krisen in den Neunzigerjahren das Finanzsystem dereguliert, Handelsschranken abgebaut und das Land trat der Nordamerikanischen Freihandelszone NAFTA bei. Obwohl sich die wirtschaftliche Situation in der Folge stabilisierte und sowohl Handel als auch Investitionen rapide zunahmen, blieben Wachstum und Produktivitätssteigerungen weitgehend aus.

Der Fall Mexikos ist beispielhaft: In vielen Staaten der Dritten Welt, die ihre Wirtschaft gemäß der neoliberalen Orthodoxie reformierten, blieben die erhofften Verbesserungen von Lebensstandards aus. Die Gewinne gehen, wenn überhaupt, häufig in die Taschen eines kleinen Klüngels von Politkern und ihren Freunden in der Geschäftswelt. Der Großteil der Effizienzgewinne durch den Freihandel verbleibt für gewöhnlich bei den wohlhabenderen Handelspartnern, wenn die ärmeren Staaten dem nicht mit gezielten Maßnahmen entgegenwirken.

Der Internationale Währungsfonds

Der Internationale Währungsfonds (IWF) wurde, wie schon beschrieben, nach dem Zweiten Weltkrieg gegründet, um ein stark reguliertes System der internationalen Wechselkurse und des internationalen Zahlungsausgleichs zu überwachen; seine Hauptaufgabe besteht darin, das „globale öffentliche Gut der Finanzstabilität zu gewährleisten“, wie auf seiner Website zu lesen ist.

Schon seit seinen Anfängen war der IWF von der Überzeugung getragen, internationaler Handel und Austausch seien die Grundlage für weltweites Wirtschaftswachstum und höhere Lebensstandards für alle Menschen. Allerdings herrschte in der Gründungszeit des IWF ein umfassendes Misstrauen gegenüber frei fluktuierenden Wechselkursen und unregulierten

Finanzmärkten, das sich aus den Erfahrungen der Weltwirtschaftskrise der 1930er-Jahre speiste. Daher sollte der IWF eine Balance zwischen Freiheit und Kontrolle halten – Freiheit für Staaten, innerhalb des globalen Wirtschaftssystems zu interagieren, und Kontrolle über ebendieses System, um Vorhersehbarkeit und Sicherheit zu gewährleisten.

Die Aufgaben des Fonds sollten sich jedoch aufgrund des Zusammentreffens einer Reihe von Faktoren in den Siebzigerjahren ändern: Erstens wurde der Druck auf den Dollar – in erster Linie durch die Stärke der deutschen und japanischen Wirtschaft – immer stärker, und Präsident Nixon entschied, den Goldstandard und damit das System fixer Wechselkurse einseitig abzuschaffen. Zweitens verursachten die beiden Ölschocks massive Schuldenkrisen in den Entwicklungsländern. Und drittens kam es zur selben Zeit zu einem Dogmenwechsel in der ökonomischen Theorie und Praxis, in dem der Keynesianismus vom Neoliberalismus verdrängt wurde. Das Resultat dieser drei Entwicklungen für die Wirtschaft in den Industriestaaten waren mehr Freiheit von staatlichen Eingriffen und weniger Auflagen durch den IWF. Für die Entwicklungsländer, die damals dringend Finanzierung benötigten, bedeuteten sie mehr IWF-Kredite, allerdings zu strikten neoliberalen Konditionen, die eine Deregulierung ihrer Wirtschaft vorgaben. Diese neue Rolle des IWF, Staaten Empfehlungen, gar Auflagen zu deren Innenpolitik zu geben – natürlich immer, um das Wirtschaftswachstum anzukurbeln –, ging weit über sein ursprüngliches Mandat hinaus.

Die Konditionen, die der IWF mit seinen Krediten verknüpft, sind als Strukturanpassungsprogramme bekannt. Sie umfassen in den meisten Fällen eine Kombination aus Vorgaben wie fluktuierende Wechselkurse, Abschaffung von Kapitalverkehrskontrollen, eine exportorientierte Handelspolitik und, im Falle spezieller vergünstigter Kredite für besonders hoch verschuldete Entwicklungsländer, tiefe Einschnitte bei Sozialausgaben, die Abschaffung von Preiskontrollen und eine Währungsentwertung, um Exporte zu vergünstigen. Derartige Maßnahmen sind allerdings häufig weniger vorteilhaft für die Staaten, die sie umsetzen, als für ihre Handelspartner – bzw. sind sie im besonderen Interesse einer kleinen Klasse transnationaler Eliten.

Teilweise haben diese Strukturanpassungsprogramme auch zu einer Erosion von Demokratien und zu politischer Instabilität geführt. Sogenannte IWF-Unruhen sind meist eine Reaktion auf die ungerechte Verteilung der Vorteile von Unterstützungsprogrammen. Häufig haben Regierungen darauf mit autoritären Maßnahmen reagiert, obwohl IWF-Kredite an und für sich liberale und demokratische Politik stärken sollten. Den Auflagen des IWF geschuldete Sparprogramme haben zu Unruhen in Argentinien 1976, Ägypten 1977, Marokko 1981 und 1984, Tunesien 1983/84, in der Dominikanischen Republik 1984, im Sudan 1985, in Indonesien 1988 und 1998, Jordanien 1989 und 1996 und Bolivien 2000 geführt – die Liste ließe sich beliebig fortführen.

Die vom IWF im Namen von Wachstum, Stabilität und liberaler Politik durchgesetzten Reformen haben noch weitere negative Auswirkungen: Privatisierungen sind häufig eine Gelegenheit für massive Korruption, insbesondere in weniger entwickelten Ländern mit einem schwachen Rechtsstaat. Davon wiederum profitieren multinationale Konzerne. Kapitalmarktderegulierungen erlauben den Zustrom von sogenanntem *Hot Money*, das auf der Suche nach kurzfristigen Spekulationsgewinnen einströmt, um beim ersten Anzeichen von Problemen fluchtartig wieder abzufließen. Einige Ökonomen sind der Meinung, dass die Asienkrise der 1990er-Jahre ohne das rapide Abfließen derartigen *heißen Kapitals* niemals eine derartige Tragweite entfalten hätte können. Solche Fluktuationen von Investitionsflüssen können auch massive Probleme für die Wechselkurse von armen Ländern nach sich ziehen: Eine Aufwertung in der Phase von Kapitalzuflüssen bedroht die Exportwirtschaft, die rapide Entwertung bei einer Kapitalflucht kann unter anderem stark steigende Lebensmittel- und Energiepreise für die Bevölkerung bedeuten.

Diese Faktoren haben dazu geführt, dass das – zumindest offiziell – als Garant für den Wohlstand und die wirtschaftliche Entwicklung aller Völker eingesetzte Bretton-Woods-System in vielen Entwicklungsländern, bei linken Aktivisten und auch Insidern wie dem früheren Weltbank-Chefökonomen Joseph Stiglitz als Instrument eines westlichen Neoimperialismus gilt. Stiglitz ging sogar so weit, die Freihandelsideologie mit jener der Opiumkriege zu vergleichen, oder mit einem Aderlass – starb der Patient daran, hatte man wohl zu früh aufgehört und noch etwas verdorbenes Blut übrig gelassen.

Ungleichheit: Der Preis der Globalisierung

Eine der für demokratische Systeme schwerwiegendsten Folgen der neoliberalen Globalisierung ist ihr Einfluss auf die nationale, internationale und globale Verteilung von Einkommen und Vermögen. Die internationale Verteilung bezieht sich dabei auf die Unterschiede zwischen Staaten, wobei die Mittel- oder Medianwerte der einzelnen Staaten betrachtet werden; die globale Verteilung wiederum hat Individuen auf der gesamten Welt im Blick.

Verfechter der freien Marktwirtschaft streichen häufig den unbestreitbaren Zusammenhang zwischen ihrer weltweiten Ausbreitung und dem Rückgang der internationalen Ungleichheit heraus. In der Tat hat die Globalisierung seit 1980 über eine Milliarde Menschen aus bitterster Armut befreit. Der Aufstieg Chinas und vieler Staaten Ostasiens sowie das starke Wachstum Indiens haben diesen Trend maßgeblich geformt. Spätestens seit der Finanzkrise und der weltweiten Rezession ist allerdings eine zweite Auswirkung des Siegeszugs der kapitalistischen Wirtschaftsordnung verstärkt in den Fokus von Forschung und öffentlicher Debatte gerückt: die steigende innerstaatliche und globale Ungleichheit. Diese hat vielschichtige Konsequenzen für die Tragfähigkeit demokratischer Systeme, die Attraktivität des westlichen Modells, und folglich auch auf die internationalen Beziehungen und die globale Ordnung.

Diese Auswirkungen der Globalisierung lassen sich sehr gut anhand des berühmt gewordenen Elefanten-Charts von Christoph Lakner und Branko Milanovic darstellen. Die beiden Ökonomen haben die weltweite Einkommensentwicklung im Zeitraum von 1988 bis 2008 analysiert. Dabei zeigt sich ein interessantes Bild: Während die Realeinkommen der ärmsten 30 Prozent (hauptsächlich in Afrika und Asien) zwischen 40 und 50 Prozent gewachsen sind, konnten die Schwellenländer zwischen dem 3. und 7. Zehntel (China und Ostasien) Einkommenszuwächse von 70 bis 90 Prozent verzeichnen. Die Realeinkommen der oberen 70 bis 95 Prozent in der globalen Einkommensverteilung – in diese Kategorie fallen Arbeiterklasse und untere Mittelschicht in den Industriestaaten – sahen hingegen teilweise sinkende Realeinkommen oder ein geringes Wachstum von höchstens 20 Prozent über zwei Jahrzehnte. Den obersten 5 Prozent der Weltbevölkerung erging es wiederum ziemlich gut, diese Gruppe konnte ein Wachstum von etwa 50 Prozent verbuchen.

Der 2017 veröffentlichte erste *Bericht zur weltweiten Ungleichheit* hat die Ergebnisse von Lakner und Milanovic aufgegriffen und weiter verfeinert. Die Studie des *World Inequality Lab* der École d'Économie de Paris, dem unter anderem Thomas Piketty angehört, zeigt, dass die „Einkommensungleichheit in den letzten Jahrzehnten in fast allen Weltregionen zugenommen hat, jedoch mit unterschiedlicher Geschwindigkeit. Dass die Ungleichheit im Ländervergleich so unterschiedlich stark ausgeprägt ist – selbst bei Ländern, die ein ähnliches Entwicklungsniveau aufweisen –, unterstreicht die bedeutende Rolle, die nationale Politik und Institutionen bei der Ausformung der Ungleichheit einnehmen."

Während die Ungleichheit in Nordamerika, China, Indien und Russland – dort vor allem in der ersten Hälfte der 1990er-Jahre – besonders rapide angestiegen ist, verlief diese Entwicklung in Europa moderat. Der alte Kontinent ist nach wie vor die Region mit der geringsten Ungleichheit. Dennoch markiert der

Anstieg der Ungleichheit auch hier das Ende des relativ egalitären Nachkriegsregimes. Laut den Autoren der Studie lassen die unterschiedlichen Verläufe in der Entwicklung der Ungleichheit zwischen Ländern darauf schließen, dass deren Anstieg eng mit neoliberalen Praktiken von Deregulierung, Privatisierungen, flacherer Steuerprogression und dem Abbau staatlicher Dienstleistungen verknüpft ist.

Eine besondere Leistung des *Berichts zur weltweiten Ungleichheit* ist sein Versuch, die Debatte von der Einkommensverteilung auf die Vermögensverteilung auszuweiten. Nicht nur ist die globale und innerstaatliche Ungleichheit von Vermögen um einiges höher; sie ist in einer Zeit, wo der Anteil an Kapitaleinkünften gegenüber jenem der Arbeitseinkommen kontinuierlich steigt, auch immer mehr eine Ursache von Einkommensungleichheit. In den USA streicht das oberste Prozent der Bestverdiener 20,2 Prozent des Nationaleinkommens ein; das reichste Prozent vereint 41,8 Prozent des Gesamtvermögens auf sich.

Darüber hinaus zeigt der Bericht auf, dass seit 1980 gewaltige Mengen an öffentlichem Vermögen in private Hände transferiert wurden. Während das Gesamtvermögen stark gestiegen ist, haben selbst reiche Länder kaum noch Nettovermögen, viele sind im Gegenteil sogar verschuldet. Dadurch haben die Regierungen kaum mehr Spielraum, um der Ungleichheit entgegenzuwirken oder sonst in größerem Umfang gestaltend zu agieren.

Diese Entwicklung bietet eine mögliche Erklärung für die wachsende Ablehnung von Globalisierung an ihrem Ursprungsort, in den USA und Westeuropa. Der Aufstieg von freihandelskritischen Populisten und das verbreitete Gefühl, dass die traditionellen Parteien sich nicht um das Wohl der eigenen Bevölkerung kümmern, ist vor dem Hintergrund stagnierender Realeinkommen verständlich. Die Statistik gibt aber auch all jenen recht, die auf die großen Errungenschaften der weltweiten wirtschaftlichen Öffnung hinweisen. Global gesehen geht es der Menschheit besser als je zuvor in der Geschichte.

Das Problem dabei ist, dass die beiden Positionen unterschiedliche Realitäten im Blick haben. Europäer oder Amerikaner der Arbeiterklasse und unteren Mittelschicht sehen durch „Rationalisierungen“ und die Abwanderung von produzierenden Betrieben ihre Lebensgrundlage bedroht; der Abbau sozialer Netze und eine sinkende soziale Durchlässigkeit lassen ihre wirtschaftliche Zukunft immer bedrohlicher erscheinen. Die meist mobilen, gut ausgebildeten und kosmopolitischen Eliten verweisen in ihrer Verteidigung des freien Handels gerne auf die gewaltige Zahl von Menschen in Afrika und Asien, denen er aus der Armut geholfen hat. Dies stellt den Widerstand gegen die Auswirkungen des Neoliberalismus implizit als egoistisch dar und fördert eine gesellschaftliche Polarisierung und eine Totalopposition gegen vermeintlich politisch korrekte Standpunkte.

Auswirkungen von Globalisierung und Ungleichheit auf demokratische Systeme

Laut einer gemeinsamen Studie der UBS-Bank und des Unternehmensdienstleisters PwC sehen wir derzeit die größte Konzentration von Vermögen weltweit seit 1905. Der Hauptautor vergleicht darin unsere Gegenwart mit dem *gilded age* in Amerika – und berichtet, dass Milliardäre zunehmend besorgt über eine kommende gesellschaftliche Gegenbewegung seien.

Ein Blick in die Geschichte verdeutlicht, dass diese Sorge berechtigt sein könnte: Die sogenannten *robber barons*, die Räuberbarone, die im amerikanischen *gilded age* ihre Vermögen mit Eisenbahn-, Öl-, Stahl- und Bankenmonopolen aufbauten – die Carnegies, Rockefellers und Hearsts –, mussten zusehen, wie Präsident Theodore Roosevelt ihre Firmen zerschlug und progressive Einkommens- und Erbschaftssteuern vorschlug. Die Industriekapitäne versuchten sich gegen Roosevelts Pläne zu wehren, unter anderem durch ihren Einfluss auf die Presse und im Kongress. Allerdings waren zu jener Zeit die Gewerkschaften stark und es lagen sozialistische Ideen in der Luft, auch die Mittelschicht unterstützte den Präsidenten; Roosevelt konnte auf eine breite Unterstützung für seine Pläne bauen und viele davon umsetzen.

Heute hält sich die Unterstützung für mögliche Gegenbewegungen – à la Bernie Sanders in den USA oder *Podemos* in Spanien – noch in Grenzen und der Einfluss von Unternehmen und extrem reichen Individuen auf die Politik wächst stetig. Am ausgeprägtesten innerhalb der westlichen Welt in den USA, wo es seit dem berüchtigten *Citizens-United*-Urteil des Verfassungsgerichtshofs von 2010 auch Unternehmen möglich ist, unbegrenzt Geld für – nur formal von den Parteien unabhängige – Wahlkampagnen auszugeben. Aber auch in der EU und in den Staaten Europas konnte sich in den vergangenen Jahrzehnten eine in vielen Punkten unternehmerfreundliche Politik durchsetzen.

Die Ungleichheit wird jedoch immer häufiger als Bedrohung für die soziale und ökonomische Stabilität angesehen. Mit steigenden Einkommensunterschieden nehmen die Gewaltraten zu und das zwischenmenschliche Vertrauen, das zentral für das Funktionieren einer modernen Wirtschaft ist, sinkt. Auch zeigen Untersuchungen, dass in egalitäreren Gesellschaften tendenziell alle sozialen Schichten glücklicher sind als in rigiden Klassengesellschaften; dies dürfte, so ein Erklärungsansatz, neben der verbesserten Lebenssituation der unteren Einkommensklassen auch stark mit verminderter Abstiegsangst in den bessergestellten Gruppen zusammenhängen.

Die große Frage, die sich angesichts der offensichtlichen Unzulänglichkeiten der Neoliberalisierung stellt, ist, ob und wie die Politik gegensteuern kann. Der Neoliberalismus stellt neben seinen ökonomischen Rezepten vor allem auch eine Weltsicht und Werthaltung dar; Konkurrenz wird groß- und Solidarität kleingeschrieben, Ungleichheit wird als notwendige Voraussetzung für Freiheit akzeptiert. Der Erfolg dieser Weltanschauung liegt darin, dass sie inzwischen alle Lebensbereiche durchdrungen hat und das Denken einer Mehrheit der Menschen bestimmt, ohne sich aber je offen deklariert zu haben.

Ralf Dahrendorf hat bereits 1997, auf dem Höhepunkt des westlichen Triumphs, vor den Gefahren der neoliberalen Globalisierung für die Demokratie gewarnt:

> *Globalisierung vollzieht sich in Räumen, für die noch keine Strukturen der Kontrolle und Rechenschaft erfunden sind, geschweige denn solche, die den einzelnen Bürger ermächtigen. Globalisierung entzieht dem einzigen Domizil der repräsentativen Demokratie, das bisher funktioniert hat, dem Nationalstaat, die ökonomische Grundlage. Globalisierung beeinträchtigt den Zusammenhalt von Bürgergesellschaften, auf denen der demokratische Diskurs gedeiht. Globalisierung ersetzt die Institutionen der Demokratie durch konsequenzlose Kommunikation zwischen atomisierten Individuen.*

5

DIE RÜCKKEHR DER GESCHICHTE

Hatte der amerikanische Politologe Francis Fukuyama 1989 das *Ende der Geschichte* und damit den Sieg des liberal-demokratischen Universums ausgerufen, so kehrte diese kurz nach der Jahrtausendwende mit einer Reihe von einschneidenden Ereignissen spektakulär zurück.

Der weltweite Siegeszug der marktwirtschaftlich bestimmten liberalen Demokratie nach dem Ende des Kalten Krieges war alsbald in eine – um mit Jürgen Habermas zu sprechen – *neue Unübersichtlichkeit* gemündet. Die politische Klasse schien überrascht, ratlos und überfordert. Längst überwunden geglaubte ethno-religiöse Konflikte waren unversehens wieder aufgebrochen. Identitär verbrämte Rückbesinnung auf Herkunft, Rasse und Hautfarbe schien die tatsächlichen sozialen Klüfte und brutalen gesellschaftlichen Verteilungskämpfe der Globalisierung mit unerhörter Bedeutung aufzuladen.

Es waren die verheerenden Terroranschläge vom 11. September 2001 auf das World Trade Center in New York sowie das Pentagon und der fehlgeschlagene Versuch, das Weiße Haus zu treffen – atavistisch anmutende Angriffe auf die Symbole der kapitalistischen Supermacht –, die das triumphale Jahrzehnt Amerikas ins Wanken gebracht hatten. Die überstürzt und in völliger Verkennung der tieferen Zusammenhänge getroffenen politischen Entscheidungen im Weißen Haus führten geradewegs in die unilateral angelegte Außenpolitik der ersten Bush-junior-Administration. Die Welt war damit – und das wissen wir heute – in eine neue Ära der Machtpolitik und des globalen Wettbewerbs um Einfluss und Ressourcen eingetreten.

Der amerikanische *forever war* gegen den Terror ging mit einer arroganten Geringschätzung liberaler Grundwerte einher. Nicht zuletzt gerieten dabei auch in den Staaten der westlichen

Gemeinschaft zentrale Werte wie Freiheit, Rechtsstaatlichkeit und Menschenrechte zunehmend in die Defensive. Mit der Flüchtlingskrise von 2015 und der Renationalisierung, die das europäische Einigungsprojekt seitdem erlebt, sind wir endgültig in einer Welt der *diminished expectations,* einer Welt der verminderten Erwartungen angekommen.

Das Nachkriegssystem hatte zwar vorerst den Kalten Krieg überdauert und auch sein Ende hatte den Jahrhundertwurf nicht obsolet gemacht; im Gegenteil. Der Niedergang der Sowjetunion hatte dem wiedervereinten Kontinent Europa und den USA die historische Chance eröffnet, die Durchsetzung ihres erfolgreichen Programms von liberaler Demokratie, freier Marktwirtschaft und universellen Menschenrechten zum global gültigen Ziel zu erklären. Dazu zählte auch die Stärkung der Institutionen des internationalen Systems und der forcierte Ausbau seines Aktionsradius. Insbesondere in Sicherheitsfragen wurde von der Staatengemeinschaft eine Bereitschaft zur Übernahme neuer – bislang vernachlässigter – Aufgaben und zusätzlicher Verantwortung für ein universelles *Common Good* erwartet. Niemals zuvor hat es eine solche Gelegenheit der Befriedung in einem Europa gegeben, das weit über die bloße Geografie hinauszureichen schien.

Ein solcher Wandel – so die vorherrschende Meinung – konnte nach dem Fall des Eisernen Vorhangs auch vor dem Hintergrund eines radikal neuen multilateralen Umfelds vollzogen werden. Im Zuge dessen veränderte sich jedoch auch der Fokus der internationalen Beziehungen. Ohne den mächtigen ideologischen Gegenpol der Sowjetunion und die Gefahr gegenseitiger nuklearer Vernichtung wurden im Sinne westlicher Vorstellungen immer ambitioniertere Ziele ins Auge gefasst. Dabei rückten in erster Linie bis dato international ignorierte interne Konflikte und systematische Menschenrechtsverletzungen (mit den damit verbundenen Flüchtlingsbewegungen und anderen humanitären Folgen) ins Zentrum der Sicherheitsdebatte.

Die Gefahr von lokalen, oftmals asymmetrischen Konflikten für die globale Sicherheit, aber auch die Verantwortung der internationalen Gemeinschaft gegenüber jenen, die unter repressiven Regimen zu leiden hatten, wurden im Laufe der 1990er-Jahre verstärkt auf die UNO-Agenda gesetzt. Aus den Ad-hoc-Tribunalen für Jugoslawien und Ruanda entwickelten sich permanente Institutionen wie der *Internationale Strafgerichtshof* (ICC); innovative Konzepte der internationalen Rechtsordnung wie die nach der NATO-Intervention in Jugoslawien entwickelte *Responsibility to Protect* (R2P) fanden 2005 sogar Aufnahme in das UNO-System. Die Universalisierung des Rechts wurde in den multilateralen UNO-Foren – etwa dem Menschenrechtsrat – diskutiert und weiterentwickelt, und man war verleitet zu glauben, dass die Vereinten Nationen ihr ordnungsgebendes Potenzial endlich zur Gänze entfalten könnten.

Doch parallel dazu machte sich um die Jahrtausendwende in den USA ein hegemonialer Unilateralismus breit. Washington wollte sich nicht länger von völkerrechtlichen Normen und den oft mühsamen Mechanismen der internationalen Organisationen einschränken lassen.

Zwar wurde das amerikanische Hegemonialstreben der Bush-Administration unter seinem demokratischen Nachfolger Barack Obama einigermaßen zurückgefahren. *Leading from behind*, wie im Falle Libyens, oder gar eine völlige Rücknahme wie in Syrien markieren den beginnenden Rückzug der USA aus seiner traditionellen Rolle als globale Führungsmacht. Die von Obama eingeleitete Rücknahme des amerikanischen Engagements nach den katastrophalen Kriegen in Afghanistan und dem Irak ist jedoch auf halbem Weg stecken geblieben. In Afghanistan ist der längste Krieg Amerikas bei weitem nicht beendet; der vom sunnitisch-schiitischen Konflikt und vom kurdischen Separatismus gezeichnete Irak ringt um seine Existenz als Gesamtstaat.

Weder der angekündigte *Reset* in den Beziehungen mit Moskau noch der *Pivot to Asia*, die strategische Neuorientierung zu dieser im Aufschwung befindlichen Region, waren von Erfolg begleitet. Im Gegenteil. Auf Kosten der Beziehungen zu Europa verfielen die Vereinigten Staaten unter dem charismatischen, aber außenpolitisch unsicheren Friedensnobelpreisträger in eine Art Grauzone. Insofern ist die rüde Zurückweisung jedweder Allianzverpflichtung, der Austritt aus dem Pariser Klimavertrag und die Ablehnung der WTO durch seinen überraschend gewählten Nachfolger durchaus schlüssig.

Jedenfalls aber haben die oftmals widersprüchlichen Züge der amerikanischen Außenpolitik unter Bush jun. und Obama wesentlich dazu beigetragen, die Dynamik der Machtverschiebung Richtung China zu beschleunigen. Nach zwei Jahren destruktiv-chaotischer Außenpolitik unter Trump ist das Ende des *amerikanischen Zeitalters* nur noch eine Frage der Zeit.

Nine Eleven und die Folgen

Die Anschläge vom 11. September 2001 waren der Ausgangspunkt dieser folgenschweren Entwicklung. Das bis dahin dominante – simplifizierende – Narrativ vom *Ende der Geschichte* wurde danach schlagartig durch eine radikal andere Vision der internationalen Beziehungen ersetzt. War man in den 1990er-Jahren noch zuversichtlich gewesen, dass eine liberale demokratische Ordnung sich schlussendlich weltweit durchsetzen würde, gewann nach dem Anschlag auf das *World Trade Center* ein alternatives Narrativ an Unterstützung: die These vom unvermeidbaren *Kampf der Kulturen.*

Diese vom konservativen amerikanischen Historiker Samuel P. Huntington erstmals 1993 in einem Aufsatz (noch mit Fragezeichen) und dann 1998 in einem gleichnamigen Buch postulierte These besagt, dass nach dem Ende des Kalten Krieges langwierige und weltumspannende Konflikte zwischen grundsätzlich unvereinbaren, religiös geprägten Kulturkreisen die entscheidenden Bruchlinien des 21. Jahrhunderts darstellen würden. Staaten würden, so Huntington, an Relevanz einbüßen. Sie würden im

21. Jahrhundert von fünf religiös geprägten Zivilisationen – der konfuzianisch-chinesischen, der westlichen, der islamischen, der hinduistischen und der slawisch-orthodoxen – abgelöst.

Huntingtons statisch angelegte Zivilisationskritik wurde ihrerseits massiv kritisiert, da sie eine essenzialistische Vorstellung von Kultur vertritt und Konflikte etwa in der arabischen Welt oder antiwestliche Ressentiments in vielen Regionen der Erde nicht anhand historischer, sozioökonomischer oder postkolonialer Kriterien erklärt, sondern mit festgeschriebenen, ahistorischen, gleichsam kulturologischen Eigenheiten gleichsetzt. So berechtigt diese Kritik auch ist; das Konzept eines *Kampfes der Kulturen* hat die Politik Washingtons in der Bush-junior-Ära sowie die öffentliche Wahrnehmung in westlichen Staaten stark beeinflusst. Es ist gewissermaßen zu einer selbsterfüllenden Prophezeiung geworden.

Bereits 1993 hatte die von Osama bin Laden angeführte Terrororganisation al-Qaida im *World Trade Center* eine Autobombe gezündet, die mehrere Tote und Hunderte Verletzte gefordert hatte. Die Bombenanschläge gegen US-Botschaften in Kenia und Tansania 1998 haben über zweihundert Menschenleben gefordert. Tatsächlich verfolgte al-Qaida eine Strategie der Polarisierung zwischen dem Westen und der islamischen Welt, um einen Heiligen Krieg – Huntingtons religiös verbrämten Kulturkampf – anzufachen. Dass die USA nach den Anschlägen vom 11. September ihr Militär in einen „globalen Kreuzzug" (Präsident Bush) geschickt haben, anstatt mit einer wohlüberlegten Strategie und sicherheitspolitischen Maßnahmen zu antworten, hat zur Ausbreitung des islamistischen Terrors zweifellos beigetragen.

Selbst Huntington hat unmittelbar nach den Terroranschlägen davor gewarnt, der Westen solle sich von al-Qaida nicht in einen Krieg gegen die islamische Welt treiben lassen. Dennoch sollten die Kriege in Afghanistan und im Irak mit dem Ziel eines *Regime Change* zur ersten Antwort auf Osama bin Ladens Bluttat werden. Die Militäreinsätze wurden von der Bush-Administration mit dem Argument gerechtfertigt, der Demokratie-Export und die Ausweitung der liberalen Weltordnung seien der beste Schutz gegen den Terrorismus.

Der *War on Terror* wuchs sich in der Folge zu einer endlosen Reihe von gezielten Tötungen – *targeted killings* – mittels Drohnen und Sondereinsatzkommandos rund um den Globus aus. Die militärischen Einsätze wurden von menschenrechtlich problematischen Gesetzen begleitet, bürgerliche Freiheiten willkürlich beschnitten. Im Zeichen der Terrorbekämpfung wurden die Befugnisse der Exekutive und der Geheimdienste massiv ausgeweitet. Der digital unterstützte Überwachungsstaat liberaler westlicher Demokratien hat hier seine Wurzeln.

Angesichts der vom radikalen Islam ausgehenden Bedrohung behielten sich die USA das Recht auf unilaterale Aktionen inklusive präventiver Militäreinsätze gegen souveräne Staaten – ohne UNO-Mandat – vor. Diese Selbstermächtigung zum militärischen Präventivschlag wurde als Weiterentwicklung des klassischen Völkerrechts argumentiert; tatsächlich aber war es die einseitige Aufkündigung von grundlegenden Prinzipien der liberalen Ordnung – etwa des Multilateralismus, der Vorrangstellung des Sicherheitsrates bei der Wahrung der internationalen Sicherheit und der Nichteinmischung in die inneren Angelegenheiten von Staaten. Kritiker stellten fest, dass die Bush-Doktrin und der *War on Terror* eine weit größere Bedrohung für die liberale Ordnung darstellten, als der globale Dschihadismus es je hätte sein können.

Die Anschläge vom 11. September 2001 nahm eine Gruppe von neokonservativen Denkern als Gelegenheit, ihre schon seit den 1990er-Jahren formulierten strategischen Überlegungen in die Praxis umzusetzen. Es bot sich ihnen ein *Pearl-Harbour-Moment*, der die amerikanische Öffentlichkeit galvanisierte und der Regierung weitreichende Handlungsmöglichkeiten eröffnete. Die bemerkenswert heterodoxe Ideologie der *Neocons* vereint humanitäre Impulse und den Glauben an die transformative Wirkung militärischer Interventionen mit einer tiefsitzenden Aversion vor der als grundlegend feindlich wahrgenommenen Außenwelt. Gemäß dieser Weltsicht könnten die USA erst sicher sein, wenn die liberale Demokratie universell verankert ist. Multilateralen Organisationen standen die *Neocons* grundsätzlich skeptisch gegenüber. Statt zu versuchen, in endlosen Debatten im Rahmen der Vereinten Nationen die Weltgemeinschaft von den Vorzügen des amerikanischen Modells zu überzeugen, sollten die USA und ihre Verbündeten ihre gebündelte militärische Übermacht nutzen, um autoritäre Regime zu stürzen und an deren Stelle mittels *State Building* prowestliche, liberal-demokratische Regierungen aufzubauen.

Der Kern neokonservativer Denker in der Bush-junior-Administration bestand aus Dick Cheney, Donald Rumsfeld und Paul Wolfowitz. Diese waren schon in der Administration von Bush senior in wichtigen politischen Positionen aktiv gewesen. 1991 hatten die Republikaner die Entscheidung ihres Präsidenten, Saddam Hussein im Amt zu belassen, als großen Fehler betrachtet. Dieser politische Irrtum sollte nun unter Bush junior korrigiert werden. Erste Pläne zu einem möglichen *Regime Change* im Irak wurden denn auch gleich nach der Amtsübernahme Anfang 2001 geschmiedet. Aber erst der *Große Islamische Terror* vom 11. September 2001 bot den wieder ins Weiße Haus zurückgekehrten *Neocons* die Möglichkeit, dies auch in die Tat umzusetzen.

Die vergebene Chance globaler Zusammenarbeit

Die erste Gelegenheit zur Erprobung der Ideen von *Regime Change* und *Democratic State Building* sollten die *Neocons* der Bush-jun.-Administration in Afghanistan bekommen. Dies kam für die neokonservativen Ideologen insofern überraschend, als doch seit 1991 ihr Hauptaugenmerk auf dem Irak Saddam Husseins lag, der gemäß ihrer manichäisch inspirierten Weltsicht der *Achse des Bösen* angehörte.

Afghanistan war nach dem Scheitern Moskaus – dem Anfang vom Ende der Sowjetunion – den von den USA unterstützten

Dschihadisten überlassen worden und diente seit der Machtübernahme durch die Taliban als sicherer Hafen für al-Qaida. Zwar war das fundamentalistische Taliban-Regime international geächtet und weitgehend isoliert. Ohne 9/11 aber hätte Washington wohl nie die innenpolitische wie internationale Unterstützung für die militärische Intervention gewinnen können. Vor dem Hintergrund der Anschläge wurde der Krieg gegen das afghanische Taliban-Regime vom UNO-Sicherheitsrat – einschließlich Russlands und Chinas – nun breit unterstützt. Für die NATO aber wurde Afghanistan zum ersten Bündnisfall in seiner über fünfzigjährigen Geschichte, zum ersten Angriff auf ein NATO-Mitglied.

Den Krieg am Hindukusch bezeichnen seine westlichen Verteidiger gern als *War of Neccessity*, als legitime und notwendige Selbstverteidigung der USA. Er ist bis heute der längste von den USA jemals geführte militärische Konflikt. In der Zwischenzeit hat sich die Überzeugung durchgesetzt, dass ein Ende der Kampfhandlungen und ein Abzug der US-Truppen wohl nur über die Berücksichtigung der einst davongejagten Taliban in Staat und Regierung zu erreichen ist.

Der wenig später vom Zaum gebrochene Irakkrieg hingegen wird als *War of Choice* und – nicht zuletzt wegen der Verweigerung Deutschlands und Frankreichs – als folgenreicher strategischer Fehler gewertet. Mehr noch, der Irak markiert das Ende der kurzen unipolaren Phase des globalen Hegemons USA.

Es mag verwundern, aber unmittelbar nach den schrecklichen Bildern aus New York hätte der von Präsident Bush proklamierte *Krieg gegen den Terror* durchaus die Unterstützung Moskaus und Pekings bekommen können. Schließlich hatten beide Regime mit islamistischen Gruppierungen zu kämpfen. Russland führte zu dieser Zeit einen brutalen Krieg gegen Aufständische in den Teilrepubliken Tschetschenien und Dagestan und war besorgt über mögliche weitere Revolten in muslimischen Regionen des Kaukasus und Südrusslands. China wiederum fürchtete ein

Wiederaufflammen der Spannungen in seiner hauptsächlich von muslimischen Uiguren bewohnten Provinz Xinjiang.

Insbesondere Moskau wertete den gemeinsamen Kampf gegen den Terror als Möglichkeit einer pragmatischen Zusammenarbeit mit dem Westen abseits einer liberalen Ordnungsvision. Peking war zurückhaltender in seiner Bereitschaft zur Kooperation. Die chinesische Regierung lehnte eine Militarisierung der Terrorbekämpfung offiziell stets ab und prangerte westliche Doppelmoral in Bezug auf das chinesische Vorgehen gegen uigurische Separatisten an. Dennoch erkannte China im UNO-Sicherheitsrat das Recht der Vereinigten Staaten auf Selbstverteidigung an und hat damit gewissermaßen den Krieg gegen das afghanische Taliban-Regime legitimiert. Peking stimmte ebenso für die vom Nordatlantikpakt geleitete UNO-Sicherheitstruppe ISAF, die Afghanistan nach dem Sturz der Taliban stabilisieren sollte.

Washington unter Bush junior schien allerdings kein Interesse an einer Zusammenarbeit auf annähernd gleichberechtigter Basis zu haben. Weder mit den politischen Konkurrenten in Peking und Moskau noch mit seinen traditionellen Verbündeten in Europa konnte sich die amerikanische Regierung zu einer Kooperation auf Augenhöhe durchringen.

Schon wenige Tage nach dem 11. September verkündete der Präsident bei einer Rede vor dem Kongress, dass sich nun jeder Staat auf der Welt entscheiden müsse, ob er auf der Seite der USA oder jener der Terroristen stehe: „Either you are with us, or you are with the terrorists.“ Bald wurde deutlich, dass dies – ganz im Sinne seiner neokonservativen Berater – bedeuten sollte, die ganze Welt habe sich der amerikanischen Hegemonie zu unterwerfen. Amerika würde seine Interessen verfolgen, der Rest sich fügen müssen; oder die Folgen tragen.

So erging es sehr bald schon Russland: Obwohl seine logistische Unterstützung von zentraler Bedeutung für den Erfolg der US-Koalition in den frühen Phasen des Krieges gegen die Taliban war, kündigte die Bush-Administration im Juni 2002 einseitig den

Anti-Ballistic Missile Treaty von 1972 auf. Der Vertrag zur Begrenzung von Raketenabwehrsystemen war inmitten des Kalten Krieges ein Meilenstein der Entspannungspolitik gewesen. Er hatte eine Ausweitung des Rüstungswettlaufs verhindert. Die Aufkündigung dieses wichtigen Abrüstungsvertrags wurde mit der neuen Bedrohungslage durch den Iran und andere *Schurkenstaaten* begründet. Selbst Putin ließ sich vernehmen, dass dadurch die Sicherheit Russlands nicht betroffen sei.

2003 folgte die US-Invasion im Irak – wie 1999 gegen Miloševićs Jugoslawien ohne Unterstützung des UNO-Sicherheitsrates. Bereits im Jahr darauf – 2004 – erfolgte die Aufnahme der baltischen Staaten in die NATO. Selbst bei dieser größten Erweiterung in der Geschichte des Nordatlantikpakts verhielt sich Moskau zunächst abwartend. Bloß den Feldzug gegen den irakischen Verbündeten Saddam Hussein hatte Putin als völkerrechtswidrigen Angriffskrieg entschieden verurteilt.

Interessanterweise ist der offene Bruch mit dem Westen erst nach der Geiselnahme von Beslan 2004 eingetreten. Eine separatistische Terrorgruppe hatte in der tschetschenischen Stadt über tausend Kinder und Erwachsene in ihre Gewalt gebracht. Die mit Flammenwerfern und Panzern vorrückenden russischen Sicherheitskräfte töteten mit ihrem unerhört rücksichtslosen Vorgehen Hunderte Geiseln. Wenige Tage nach der Tragödie deutete Putin in einer Fernsehansprache an das russische Volk an, der Westen würde die tschetschenischen Terroristen unterstützen.

Putin nutzte den Vorfall, um seine innenpolitische Macht zu festigen und die Befugnisse des russischen Sicherheitsapparats auszubauen. Erstmals seit dem Ende des Kalten Krieges wurden wieder antiwestliche Töne vernehmbar. Russische Kritiker an Moskaus brutalem Vorgehen wurden als *Lakaien des Westens* denunziert. Nach der im selben Jahr in der Ukraine lancierten *Orangen Revolution* spielte Moskau erneut die antiwestliche Karte. Die USA und US-nahe NGOs wurden als Drahtzieher des friedlichen Umsturzes beschuldigt.

Tatsächlich hatte Washington nichts unternommen, um bei seinen außenpolitischen Planungen – etwa der Osterweiterung der NATO oder der Politik der *Democracy Promotion by Force* – die Interessen Russlands zu berücksichtigen. Da sich der Westen außerdem – wie dies in der Ukraine tatsächlich der Fall war – zunehmend hinter prowestliche Protestbewegungen im postsowjetischen Raum stellte und vermehrt demokratische Defizite in Russland thematisierte, kam der Kreml zum Schluss, dass Washington auch vor einem Regimewechsel in Russland nicht haltmachen würde. Damit aber wurde das historische Fenster zugeschlagen, das angesichts der terroristischen Bedrohung eine russisch-westliche Kooperation jenseits der aktuellen Bedrohung als durchaus realistisch erscheinen lassen hatte.

Der zweite Irakkrieg

Der unter falschem Vorwand vom Zaun gebrochene Krieg gegen den Irak brachte die USA nicht nur mit Russland und China in Widerspruch, sondern führte auch zu Konflikten mit einigen ihrer wichtigsten europäischen NATO-Partner. Hatte das Bündnis im Krieg gegen Miloševićs Jugoslawien 1999 noch gehalten – immerhin war Deutschlands rot-grüne Regierung bei diesem ersten *Out-of-area*-Einsatz der NATO dabei gewesen –, führte der Irakkrieg zu einem deutlichen Auseinanderdriften der euro-atlantischen Allianz. In Erinnerung bleibt der zynische Ausspruch des amerikanischen Verteidigungsministers Donald Rumsfeld – einer der Architekten des Krieges –, der die Alliierten in *Old* und *New Europe* eingeteilt hat. Die jungen Demokratien Ost- und Südosteuropas, etwa Polen oder Rumänien, vermeinten sich dem Druck Washingtons nicht entziehen zu können, während – mit Ausnahme Spaniens – für die westeuropäischen NATO-Partner das Völkerrecht und der UNO-Sicherheitsrat Vorrang hatten.

Vor allem aber wollten Deutschland und Frankreich die Ergebnisse der Inspektion durch die Internationale Atomenergiebehörde abwarten. Die Expertengruppe um den früheren Generaldirektor der Wiener UNO-Agentur, dem Schweden Hans Blix, hatte den Auftrag, den amerikanischen Vorwurf, Bagdad sei im Besitz von Massenvernichtungswaffen, zu verifizieren. Doch die USA schlugen zu, ohne das abschließende – negative – Ergebnis der Internationalen Atomenergiebehörde (IAEO) abzuwarten. Dieser vorgetäuschte Präventivkrieg hatte für die internationale Ordnung eine Reihe folgenschwerer Konsequenzen.

Trotz der raschen Erfolge der militärisch weit überlegenen *Koalition der Willigen* und dem folgenden Sturz des Saddam-Regimes – Bush verkündete bereits sechs Wochen nach Beginn der Invasion sein *Mission Accomplished* – gerieten die Stabilisierung des Landes und der geplante Aufbau von demokratischen Institutionen, das *State Building*, zu einem Desaster von historischen Ausmaßen.

Außenminister Colin Powell hatte Präsident George W. Bush im Vorfeld der Militäraktion noch mit dem berühmt gewordenen Ausspruch „once you break it, you are going to own it" eindrücklich gewarnt, schließlich jedoch die Invasion vor dem Sicherheitsrat in einer spektakulären Präsentation von falschen Fakten verteidigt. Doch was nun folgte, war eine erschreckend planlose Besatzung. Einsatzberichte von involvierten Einheiten dokumentieren, dass ganze Divisionen keinerlei Anweisungen für die nächsten Schritte nach dem Sturz von Saddam Hussein erhielten. Vor dem Hintergrund der kolonialen Vergangenheit der Region und der Unterstützung der USA für Israel war es für die Koalition westlicher Staaten – darunter die ehemalige Kolonialmacht Großbritannien – ohnehin ein problematischer Auftrag, das vom Diktator befreite Land militärisch zu besetzen und seinen Wiederaufbau zu organisieren. Dass aber offensichtlich jegliche vernünftige Planung zur Wahrung der öffentlichen Sicherheit und zum Wiederaufbau der zivilen Infrastruktur fehlte, erstaunte selbst jene Teile der irakischen Bevölkerung, die den Sturz Saddams ursprünglich begrüßt hatten.

Die Ent-Ba'ahtifizierung – die Entfernung aller mit dem alten Regime in Verbindung stehenden Personen aus ihren öffentlichen Ämtern – hinterließ das Land ohne funktionierende Verwaltung, ohne Sicherheitsapparat, sogar ohne Bildungswesen. Vor allem aber wurden durch die umstandslose Auflösung der Armee Hunderttausende einfache Soldaten ihrer oft einzigen Einkunft beraubt. Sie wurden von den zahlreich aus dem Boden schießenden Milizen angeworben und bildeten den Grundstock für den folgenden religiös befeuerten Bürgerkrieg, der das Land vollends zerreißen sollte.

Die USA selbst waren offensichtlich nicht willens oder in der Lage, Experten zum Aufbau von Übergangsinstitutionen bereitzustellen. Anstatt sich an den Erfahrungen mit dem Wiederaufbau im ehemaligen Jugoslawien zu orientieren, wurden Parteigänger des Präsidenten und Militärs ohne entsprechende lokale und kulturelle Kenntnisse eingesetzt. Der UNO wurde schließlich die Drecksarbeit überlassen. Generalsekretär Kofi Annan ernannte den brasilianischen Diplomaten Sérgio Vieira de Mello, einen der erfahrensten Experten für den Wiederaufbau kriegszerstörter Staaten, zu seinem Sonderbeauftragten. Nur wenige Wochen später kamen er und sein Team bei einem Anschlag in Bagdad zu Tode.

Rasch stellte sich heraus, dass die befreiten Irakis nicht bereit waren, das mörderische Saddam-Regime gegen eine fremde Besatzung einzutauschen. Die amerikanischen Streitkräfte aber waren gekommen, um die *hearts and minds* der Bevölkerung zu gewinnen und eine Modelldemokratie mit regionaler Ausstrahlung aufzubauen, wie Exiliraker mit dubiosen Eigeninteressen Washingtons neokonservativem Establishment weismachen wollten. Bereits nach wenigen Monaten jedoch war klar, dass die *humanitäre Intervention* im Irak dramatisch gescheitert war. In das solcherart entstandene Vakuum drängten lokale *Warlords* und religiöse Stammesführer sowie vom Regime unterdrückte Minderheiten. Das daraus resultierende Chaos steigerte die Abneigung gegen die Besatzungsmacht ins Maßlose.

Die Folge war ein gewaltsamer Aufstand insbesondere der Schiiten, der bald Züge eines Konfessionskrieges annehmen sollte. Die blutigen Attentate und serienweisen Entführungen richteten sich nicht nur gegen Soldaten und Diplomaten sowie internationale Experten der Koalition, sondern auch und zunehmend gegen die sunnitische Minderheit, die unter Saddam die Macht innegehabt hatte. Die radikale Ideologie al-Qaidas beherrschte innerhalb kurzer Zeit die militanten Aufständischen, deren Reihen von entlassenen Mitgliedern der gut ausgebildeten und kampferfahrenen ehemaligen irakischen Sicherheitskräfte verstärkt wurden.

Während Europas Demokratien ihre eigenen Werte aus falsch verstandener Loyalität zum Bündnispartner durch dröhnendes Schweigen verleugneten oder gar selbst aktiv involviert waren – beschämend der britische Premierminister Tony Blair als *Bush's poodle* –, gewann die antiwestliche Propaganda an Fahrt. Die Rekrutierung kampfbereiter Jugendlicher durch al-Qaida und die – nicht sehr überzeugende – Kritik Moskaus und Pekings an den gravierenden Menschenrechtsverletzungen des Westens in Afghanistan und im Irak gaben dem *Krieg gegen den Terror* unversehens eine neue Wendung.

Auch in Europa begann sich Kritik und Widerstand gegen die amerikanische Kriegspolitik zu rühren; auch dagegen, dass das westliche Versprechen einer besseren demokratischen und fairen Welt von seinen Protagonisten ad absurdum geführt wurde. In zahlreichen Protesten quer über den Kontinent äußerte sich erstmalig so etwas wie ein europäischer Demos. Das Thema Irak schuf für kurze Zeit einen Kristallisationspunkt zivilen Ungehorsams gegenüber den am Krieg beteiligten Regierungen. Und die Führungsrolle der USA wurde wieder einmal infrage gestellt.

Trotz der teilweise problematischen Berichterstattung westlicher Medien, deren Vertreter als *embedded journalists* gleichsam Teil der militärischen Operationen waren, wurden relativ rasch mögliche Gründe und Hintergründe der amerikanischen Kriegsplanung offenbar. War es Zufall oder nicht? Jedenfalls wurde bekannt, dass amerikanische Soldaten als einziges öffentliches Gebäude in Bagdad das Ölministerium vor Plünderungen geschützt hatten. Diese und weitere Geschichten von den Frontlinien waren Wasser auf die Mühlen all jener, die ohnehin der Meinung waren, bei dieser Militäraktion gehe es nur um den Zugriff auf das irakische Erdöl.

Die den Plünderungen schutzlos ausgelieferten grandiosen Museen und weitere wertvolle Kulturdenkmäler stehen für den barbarischen Aspekt dieses im Zeichen von liberaler Demokratie und humanitären Prinzipien geführten westlichen Feldzugs. Bald folgten erste Berichte von Menschenrechtsorganisationen über von US-Truppen und privaten Sicherheitsfirmen verübte Übergriffe an Zivilisten und Kriegsgefangenen.

Die Privatisierung des Krieges und die Institutionalisierung der Folter

Die Auslagerung von staatlichen Sicherheitsaufgaben an private Vertragspartner ist untrennbar mit dem Namen der 1997 gegründeten Firma *Blackwater* verbunden. Schon unter dem damaligen US-Verteidigungsminister Dick Cheney hatte zwischen 1989 und 1993 eine massive Privatisierung von militärischen Aufgaben eingesetzt. Nach dem Ausscheiden aus der Regierung Bush senior wurde Cheney Chef von *Halliburton*, dem größten privaten Zulieferer der US-Streitkräfte. Im Irakkrieg – Cheney war inzwischen Vizepräsident unter Bush junior und mit Verteidigungsminister Donald Rumsfeld *Mastermind* eines *Regime Change* im Irak – nahm der Einsatz von Söldnern ungeahnte Ausmaße an; ein Milliardengeschäft für die neokonservative Rechte. Bereits 2007 standen 160.000 regulären US-Soldaten 180.000 private Söldner, bereitgestellt von 630 Firmen, zur Seite, darunter auch *Blackwater*. Die Firma hat nach diversen von ihren Vertragssöldnern begangenen Kriegsverbrechen, die erst 2015 zu Verurteilungen geführt haben, ihren Namen mehrfach geändert. Aus *Blackwater* wurde *Xi Services*, dann *Academi*, um schließlich mit der *Constellis Group* zu fusionieren. *Constellis* war 2017 in über vierzig Staaten aktiv. Seit 2006 hat die Firma an die 2 Milliarden Dollar allein aus amerikanischen Regierungsverträgen lukriert.

Bei Amtsantritt von Präsident Barack Obama 2009 waren im Irak 28.000 Söldner eingesetzt, 2012 in Afghanistan 15.000. Zum Ende von Obamas zweiter Amtszeit 2016 waren allein im Mittleren Osten 42.592 private Kontrakteure, vorwiegend in der Logistik, aktiv. Das staatliche Monopol der Landesverteidigung – welch antiquierter Begriff – wurde von niemand so ausgehebelt wie gerade von den USA. Mit den völkerrechtlichen Folgen dieser an den Dreißigjährigen Krieg gemahnenden *Privatisierung des Krieges* muss die internationale Gemeinschaft erst zurechtkommen.

Die Privatisierung des Krieges, die Missachtung des Völkerrechts, die Militarisierung von Sicherheits- und Außenpolitik haben seit 9/11 zu grundlegenden Veränderungen geführt; die Folgen zeigen sich in sogenannten Einzelfällen.

Im April 2004 veröffentlichten amerikanische TV-Stationen Bilder von Folter und entwürdigenden Behandlungen irakischer Gefangener durch feixende GIs. Diese Vorfälle im schon unter Saddam Hussein berüchtigten Abu-Ghraib-Gefängnis sollten fortan zum Inbegriff amerikanischer Doppelmoral werden. Was anfangs noch als eine Serie von unglücklichen Einzelfällen dargestellt wurde, entpuppte sich schon bald als systemimmanente Strategie der amerikanischen Besatzungsmacht. 2006 brachten acht ehemalige amerikanische Soldaten und Geheimdienstmitarbeiter in Deutschland eine Strafanzeige gegen den amerikanischen Verteidigungsminister Donald Rumsfeld ein. Die Anzeige richtete sich gegen eine von ihm persönlich unterzeichnete Autorisierung illegaler Foltermethoden, wurde aber ebenso wie ähnliche Anzeigen gegen Rumsfeld und den damaligen CIA-Direktor George Tenet in den USA und Frankreich zurückgewiesen.

Selbst im terrorerschütterten Amerika wuchs der Widerstand gegen den sinnlosen und brutalen Krieg. Die anfängliche mediale Unterstützung – die *New York Times* hat sich dafür später entschuldigt – war alsbald einem perplexen Erschrecken gewichen. Schon gar als weitere massive Verstöße der USA gegen die Rechte von souveränen Staaten und das Völkerrecht bekannt wurden. Zur Verschleierung des Rechtsbruchs wurden von findigen Juristen Neologismen erfunden; zum Beispiel das *Extraordinary Rendition* genannte Programm, im Zuge dessen Terrorverdächtige rund um den Globus entführt und in Geheimgefängnisse außerhalb der USA überstellt wurden.

Die Entführungen wurden entweder von CIA-Mitarbeitern oder befreundeten Geheimdiensten bewerkstelligt. Die Überstellung in das geheime Gefängnis-Netzwerk diente dazu, Menschen ohne Anklage an Orten festzuhalten, wo es keine gerichtliche Aufsicht und keine Inspektionen durch Menschenrechtsorganisationen gab. Diese *Black Sites* genannten Internierungslager wurden alternierend von Sicherheitsdiensten befreundeter Staaten oder direkt von der CIA geführt. Dabei bildeten sich regelrecht spezialisierte Standorte heraus: „Will man eine ernsthafte Vernehmung, schickt man den Gefangenen nach Jordanien. Möchte man, dass er gefoltert wird, schickt man ihn nach Syrien. Soll er für immer verschwinden, schickt man ihn nach Ägypten", so der ehemalige CIA-Mitarbeiter Bob Baer in einem Interview mit dem Nachrichtenportal *Counterpunch* 2005.

Aber nicht nur autoritäre Staaten im Nahen Osten wirkten an den Entführungs- und Folterprogrammen der CIA mit. Auch in Europa gab es solche *Black Sites*, darunter nachweislich in Polen sowie möglicherweise in Tschechien und Ungarn. Vom amerikanischen Geheimdienst benannte Verdächtige wurden aus europäischen Staaten wie Italien und Bosnien und Herzegowina entführt. Noch weit mehr westliche Staaten – unter ihnen Deutschland und Österreich – haben ihren Luftraum für den Transport von CIA-Gefangenen freigegeben.

Nachdem die Existenz von Geheimgefängnissen bekannt geworden war, kündigte die Bush-Administration an, die CIA-geführten Standorte zu schließen und die Gefangenen auf den

US-Militärstützpunkt *Guantanamo* in Kuba zu verlegen. Dass dies für die Gefangenen keine Verbesserung mit sich brachte, liegt auf der Hand: Auch in Guantanamo war gemäß der Bush-Administration amerikanisches Recht nicht anwendbar.

In einem Akt rechtsstaatlicher Wiedergutmachung wollte der neugewählte Präsident Barack Obama dieses skandalöse Erbe seines Vorgängers innerhalb eines Jahres entsorgen. Er ist daran gescheitert; immer noch werden in Guantanamo an die vierzig Gefangene, einzelne von ihnen seit mehr als fünfzehn Jahren, festgehalten – ohne Anklage, ohne Möglichkeit zur Verteidigung oder Kontakt mit der Außenwelt. Das Lager ist von einer Schließung weiter entfernt denn je. Präsident Trump hat angekündigt, Guantanamo weiterhin zu verwenden, als Teil des fortdauernden Krieges gegen den Terror.

Menschenrechtsorganisationen und amerikanische Menschenrechtsanwälte, die sich um die Verteidigung der Gefangenen *pro bono* kümmern, haben das Foltersystem von Guantanamo – Waterboarding, Schlafentzug, laute Musik, extreme Temperaturen, die Verletzung religiöser Gefühle und andere von der Folterkonvention der Vereinten Nationen verbotene Methoden – wiederholt aufgezeigt; weder US-Behörden noch die internationale Gemeinschaft haben dagegen etwas unternommen.

Ich war als internationaler Zivilverwalter in Sarajevo Anfang 2002 selbst befasst mit der Entführung von sechs bosnischen Gefangenen, die von amerikanischen Spezialeinheiten unter Missachtung aller lokalen und internationalen Gesetze und Konventionen nach Guantanamo verschleppt wurden. Trotz persönlicher Interventionen – etwa im Europäischen Parlament oder beim damaligen österreichischen Außenminister – gab es außer betretenem Schweigen keinerlei Reaktion. Erst mit der Hilfe von Bostoner Menschenrechtsanwälten ist es nach sieben Jahren immerhin gelungen, fünf von ihnen freizubekommen. Der sechste kam erst nach zwölf Jahren frei. Keinem wurde jemals der Militärprozess gemacht. Sie wurden ohne Angabe von Gründen freigelassen; nicht ohne vorher zu unterschreiben, dass sie keinerlei finanzielle Kompensation für die erlittenen Folterungen und den Freiheitsentzug stellen würden.

Die von den USA und der Komplizenschaft Europas sanktionierten Folterungen, Misshandlungen und das sogenannte Verschwindenlassen von zahllosen Verdächtigen zwischen Guantanamo, Abu Ghraib und den Geheimgefängnissen in Europa, Asien und Afrika haben die Glaubwürdigkeit und den Vorbildcharakter der westlich-liberalen Weltordnung nachhaltig beschädigt.

Geopolitische Auswirkungen der US-Interventionspolitik

Nicht nur auf der Ebene der *Soft Power* von Werten und internationalem Ansehen war der Krieg gegen den Terror eine selbst zugefügte Niederlage des Westens. Auch auf dem Feld pragmatischer Machtpolitik standen die Auswirkungen klar im Gegensatz zu westlichen Interessen. Eine besonders folgenreiche Fehlkalkulation begingen die Architekten der Post-9/11-Interventionen auch im Hinblick auf die regionale *Balance of Power*.

In ihrer Überzeugung, dass sich liberale Demokratien umstandslos oktroyieren lassen und einen Dominoeffekt an demokratischen Revolutionen im gesamten Nahen Osten auslösen würden, haben die westlichen Planer offenbar übersehen, dass mit dem militärischen Sieg über die Taliban in Afghanistan und Saddam Hussein im Irak zwei wichtige Antagonisten des Regimes in Teheran beseitigt waren. Der demokratische Erfolg wollte sich nämlich weder in Kabul noch in Bagdad so recht einstellen. So versank Afghanistan im Chaos, während der Iran seinen Einfluss auf die vom sunnitisch dominierten Saddam-Regime befreite schiitische Mehrheit im Irak konsolidieren konnte. Teheran unterstützte erst die aufständischen Milizen in ihrem Kampf gegen die amerikanischen Besatzer, um schließlich nach deren Abzug 2011 die irakische Politik weitgehend zu bestimmen. Mit dieser unbeabsichtigten Verschiebung des fragilen Machtgleichgewichts im Nahen Osten begann ein Wettlauf um Macht und Einfluss zwischen Saudi-Arabien und dem Iran, der sich inzwischen in Form von Stellvertreterkonflikten quer über die gesamte Region – von Syrien bis in den Jemen – zieht.

Neben der mutwilligen Destabilisierung des gesamten Mittleren Ostens haben die Kriege im Irak und in Afghanistan – die nach Berechnungen des *Stimson Center* die amerikanischen Steuerzahler zwischen 2002 und 2017 2,8 Billionen Dollar gekostet haben – auch das Feindbild USA gefestigt und die globale Ausbreitung dschihadistischen Gedankenguts befördert. Obzwar kontrafaktische Annahmen *per se* problematisch sind, ist die Hypothese, dass es ohne den Irakkrieg die globale Bedrohung durch den islamistischen Terror in dieser Form heute nicht gäbe, durchaus nachvollziehbar. Die Militäraktion der USA gegen das afghanische Taliban-Regime, das Osama bin Laden Schutz gewährte, war angesichts des kollektiven Schocks von 9/11 noch einigermaßen akzeptabel. So hatte denn auch Präsident Putin als Erster seine Solidarität mit den USA zum Ausdruck gebracht. In Russland leben über 20 Millionen Muslime, das sind ca. 15 Prozent der Gesamtbevölkerung. Angesichts des globalen muslimischen Revivals stellen die nordkaukasischen Provinzen Tschetschenien, Dagestan sowie weitere Gebiete mit muslimischer Mehrheitsbevölkerung für Moskau eine nicht zu unterschätzende Herausforderung dar. Das verbindet gewissermaßen bei ansonsten divergenten Interessen den Westen mit Russland.

Al-Qaida hatte aber vor dem Irakkrieg eine sehr begrenzte Anhängerschaft. Zwar war das Netzwerk ausgesprochen gut finanziert und konnte dank der Kriegserfahrung seiner führenden Köpfe im Kampf gegen die sowjetischen Invasoren in regelmäßigen Abständen spektakuläre Anschläge verüben. Aber die NATO-Koalition in Afghanistan hatte ihre Strukturen stark beschädigt. Erst das völlige Chaos im Irak nach dem Sturz von Saddam Hussein und der wachsende Hass auf die amerikanischen Besatzer erlaubten es der Terrorgruppe, sich neu zu formieren, vermehrt

Mitglieder anzuwerben und sowohl den irakischen Aufstand wie auch Anschläge in aller Welt zu koordinieren.

Der Westen – allen voran natürlich die USA – musste das Scheitern seiner Ideen von *State Building* und Demokratieexport in Afghanistan und im Irak zur Kenntnis nehmen und fand sich in einem Dilemma wieder: Einerseits befeuerte die Präsenz fremder – westlicher – Truppen islamistische Aufstandsbewegungen; ein vorzeitiger Abzug hätte jedoch – so die begründete Befürchtung – wahlweise einen gescheiterten Staat samt humanitärer Katastrophe und Flüchtlingswellen bedeutet; oder eine Regierung radikaler Islamisten. Beide Optionen stellen nach Einschätzung Washingtons eine dauerhafte Bedrohung für die regionale und internationale Sicherheit dar. Daher ist der Westen, trotz wiederholter Truppenreduzierungen – Obama hatte bereits 2009 damit begonnen –, nach wie vor in beiden Staaten militärisch präsent.

In Afghanistan zeichnet sich ein für alle Seiten akzeptabler Kompromiss trotz der Versuche, die Taliban in die Regierung einzubinden, bislang nicht ab. Zwar haben Teile der 2001 militärisch besiegten Taliban ihre radikal-konservativen Positionen aufgegeben. Das hat wohl dazu beigetragen, dass sie heute mehr als die Hälfte des Territoriums kontrollieren. Von einer gemeinsamen und selbstbestimmten Zukunft ist das Land allerdings noch weit entfernt. Der Irak ist unterdessen tief gespalten und in weiten Teilen unter den Einfluss des Iran gefallen, während die kurdischen Provinzen im Norden mithilfe der USA quasi autonom agieren. Die Gefahr eines *failed state* ist auch hier weiterhin nicht gebannt.

Der unendliche Krieg gegen den Terror

Libyen, Somalia, Sudan, Jemen, Pakistan, Mali, Niger, Mauretanien, Nigeria, Syrien: In diesen und einer Reihe weiterer Länder sind in den fünfzehn Jahren seit der US-Invasion im Irak Konflikte mit starken terroristischen Komponenten ausgebrochen; eine weitere

Eskalation ist seit dem Arabischen Frühling 2011 zu beobachten. In allen diesen Staaten haben die jeweiligen Regierungen vielfach die Kontrolle über Teile ihres Territoriums an islamistische Rebellengruppen verloren. Viele von ihnen sind mit einem der globalen Terrornetzwerke – al-Qaida oder „Islamischer Staat" (IS oder DAESH) – mehr oder weniger formal verbunden.

Einige der genannten Staaten fallen in die Kategorie des *failed state*. In diesen gibt es faktisch keine oder nur sehr eingeschränkte Staatsgewalt. In jedem der aufgezählten Staaten werden die Dschihadistengruppen von westlichen Staaten, meist unter Führung der USA, bekämpft. Dies erhöht wiederum die Wahrscheinlichkeit von Terrorangriffen gegen westliche – zumeist europäische – Ziele. Darüber hinaus lösen diese Konflikte Flucht und Vertreibung aus. Davon sind unmittelbar die zumeist krisenhaften Nachbarstaaten betroffen; ein Teil versucht Europa zu erreichen. Laut Schätzungen des UNHCR, des Hohen Flüchtlingskommissars der Vereinten Nationen, halten sich von den weltweit mehr als 68 Millionen Vertriebenen 85 Prozent in Entwicklungsländern auf; bloß 7 Prozent leben in Europa

Der Westen kämpft im *War on Terror* in erster Linie gegen sunnitische Dschihadisten-Netzwerke, die von Afrika über den arabischen Raum und Zentralasien bis nach Südostasien operieren. Obwohl die meisten von ihnen in einem lokalen Kontext agieren und kaum oder keinerlei organisatorische Verbindung zu al-Quaida oder dem „Islamischen Staat" pflegen, sehen sie sich selbst als Teil des Dschihad und werden vom Westen ebenso wahrgenommen. Dasselbe gilt für viele der Attentäter, die im Westen ohne direkte Kontakte zu einem Terrornetzwerk Anschläge verüben und ihre Taten dem IS widmen. Al-Quaida und der IS sind zu starken Marken geworden, mit denen islamistische Rebellengruppen Anhänger hinter sich sammeln und potenzielle Attentäter die Aufmerksamkeit maximieren können.

Der Krieg gegen den Terror hat in den vergangenen siebzehn Jahren wenig bis keine Ansätze zur Lösung der globalen

Terrordynamik gebracht, dafür aber stark zur Entwicklung und Ausbreitung dieser Konflikte beigetragen und zu Attentaten in Europa und den USA geführt. Dabei reichen die Wurzeln der Dschihadisten-Netzwerke allerdings weiter zurück und können nicht allein dem *War on Terror* zugeschrieben werden. Erste terroristische Gruppierungen sind während des sowjetisch-afghanischen Kriegs in den 1970er-Jahren entstanden. Die afghanischen Freiheitskämpfer wurden damals – es herrschte der Kalte Krieg – von den USA und Saudi-Arabien finanziell bzw. logistisch unterstützt.

Im algerischen Bürgerkrieg (1991–2002) und während des zweiten Golfkriegs (1990/91) fanden Dschihadistengruppen weiteren Zulauf. In den vom Westen gestützten säkularen Diktaturen des Nahen Ostens und Nordafrikas wuchs ihre Legitimität als oppositionelle – oft auch soziale – Kraft. Ihre heutige Popularität und Macht konnten sie allerdings erst durch den Sturz der Regime in Afghanistan, dem Irak und in Libyen sowie als Folge des weitgehend gescheiterten Arabischen Fruhlings erlangen.

Zwar sind die USA und Großbritannien unter Obama und Cameron vom Begriff eines *War on Terror* abgekommen; die amerikanischen Operationen gegen Terrorgruppen haben sich seither allerdings auf eine immer größere Anzahl von Ländern ausgeweitet. Seit 9/11 hat Washington seinen Krieg gegen den Terror als permanenten Kampf gegen eine ewige Bedrohung dargestellt. Trump macht dabei keine Ausnahme, wenn er in gewohnt drastischer Sprache sagt, er wolle „Terroristen und ihre Familien" töten und Amerika sei erst sicher, wenn auch der letzte Terrorist getötet sei. Eine klare Strategie sieht anders aus und ist von der derzeitigen Administration wohl nicht zu erwarten. Aufgrund des gespannten Verhältnisses zwischen Washington und der EU und der NATO ist auch nicht davon auszugehen, dass sich eine gemeinsame Strategie entwickeln lässt; eine Strategie, die die richtigen Schlüsse aus den Fehlern der militarisierten Sicherheitspolitik zieht.

Die Folgen für die liberale Rechtsordnung

Im Gefolge der terroristischen Anschläge auf das World Trade Center 2001 und der folgenden, zumeist in Europa stattgefundenen Anschläge mit islamistischem Hintergrund ist es in den meisten demokratisch verfassten Staaten zu einer mehr oder weniger offenen Rücknahme traditioneller liberaler Freiheiten gekommen. In Frankreich wurde nach den Anschlägen auf die Redaktion der Satirezeitschrift *Charlie Hebdo* im Januar 2015 und auf die Bataclan-Konzerthalle im November desselben Jahres der Ausnahmezustand verhängt, der erst zwei Jahre später wieder aufgehoben werden sollte. An seine Stelle trat ein Antiterrorgesetz, das viele umgehend erlassene Einschränkungen von Grundfreiheiten festgeschrieben hat: So kann etwa die Bewegungsfreiheit von – schwammig definierten – Terrorverdächtigen grundsätzlich ohne richterliche Anordnung eingeschränkt und religiöse Einrichtungen wegen Aufrufen zu Gewalt geschlossen werden, ohne dass konkrete Aussagen vorliegen. Auch in anderen europäischen Staaten wurden im Laufe der vergangenen Jahre spezifische Terrorismusgesetze beschlossen, die der Exekutive mehr Handlungsspielraum eröffnen und die Meinungsfreiheit einschränken. Gemeinsam ist ihnen, dass sie von einer großen Zahl an Verfassungsjuristen und Menschenrechtsorganisationen als problematisch angesehen werden.

Den größten Wandel im politischen System und die weitreichendsten Eingriffe in die Grundfreiheiten als Folge des Terrors gab es in den USA. Die Auswirkungen von 9/11 auf die amerikanische Gesellschaft können gar nicht überschätzt werden. Das kollektive Trauma dieses historisch einmaligen Angriffs auf US-Territorium – zumal auf das Symbol des amerikanischen Kapitalismus und auf das Pentagon als Garant der Sicherheit – hat das grundlegende Wertegefüge vollends verändert. *Freiheit* als oberste Maxime des amerikanischen Selbstverständnisses wurde buchstäblich über Nacht ersetzt durch *Sicherheit*.

Im Namen der Sicherheit wurde mit dem sogenannten *Patriot Act* binnen weniger Wochen nach dem Anschlag eine zuvor unvorstellbare Ermächtigung der Sicherheitsbehörden umgesetzt. Immigranten etwa konnten ohne Anklage unbefristet eingesperrt, Gebäude ohne Wissen und Zustimmung der Eigentümer durchsucht und eine ganze Reihe von persönlichen Daten ohne Gerichtsbeschluss eingesehen werden. Daneben wurde auf Anordnung von Präsident George W. Bush das *Department of Homeland Security* ins Leben gerufen, ein Mammut-Ministerium, wo Listen von Terrorverdächtigen ebenso angelegt werden wie solche von Abtreibungsgegnern und -Befürwortern, Umweltaktivisten, Kriegsgegnern oder auch von Anhängern diverser Verschwörungstheorien. Weitaus umfassender sind allerdings die geheimen Überwachungsprogramme der Nachrichtendienste, die im anschwellenden *Krieg gegen den Terror* massiv ausgeweitet und erst mit den Enthüllungen von Edward Snowden in ihrem vollen Umfang bekannt geworden sind.

Die umfassende Überwachung des weltweiten Datenverkehrs war bei ihrer Aufdeckung zwar keine besonders große Überraschung. Auch dass die NSA, die Nationale Sicherheitsbehörde, sämtliche Daten der eigenen Staatsbürger gesammelt und die Internetriesen Google, Facebook, Apple, Twitter und andere dabei mit den Behörden kooperiert haben, hat unter dem unmittelbaren Eindruck von 9/11 nur bei wenigen Missfallen erregt. Im Dienst der Terrorismusabwehr sei die Einschränkung persönlicher Freiheiten eben eine notwendige Begleiterscheinung. Selbst liberale Medien wie die *New York Times* konnten sich eine Zeitlang der Suggestion einer allgemeinen Bedrohung Amerikas nicht entziehen.

Die öffentlich gewordene Missachtung von elementaren Bürgerrechten durch die amerikanischen Behörden, die Herausbildung eines Überwachungsstaats westlicher Prägung, hatte freilich eine für unser Thema nicht unwichtige Folge. Die geopolitischen Konkurrenten der Vereinigten Staaten – China und Russland – sowie autoritäre Regime kleineren Formats mussten von nun an ihr illiberales Gesellschaftsmodell weniger verteidigen. Menschen- und Grundrechte, der Kanon liberaler Errungenschaften, waren nun plötzlich nicht mehr Konfliktstoff in den Gremien der Vereinten Nationen oder bei bilateralen Treffen von Staats- und Regierungschefs. Sicherheit und Staatsschutz bestimmten hinfort die Agenda und wurden zu einer Art Verbindungsglied zwischen demokratischen und autoritären Regierungen. Liberale und autoritäre Gesellschaften hatten ein gemeinsames Interesse gefunden: den Kampf gegen den Terrorismus.

Stimmen, die eine auf liberalen Prinzipien fußende Politik im Umgang mit den neuen Bedrohungen einmahnten, verschwanden zusehends aus dem öffentlichen Diskurs. Womöglich aber hat das internationale System, jene regelbasierte globale Ordnung der letzten siebzig Jahre, durch die getroffenen Einschränkungen persönlicher Freiheitsrechte und die Erosion fundamentaler Normen der Vereinten Nationen einen noch größeren Schaden genommen. Die Marginalisierung der UNO gehört dabei zu den folgenschwersten Entwicklungen seit der Ausrufung des globalen Krieges gegen den Terror.

Dieser sich selbst perpetuierende Krieg wird von den westlichen Verbündeten aktuell in mindestens 76 Ländern – fast der halben Welt – geführt. Dabei werden die Normen des internationalen Kriegsrechts ebenso wie jene der Gewaltenteilung in den USA außer Kraft gesetzt. Sämtliche US-Administrationen seit George W. Bush berufen sich bei ihren Militäreinsätzen von Afrika bis Südostasien auf eine Ermächtigung des Kongresses zum Kampf gegen den Terrorismus von 2001 – auch wenn die Gruppen, gegen die heute gekämpft wird, oft nichts mehr mit der damaligen al-Qaida von Osama bin Laden zu tun haben.

Guantanamo, Folter, die systematische Missachtung der Genfer Konventionen, illegale Gefangenentransporte über Kontinente hinweg, gezielte Tötungen ohne rechtsstaatliche Verfahren mittels Drohnen: All das wird von illiberalen Führern in aller Welt bereitwillig aufgegriffen, um auf die Widersprüche zwischen den proklamierten Werten und dem Handeln des Westens hinzuweisen. Massenüberwachung der eigenen Bürger und die Ausweitung von Exekutivbefugnissen sind ebenso Wasser auf die Mühlen autoritärer Regimes.

Ebendiese Doppelstandards vieler Regierungen der sogenannten westlichen Wertegemeinschaft sowie die von ihnen vertretene Politik der Angst, in der Sicherheit über demokratische Freiheiten gestellt wurde, haben zweifellos auch für die Populisten unserer Tage – die Orbáns und Trumps, die Brexiteers und Salvinis – den geistigen Boden aufbereitet. Die Politik des *War on Terror* hat ganze Regionen destabilisiert und somit einen entscheidenden Beitrag zum Aufstieg rechter Kräfte in Europa und zur Umdeutung der Flüchtlingskrise von 2015 in ein *europäisches 9/11* zu verantworten.

6

SCHUBUMKEHR: DIE STUNDE DER POPULISTEN

Die liberal-demokratische Weltordnung ist seit dem Augenblick ihres Triumphs 1989 durch eine Reihe von Entwicklungen unter stetig wachsenden Druck geraten. Zum einen verliert der Westen zusehends an Macht und Einfluss im internationalen System. Die Versuche von Demokratieexport und liberalem *State Building* sind entweder – wie im Nahen Osten – spektakulär gescheitert oder haben sich – wie am Balkan – als weitaus langwieriger und kostspieliger herausgestellt als angenommen. Durch den amerikanischen Interventionismus hat auch die Vorbildwirkung des westlich-liberalen Modells an Legitimität eingebüßt. Darüber hinaus steht der Westen einem zwar im Niedergang begriffenen, nichtsdestotrotz revisionistisch gesinnten und geopolitisch expansiv agierenden Russland gegenüber. China fühlt sich seinerseits durch den großen wirtschaftlichen Erfolg seines Modells bestätigt und expandiert im Zeichen des *Beijing Consensus* – der möglichen Nachfolgedoktrin des neoliberalen *Washington Consensus* – aktiv in die Staaten der ehemals *Dritten Welt*. Eine wachsende Zahl an asymmetrischen und intrastaatlichen Konflikten beweist, wie wenig die herrschende internationale Ordnung in der Lage ist, tatsächlich für Frieden und Ordnung zu sorgen.

Zweitens haben wachsende Ungleichheit und die Folgen der Finanzkrise zu einem Rückschlag in der neoliberalen Globalisierung geführt. Der freie Marktkapitalismus hat in der globalen Finanzkrise in jenem dramatischen Augenblick seine Selbstlegitimation aufgegeben, als der Staat rettend eingreifen musste, um das angeblich selbstregulierende System vor dem Untergang zu bewahren. Zwar hat sich bislang kein attraktives Alternativmodell formiert; im Gegenteil, wir sind immer noch mit dem *befremdlichen Überleben des Neoliberalismus* konfrontiert. Es ist allerdings längst kein System mehr, das auf breite Zustimmung der Menschen hoffen darf.

Und drittens sieht sich der Westen mit einer formidablen inneren Krise konfrontiert. Politische Parteien und Bewegungen, die der liberalen internationalen Ordnung und den demokratisch-humanistischen Grundwerten ablehnend gegenüberstehen, genießen wachsende Unterstützung. Dieses Phänomen wird im öffentlichen Diskurs häufig unter dem Begriff des Populismus subsumiert.

Trump und das Brexit-Votum haben in Europa eine theoretische und publizistische Auseinandersetzung mit dem Phänomen angestoßen. Diese Entwicklung zeigt sich etwa in Ost- und Südosteuropa, etwa in den Višegrad-Staaten (Polen, Tschechien, Slowakei, Ungarn). Aber auch in Österreich haben es populistische Bewegungen in die Regierung geschafft. Parallel dazu ist auch außerhalb des globalen Westens ein Siegeszug der Populisten zu beobachten – man denke an Rodrigo Duterte auf den Philippinen oder Recep Tayyip Erdoğan in der Türkei. Auch das Regime Vladimir Putins trägt populistische Züge, und in Lateinamerika spielen Populisten nach dem Vorbild des Peronismus bereits seit Jahrzehnten eine wichtige Rolle.

Die wachsende Zustimmung für diese Art Politik ist in den gefestigten Demokratien des Westens eine relativ junge Entwicklung. Was sich darin ausdrückt, ist unter anderem eine gewandelte Haltung gegenüber den Fundamenten liberaler Demokratie selbst: In den Vereinigten Staaten hält es etwa nur noch ein Drittel der nach 1980 Geborenen für sehr wichtig, in einer Demokratie zu leben; die Zahlen für Großbritannien sind ähnlich. Gleichzeitig sind über 20 Prozent der jungen Amerikaner der Ansicht, Demokratie sei ein schlechtes oder sehr schlechtes Regierungssystem. In Österreich sind immerhin noch 78 Prozent der Befragten der Ansicht, Demokratie sei die beste Regierungsform. Allerdings wünschen sich, ganz in der autoritären Tradition Österreichs, gleich 43 Prozent einen *starken Mann* an der Spitze des

Landes. Immerhin 23 Prozent sind der Meinung, man sollte *einen starken Führer haben, der sich nicht um ein Parlament und Wahlen kümmern muss.*

Dabei wollen Populisten nicht unbedingt die Demokratie als solche abschaffen. Die wachsende Unzufriedenheit mit dem liberal-demokratischen Modell und der neoliberalen Globalisierung hängt aber offenbar mit dem Aufstieg populistischer Parteien zusammen. Wobei Ursache und Wirkung sehr oft nicht klar nachvollziehbar sind.

Warum wendet sich eine wachsende Anzahl von Wählerinnen und Wählern diesem Politikmodell zu? Welche Auswirkungen hat diese Entwicklung speziell auf die liberale Demokratie und auf die liberale internationale Ordnung im Allgemeinen? Was eint die verschiedenen populistischen Strömungen, und was sagt ihre Beliebtheit über den Zustand der westlichen Gesellschaften aus?

Um diese Fragen zu beantworten, muss zuerst der Begriff des Populismus untersucht werden.

Was ist Populismus?

Populismus ist ein notorisch schwammiger Begriff. Ralf Dahrendorf hat darauf hingewiesen, dass des einen Populismus des anderen Demokratie sei. Und der Philosoph Isaiah Berlin diagnostizierte dem Begriff einen „Aschenbrödel-Komplex“: Er sei ein Schuh, für den es keinen passenden Fuß gebe. Populismus ist auch deshalb so schwer festzumachen, weil er weniger ein konkreter politischer Inhalt als eine Kommunikationsstrategie ist.

Bereits 1948 hat der Mitbegründer der Frankfurter Schule Leo Löwenthal in einem brillanten Essay die *Falschen Propheten* gegeißelt. Unter dem Deckmantel des Protests verstricke der *Agitator* sein Publikum in die eigene *Malaise,* da er ja keine wirkliche Lösung anstrebe; daher weise er seinen Anhängern den Ausweg in Form irrationaler Ausbrüche.

Der Politologe Jan-Werner Müller hat im Blick auf die jüngsten Entwicklungen eine Besonderheit der populistischen

Strategie herausgearbeitet, die eine Abgrenzung des Begriffs ermöglicht und die Positionen so unterschiedlicher Politiker wie Viktor Orbán, Donald Trump und Recep Tayyip Erdoğan eint: Sie alle inszenieren sich als einzig legitime Stimme des *wahren Volkes,* das von einer korrupten Elite gegängelt wird. Das *wahre Volk* ist dabei die imaginierte *schweigende Mehrheit* der Bevölkerung, deren Interessen angeblich von den etablierten Parteien ignoriert werden. Wo es den Populisten nicht gelingt, an die Macht zu kommen, ist das in ihrer Logik eine Folge der Verschwörung von *Systemparteien* und *Mainstream-Medien*, die ihren Aufstieg zu verhindern trachten. Verschwörungstheoretisches Denken ist eng mit dem Populismus verbunden.

Das *wahre Volk* wird als homogen, rein und immer im Recht, die Elite als verkommen und korrupt dargestellt. Wer diese Ansicht nicht teilt, gehört nicht zu den echten, den anständigen Menschen. Er ist dann ein *Verräter des wahren Volkes* und muss sich vorsehen, wenn die Populisten an die Macht kommen. Dann werden sie sich noch wundern, was alles geht. Dementsprechend sagte Trump in seinem Wahlkampf sinngemäß etwa: „Das einzig Wichtige ist die Einigung des Volkes – denn der Rest der Bevölkerung ist unbedeutend." Erdoğan antwortete auf den Vorwurf, seine systematische Einschränkung der Pressefreiheit würde eine rote Linie überschreiten, lakonisch: „Das Volk zieht die roten Linien." Und Nigel Farage von der britischen Anti-EU-Partei UKIP feierte das Brexit-Votum als Sieg der *einfachen*, der *echten*, der *anständigen Menschen*.

Diese Charakterisierungen ergeben allerdings noch kein politisches Programm; es ist vielmehr ein emotionales Narrativ, das relativ inhaltsoffen ist. Populismus ist laut dem Politikwissenschaftler Cas Mudde eine *dünne Ideologie*. Im Unterschied zu totalitären Ideologien wie dem Faschismus oder dem Kommunismus hat er keine Vision, wie Politik, Wirtschaft und Gesellschaft konstituiert sein sollten. Populismus zeichnet sich lediglich durch seinen exklusiven Charakter aus, insistiert, dass die *alten Eliten* aus ihren Machtpositionen vertrieben werden müssen – was danach kommen soll, bleibt weitgehend offen. Dennoch greift der Populismus in aller Regel auf den Fundus exrem linker und rechter Ideologien zurück, um seine Strategie mit Inhalten zu füllen.

Linkspopulismus, Rechtspopulismus, Populismus der Mitte?

Der aktuelle Populismus-Diskurs in Europa und den USA verweist in der Regel auf den Rechtspopulismus à la Orbán, Kaczyński, Trump oder Erdoğan. Und tatsächlich sind die überwiegenden Themen, deren sich der demagogische Populismus mit Erfolg bedient, traditionell rechts: Recht und Ordnung, Zuwanderung und der Umgang mit Asylbewerbern sind hier besonders hervorzuheben.

Aufgrund der aktuellen Fokussierung und der Erfolge des Rechtspopulismus darf allerdings nicht übersehen werden, dass die rhetorische Strategie, einen Willen des *wahren Volkes* gegen die *korrupten Eliten* in Stellung zu bringen, auch mit anderen Inhalten befüllt werden kann: Im Kontext eines gefühlten Wirtschaftsimperialismus durch äußere Kräfte etwa lassen sich linke Narrative hervorragend einsetzen. Dies hat der Linkspartei *Syriza* in Griechenland zum Erfolg verholfen, die einen Ausverkauf des Landes an die Europäische Union durch die *alten Eliten* der vorangegangenen Regierungen gegeißelt hat. Ähnliche Formen des Linkspopulismus sind in Lateinamerika mit Bezug auf den US-amerikanischen Wirtschaftsimperialismus verbreitet.

Frankreichs Präsident Emmanuel Macron hat in seinem Wahlkampf gar einen *Populismus der Mitte* inszeniert: Seine *Bewegung* – ganz bewusst nicht als Partei tituliert – setzt sich aus einer großen Zahl politischer Quereinsteiger zusammen, die einen Bruch mit dem alten, verknöcherten Parteiensystem Frankreichs einläuten sollte. Die alten Eliten hatten im Narrativ Macrons versagt und die Anhänger seiner verbliebenen Gegnerin im zweiten Wahlgang, der rechtsextremen Marine Le Pen, verkörperten mit ihrem Rassismus nicht das *wahre Frankreich*.

Man mag den Sieg Macrons begrüßen, aber die Mechanismen seines Wahlkampfs – der Aufbau des Feindbilds der *alten Eliten* und der Antagonismus zwischen seinen Anhängern als *wahren Franzosen* und jenen von Le Pen als *unfranzösisch* – bedienen sich unverhohlen aus dem populistischen Drehbuch. Der in der ÖVP sozialisierte Sebastian Kurz hat im Übrigen Teile von Macrons Erfolgsstrategie übernommen, indem er seinen Wahlkampf 2017 allein auf seine Person ausgerichtet hat, die Wahl-Bewegung auf Türkis umfärben ließ und eine große Zahl von mehr oder weniger bekannten Quereinsteigern auf seine Liste gesetzt hat. Im Gegensatz zum rechtspopulistischen Koalitionspartner setzt der Populismus der neuen Generation auf Höflichkeit und Verbindlichkeit im Ton, leugnet gesellschaftliche Widersprüche, kultiviert gutes öffentliches Benehmen, um solcherart neoliberale Reformen nach innen und Härte gegenüber *Zuwanderern in unser Sozialsystem* zu legitimieren.

Ein Element, das den Macron'schen *Populismus der Mitte* – und die österreichische Kurz-Variante – vom genuinen Populismus unterscheidet, ist das Fehlen eines *radikalen* Antagonismus. Populismus verspricht stets eine *wirkliche Alternative* zu den herrschenden Verhältnissen, sei es indem die Fundamente der liberalen Demokratie eingerissen werden, wie es seine rechten Vertreter in Ostmitteleuropa vorzeigen, oder indem der Populist der neoliberalen Globalisierung die Stirn zu bieten verspricht – ein Versprechen, das noch auf seine Umsetzung wartet.

Aktuell sind es aber in erster Linie rechtsgerichtete Populismen mit klar autoritären Tendenzen, die als größte Bedrohung für das liberale Ordnungsprojekt erscheinen. Linkspopulistische Politik hat etwa Venezuela an den Rand des Staatsbankrotts manövriert und ist daher weit davon entfernt, zu einem regionalen, geschweige denn globalen Exportartikel zu werden. Dieses Kapitel soll daher insbesondere der Betrachtung des Rechtspopulismus gewidmet sein, der durchaus erfolgreich die liberal-demokratische Grundlage der westlichen Ordnung angreift, während der

Linkspopulismus à la *Syriza* oder *Podemos* in Spanien in seinem Kampf gegen den neoliberalen Staat eher ratlos erscheint.

Was befeuert den Aufschwung des Populismus?

Für den Aufstieg populistischer Kräfte in den westlichen Demokratien wurde eine Reihe von Erklärungsansätzen vorgeschlagen. Die weitverbreitete Enttäuschung über die ungleiche wirtschaftliche Entwicklung im Rahmen der Hyperglobalisierung, Verschiebungen im öffentlichen Diskurs von sozioökonomischen zu Sicherheitsthemen im Gefolge des Kriegs gegen den Terror, vor allem die Asyl- und Flüchtlingskrise seit 2015, verbunden mit dem Versagen der etablierten Parteien, die Bedürfnisse und Ängste der Bevölkerung ernst zu nehmen, werden häufig als Ursachen des Anschwellens populistischer Tendenzen ins Treffen geführt.

1. Sozioökonomische Ursachen

In Kapitel 4 wurde bereits gezeigt, wie wachsende Ungleichheit und die damit einhergehende soziale Polarisierung westlicher Gesellschaften – befeuert durch neoliberale Deregulierung – die etablierten Parteien insbesondere links der Mitte geschwächt und den Boden für populistische Parolen aufbereitet hat.

Traditionellerweise hat die europäische Sozialdemokratie dem Spannungsverhältnis zwischen Kapitalismus und Demokratie ihre besondere Aufmerksamkeit gewidmet. Demokratie setzt ein gewisses Maß an gesellschaftlicher Gleichheit voraus. Dem kapitalistischen Wirtschafssystem ist hingegen ein mehr oder weniger hohes Maß an Ungleichheit eigen.

Nach der Wende 1989 hatte linke Politik – gemeint ist damit eine Mitte-links-Politik sozialdemokratischer Prägung; radikale und neomarxistische Strömungen hatten stets die Auswirkungen eines entfesselten Kapitalismus im Blickfeld, sind jedoch in Europa schon seit Jahrzehnten ohne Bedeutung – keine adäquaten Antworten auf die Entfesselung des kapitalistischen Wirtschaftssystems unter neoliberalen Vorzeichen parat. Die noch weitgehend im sozialpartnerschaftlichen Industrialismus festgefahrene Sozialdemokratie war von einer Welle außerordentlicher technologischer Innovationen gleichsam überrollt worden. Die Auswirkungen der Digitalisierung und Automatisierung, wie bereits davor die Verlagerungen von Produktionsstätten vorwiegend nach Südostasien, haben die sozialdemokratischen Wählerschichten frühzeitig und umso heftiger getroffen.

Während die Machtbalance zwischen politischer Steuerung und Kapitalismus zugunsten der Wirtschaft kippte, war der Sozialdemokratie der Gestaltungswille in Wirtschaftsfragen vollends abhandengekommen. Die Globalisierung wurde von Proponenten der *New Labour* und des *Dritten Weges* – allen voran Tony Blair und Gerhard Schröder – als unveränderlich angesehen. Man müsse sich ihren Folgen anpassen, das Wirtschaftswachstum würde genug Wohlstand erzeugen, um die Verwerfungen der Globalisierung ausgleichen zu können, glaubte man. Damit wurde die wichtigste Unterscheidung zu rechten Parteien aufgegeben; das aber sollte sich bald rächen.

Es ist bemerkenswert, dass in Europa die populistischen Bewegungen parallel zu dieser sozialdemokratischen Selbstaufgabe durch Anpassung entstanden sind. Viele wurden erst nach dem Ende des Kalten Kriegs gegründet (namentlich die FPÖ Jörg Haiders bildet die Ausnahme von dieser Regel) und blieben über fast zwei Jahrzehnte vergleichsweise marginal, mit Zustimmungsraten von maximal 10 Prozent.

Dieses Bild hat sich seit der Finanzkrise 2008 und den in Europa folgenden Euro- und Staatsschuldenkrisen gründlich verändert, als Populisten quer über den Kontinent auf wachsende Zustimmung zählen konnten. So haben die rechtspopulistischen *Schwedendemokraten* ihre Wahlergebnisse zwischen 2006 und 2018 von 2,9 auf 17,6 Prozent verbessern können; der ehemals liberale Viktor Orbán konnte 2010 mit rechtspopulistischer Politik auf den Posten des ungarischen Regierungschefs zurückkehren. Die in Reaktion auf die Eurokrise gegründete italienische *Cinque-Stelle*-(Fünf-Sterne-)Bewegung war bei ihrem ersten Antreten in landesweiten Wahlen 2013 aus dem Stand zur zweitstärksten Kraft geworden. Griechenlands linkspopulistische *Syriza* konnte ihr Ergebnis von 2009 bei den Wahlen 2015 um mehr als das Siebenfache verbessern – die Liste ließe sich beliebig fortsetzen.

Sowohl in den frühen 1990er-Jahren als auch nach 2008 erlebte Europa Phasen wirtschaftlicher Stagnation bzw. Rezession – das spricht dafür, dass das wirtschaftliche Argument für den Aufstieg des Populismus stichhaltig ist. Die wirtschaftliche Stagnation in den 1990er-Jahren war allerdings nur von kurzer Dauer und die jungen populistischen Bewegungen blieben in den meisten Ländern an den gesellschaftlichen Rändern. Die Große Rezession von 2008/09 hatte weit umfassendere Auswirkungen auf Arbeitslosigkeit und Ungleichheit, als ursprünglich angenommen; seither sind die populistischen Erfolgschancen stetig gewachsen.

Zudem ist der neoliberale Rückbau in westlichen Wohlfahrtsstaaten im Laufe der 1990er-Jahre zügig vorangeschritten und hat sich seit der globalen Finanzkrise – ungehindert von politischen Korrekturmechanismen – weiter beschleunigt.

Die *Checks and Balances* der liberalen Demokratie haben das Funktionieren der sozialen Marktwirtschaft europäischer Prägung – gestützt auf die moderierende Wirkung der Sozialpartnerschaft – erst ermöglicht. Die historischen Erfolge des Nachkriegsmodells waren aber auch maßgeblich bedingt durch den ideologischen Systemkonflikt des Kalten Krieges. Westeuropa vor dem Kommunismus zu bewahren hatte solcherart eine sozial ausgleichende Wirkung. Nach dem Zusammenbruch des Kommunismus war es – in den Worten von Slavoj Žižek – einfacher, sich das Ende der Welt vorzustellen als das Ende des Kapitalismus. In einer Welt jedoch, in der ein alternatives Wirtschaftsmodell nicht einmal mehr denkbar schien, war der sozialdemokratische Kompromiss zur Legitimation des Kapitalismus obsolet geworden.

Auch die Hyperglobalisierung hat erst nach dem Epochenwechsel von 1989 wirklich Fahrt aufgenommen. Ihre negativen Folgen für beträchtliche Teile der westlichen Gesellschaften wurden in den folgenden Jahrzehnten immer deutlicher. Während territoriale Grenzen für Waren und Kapital, aber auch für Menschen und Ideen zunehmend durchlässiger wurden, begannen sich die Grenzen zwischen den immer ungleicher werdenden sozialen Schichten innerhalb von Staaten zu verfestigen. Der Turbokapitalismus hat zu Reallohnverlusten und unsicheren Arbeitsverhältnissen geführt. Diese wiederum bewirkten die Verunsicherung von signifikanten Bevölkerungsgruppen, das eigene Leben schien unkontrollierbar zu werden. Und niemanden schien es zu interessieren.

Die liberale Demokratie, so schien es, konnte zwei ihrer zentralen Versprechen – Gleichheit und Wohlstand – nicht mehr länger einlösen. Das wiederum stellte in logischer Folge die von allen etablierten Parteien geteilten politischen Grundsätze der liberalen Wirtschaftsordnung infrage. Vor diesem Hintergrund gewann das Identitätsangebot des Populismus mit seinem *Wir-Gefühl* an Attraktivität.

Einschränkend zum rein ökonomischen Erklärungsversuch muss jedoch Polen genannt werden: Das Land konnte nach der Finanzkrise 2008 über ein Jahrzehnt die stärkste Wirtschaftsdynamik in Europa vorweisen. Gleichzeitig sind die Polen laut Eurobarometer-Umfragen das proeuropäischste Volk in der Union.

Wie konnte es also passieren, dass trotz erfolgreicher Wirtschaftspolitik der liberalen Regierung die erzkonservative Partei *Recht und Gerechtigkeit* (PiS) ins Amt gewählt wurde, deren autoritärer Parteichef Jarosław Kaczyński ein überzeugter Antieuropäer ist? Warum, so muss gefragt werden, geben in Ost- und Südosteuropa immer mehr Bürgerinnen und Bürger ihre Stimme solchen Parteien, die unabhängige Gerichte, freie Medien und die Rechtsstaatlichkeit attackieren, obwohl die Region erst vor weniger als dreißig Jahren von einem kommunistischen Regime befreit wurde, das ebendiese Grundfreiheiten nicht gewähren wollte?

Es müssen also andere als bloß ökonomische Erklärungen für das *polnische Paradoxon* herangezogen werden.

2. Kulturelle und politische Erklärungsmuster

Die zunehmende *Securitization*, die *Versicherheitlichung* der Politik und das einträgliche Geschäft mit der Angst wurden bereits in Kapitel 5 angesprochen. Im Zuge dieser Entwicklung ist es offenbar zu einem gesellschaftlichen Paradigmenwechsel gekommen. Sicherheit wird nunmehr den traditionellen Grundwerten der liberalen Demokratien – Freiheit, Rechtsstaatlichkeit, Bürger- und Menschenrechte – eindeutig übergeordnet. Dieser grundlegende Wechsel spielt klarerweise den Rechtspopulisten in die Hände, verlagert er doch den öffentlichen Diskurs auf das angestammte Territorium ihrer Ideologie. Die kollektive und individuelle Angst vor Migranten und Muslimen bestimmt seither die Politik.

Sowohl in Europa als auch den USA ist die Einwanderungs- bzw. Flüchtlingsfrage zu einem zentralen Bezugspunkt populistischer Politik geworden. Dabei wiederholen sich in Europa Dynamiken der Enthumanisierung, die bereits in den Konflikten von Jugoslawien bis Ruanda ihre verheerende Wirkung gezeigt haben: Schutzsuchende und wirtschaftliche Migranten werden dabei auf ihre religiöse Identität reduziert und kollektiv bewertet. Die Angst und Abneigung gegenüber Fremden wird mit dem Argument rationalisiert, „der Islam" sei grundlegend „anders" und nicht mit der europäischen Kultur und Zivilisation vereinbar.

Auf den Punkt gebracht wurde diese Weltsicht bei einem Treffen zwischen Viktor Orbán und Jarosław Kaczyński im September 2016, bei dem sie zu einer „kulturellen Konterrevolution" aufriefen, um Europa vor den Brüsseler Eliten zu schützen, deren Absicht angeblich darin besteht, *nationale Identitäten auslöschen* zu wollen.

Der Politikwissenschaftler Pavel Barša schreibt, dass beide Politiker eine für Ostmitteleuropa typische rechtspopulistische Ideologie entwickelt haben: Diese „beschwört eine Bedrohung der konkreten nationalen Identität durch einen abstrakten Universalismus, der der Nation von transnationalistischen Kräften aufgezwungen wurde – vor 70 Jahren vom Kommunismus und dann vor fast 30 Jahren vom Liberalismus".

Der Politologe Ivan Krastev weist in diesem Zusammenhang darauf hin, dass nicht die tatsächliche Zahl von Flüchtlingen und Migranten in einem bestimmten Wahlkreis über den Erfolg rechtspopulistischer Parteien entscheidet. Auch die wirtschaftliche Entwicklung ist nicht maßgeblich. Der stärkste Faktor für die Zustimmung zu xenophober Politik ist die Nettomigration. Der Rechtspopulismus kann also in jenen Gegenden seine größten Erfolge erzielen, wo die Abwanderung am stärksten ist. Das trifft auf Ungarn und Polen, aber auch auf südosteuropäische Staaten zu – gleichermaßen betroffen sind EU- und Nicht-EU-Mitglieder. Auch der Osten Deutschlands konnte trotz massiver westdeutscher Aufbauhilfe nicht wirklich gleichziehen. Von dort emigrieren insbesondere die Jungen und gut Ausgebildeten Richtung Westen.

Krastev erklärt dies damit, dass in Landstrichen mit einer schnell schrumpfenden Bevölkerung ein sehr reales Gefühl des drohenden Kultur- und Identitätsverlustes herrscht. Wo man keine Zukunft sieht und keine reale Erfahrung einer Koexistenz mit Immigranten hat, kann die Angst ihre Blüten treiben. Hier zeigt sich allerdings auch, dass kulturelle und ökonomische Faktoren nicht leicht zu trennen sind: Natürlich sind diese Gegenden in der Regel auch wirtschaftlich schwach – das ist allerdings nicht der ausschlaggebende Faktor. Vielmehr scheint die Doppelbelastung von kulturellen Ängsten und wirtschaftlichen Problemen der ideale Nährboden für den Populismus zu sein. Demgemäß verpacken populistische Parteien ihre Xenophobie auch häufig in Wirtschaftsparolen wie *Unser Geld für unsere Leut'*.

Jene, die wegziehen, und jene, die in den schwächelnden Regionen zurückbleiben, bilden – den Ausführungen des Publizisten David Goodhart zum Thema Populismus zufolge – als *Anywheres* und *Somewheres* die neuen *Meta-Klassen* der Gesellschaft. Die *Anywheres*, die *Irgendwos*, sind die gut ausgebildeten, gut verdienenden kosmopolitischen Eliten, die überall leben und arbeiten könnten. Sie prägen die kulturelle Hegemonie und vertreten die universalistischen Werte des Liberalismus. Für sie ist Wandel verheißungsvoll und die globalisierte Welt voller Chancen.

Die *Somewheres*, die *Dagebliebenen*, sind hingegen all jene, die aus irgendwelchen Gründen an einen Ort gebunden sind. In ihren Augen sind die *Anywheres* Verräter, die auf der Suche nach einem besseren Leben ihrer Gemeinschaft den Rücken kehren. Wandel und Globalisierung bedeutet für die *Dagebliebenen* in erster Linie eine Bedrohung, eine stetige Verlustrechnung, und die liberale Anrufung universeller Werte klingt in ihren Ohren zynisch. Migration bringt für sie, die ortsgebunden sind, nur die Aussicht auf erhöhten Konkurrenzdruck.

Linke Politik hat sich in den vergangenen dreißig Jahren zunehmend von der Gruppe der Dagebliebenen, den Modernisierungsverlierern, abgewandt. Stattdessen hat sie sich zunehmend auf die Partikularinteressen von *subalternen Gruppen* (Frauen, Homosexuelle, Migranten, religiöse Minderheiten) fokussiert. Obgleich das westliche Demokratiemodell auf der Idee einer Versöhnung von einander widersprechenden Klasseninteressen errichtet wurde, haben Identitätsfragen zunehmend die soziale Frage verdrängt – während die gesellschaftliche Ungleichheit stetig steigt. Die linke Hinwendung zur *Identitätspolitik* hat zwar dringend notwendige Verbesserungen für gesellschaftlich benachteiligte Gruppen gebracht, die gleichzeitige Vernachlässigung von Wirtschaftsthemen hat aber zum Absturz der traditionellen Linksparteien geführt.

Auch wenn Populisten den Bewohnern der von Abwanderung betroffenen Gebiete ebenso wenig Lösungen anbieten können und für deren wirtschaftliche Nöte keine Abhilfe schaffen, erheben sie ihre Stimme gegen die von der kosmopolitischen Klasse dominierte kulturelle Hegemonie. Dieser Bruch mit den ungeschriebenen Regeln der *Political Correctness* macht einen wichtigen Aspekt der populistischen Anziehungskraft aus. Weite Teile der Bevölkerung haben den Glauben an die Unabänderlichkeit des ökonomischen Dogmas des Neoliberalismus internalisiert. Der Kampf gegen die von liberalen Eliten getragenen kulturellen Werte – Frauenrechte, Recht auf sexuelle Selbstbestimmung, Internationalismus und Humanität – wird als Ersatzhandlung empfunden.

Populismus in Europa

Ein wichtiger wirtschaftlicher Baustein für den Aufstieg von links- und rechtspopulistischen Parteien in Europa waren sicherlich die Eurokrise und die unzulänglichen, ja kontraproduktiven Lösungsansätze der großen Gläubigerländer Nordeuropas. Die grundlegenden Konstruktionsfehler der Eurozone haben in den despektierlich als PIGS zusammengefassten Krisenländern des Südens – Portugal, Italien, Griechenland und Spanien – zur Entstehung von Protestparteien unterschiedlichster Couleur geführt. Aber auch die AfD, die *Alternative für Deutschland*, hatte als mäßig erfolgreiche – Anti-Euro-Partei begonnen, bevor sie sich nach der Flüchtlingskrise von 2015 als xenophobe Rechtspartei neu erfand.

Statt die europäische Einheit zu fördern, hat der Euro den Kontinent gespalten. Dies nutzen Populisten auf beiden Seiten der Bruchlinie aus: Im Norden wird das Bild der über ihre Verhältnisse lebenden, faulen Südländer bemüht, während in den überschuldeten Mittelmeerstaaten ein deutscher Wirtschaftsimperialismus angeklagt wird. Die AfD, aber auch *Podemos*, die *Cinque-Stelle*-Bewegung oder *Syriza* würde es ohne die Krise der gemeinsamen Währung in dieser Form heute nicht geben.

Während die Eurokrise den wirtschaftlichen Nährboden für einen europäischen Populismus aufbereitet hat, war es die

Flüchtlingskrise 2015, die seinen ungebremsten Aufstieg quer über den Kontinent ermöglichte. Die Flüchtlings- und Migrationswelle ist gewissermaßen *Europas 9/11*: Sie hat, ähnlich wie die Terroranschläge von 2001 in den USA, die Parameter des politischen Diskurses gründlich verschoben.

Bis 2015 war Europa in seinem Selbstverständnis der Ort der liberalen Werte; die EU ein Friedensprojekt, zu dessen größten Errungenschaften die Grund- und Menschenrechte, die Genfer Konventionen, offene Grenzen und eine humanitäre Grundhaltung gehören. Danach ging es rasant vom berühmten *Wir schaffen das* der deutschen Kanzlerin zu einer Debatte um mehr Sicherheit, einer Politik der Abschreckung, einer Schließung der Außengrenzen, koste es, was es wolle.

Es wird nicht ohne hässliche Bilder gehen, hieß es 2016 aus dem österreichischen Außenministerium. In der Tat: Heute unterstützen europäische Staaten Warlords in Libyen, die Flüchtlinge unter grausamen Umständen für sie internieren, Afghanistan wird als sicheres Herkunftsland eingestuft, obwohl die Sicherheitslage noch nie so prekär gewesen ist wie gerade jetzt, und NGOs, die internationales Recht hochhalten, indem sie Migranten aus Seenot retten, werden von Politikern, die nichts zur Lösung beitragen, als kriminelle Schlepper denunziert.

Dabei verhindert der europäische Populismus die Lösung jener Probleme, die zu seinem Aufstieg geführt haben. Weder die Defekte der Eurozone noch die tatsächlich entscheidende Migrationsfrage, geschweige denn die Herausforderungen der fortschreitenden Globalisierung können von der uneinigen und von nationalen Alleingängen gekennzeichneten EU gelöst werden.

Die Folgen des Populismus

Dass der Populismus die bestehende Ordnung grundlegend ablehnt und dabei häufig informelle gesellschaftliche Regeln und Normen verletzt, macht einen Teil seines Reizes aus. Die *Neubewertung* der österreichischen Nazivergangenheit durch Jörg Haider in den 1990er-Jahren oder – aktueller – Viktor Orbáns Hetze gegen Roma sowie seine mit antisemitischen Untertönen geführte Kampagne gegen George Soros, aber auch Donald Trumps Frontalangriffe gegen die Medien illustrieren die Bandbreite populistischer Akteure. Ihnen gemeinsam ist, dass sie Themen ansprechen, die viele Menschen bewegen, die aber im etablierten gesellschaftlichen Diskurs tabu sind. Der Tabubruch ist Teil der populistischen Strategie, frei nach dem Motto, *endlich sagt es jemand*.

Neben ungeschriebenen Regeln des Anstands untergraben Populisten, wenn sie an die Macht kommen, allerdings die Fundamente der liberalen Demokratie: Sie hebeln, wenn sie über ausreichende Mehrheiten verfügen, die *Checks and Balances* im Zusammenspiel der demokratischen Institutionen aus, indem sie etwa die Unabhängigkeit der Justiz attackieren. Sie versuchen, die kritische Presse und Zivilgesellschaft zu schwächen, und bauen den Schutz von Minderheiten ab. Dieser Prozess lässt sich in Europa beispielsweise in Polen und Ungarn beobachten, darüber hinaus auch in den USA oder der Türkei.

Dabei sind Populisten nicht antidemokratisch *per se*. Sie sind in aller Regel für häufige Wahlen und schätzen auch Inszenierungen des *Ausdrucks des Volkswillens* wie Referenden oder symbolische Volksbefragungen. Sie sind vielmehr antipluralistisch und damit gegen die *liberale* Demokratie. Was sich Bahn bricht, wenn populistische Bewegungen an die Regierungsspitze gewählt werden, ist häufig eine *Tyrannei der Mehrheit* – oder, in Orbáns Worten: eine *illiberale Demokratie*.

Das Wesen liberaler Demokratien besteht darin, jene delikate Balance zwischen dem Mehrheitswillen und den Rechten von Minderheiten zu finden. Wahlen in liberalen Demokratien versagen der stärksten Kraft dabei häufig einen vollumfänglichen Sieg. In repräsentativen Mehrparteiensystemen sind oft Kompromisse notwendig, um mittels Koalitionen regierungsfähige Mehrheiten zu erlangen. Im angelsächsischen Raum, wo ein Mehrheitswahlrecht üblich ist, sorgen für gewöhnlich zahlreiche

Kontrollmechanismen dafür, dass eine Regierung nicht unumschränkt ihre Partei-Agenda durchsetzen kann. Hingegen liegt das populistische Versprechen darin, den Willen der Mehrheit – des *wahren Volkes* – ohne Einschränkungen in die Tat umzusetzen.

Genau darin liegt die Gefahr des Populismus für das westliche Ordnungsmodell: Er droht, dieses Gleichgewicht zwischen dem Mehrheitswillen und liberalen Grundregeln zu kippen. Dabei kann sich in Demokratien – der Herrschaft des Staatsvolks im Sinne der *Res publica* – allzu rasch eine *Olchokratie* festsetzen; demokratisch gewählt, jedoch die allgemeinen Menschenrechte und demokratische Grundfreiheiten missachtend.

Der Aufstieg illiberaler Populisten in Europa und den USA hat über die Grenzen der betroffenen Staaten hinweg Auswirkungen auf die liberale internationale Ordnung. Rechtspopulisten vom Format Trumps oder Orbáns sind erklärte Gegner des seit 1945 entwickelten Regelkanons mit seinen allgemeinen Grund-, Freiheits- und Menschenrechten, der Genfer Flüchtlingskonvention bis hin zu nationalen und zwischenstaatlichen Institutionen der liberalen Ordnung.

Unter Berufung auf das Primat nationaler Interessen – *America first* lässt grüßen – lehnen Populisten die notwendige Zusammenarbeit in Sachfragen ab, kritisieren zivilgesellschaftliche Organisationen und schwächen das System multilateraler Organisationen, besonders jene mit einem humanitären Auftrag. Die Europäische Union als supranationales Projekt steht im Mittelpunkt ihrer Attacken, bildet sie doch die Antithese zu deren rückwärtsgewandtem Chauvinismus. Dass mit den Populisten kein Staat – schon gar kein Europa – zu machen ist, beweisen sie täglich aufs Neue.

Dennoch ist ihre xenophobe Attraktion ungebrochen. Damit aber liegen sie quer zu den akuten europäischen wie globalen Problemen: Klimawandel, Migration, sowie der Notwendigkeit einer neuen politischen und ökonomischen Ordnung für das 21. Jahrhundert.

7

EUROPAS SÜDLICHE NACHBARSCHAFT

Die Europäische Union befindet sich in einer existenziellen Krise. Seit der globalen Finanzkrise 2008 reiht sich ein Rückschlag an den nächsten. Wie konnte – müssen wir uns fragen – das in Zeiten des Kalten Krieges unter schwierigsten Bedingungen kontinuierlich auf- und ausgebaute europäische Projekt, das dem Kontinent eine beispiellose Friedensperiode gebracht hat, in diese prekäre Lage geraten?

Die EU – gegründet zur Überwindung der Totalitarismen des 20. und der destruktiven Nationalismen des 19. Jahrhunderts – war stets eine dezidierte *Soft-Power*-Organisation. Sie diente über einen langen Zeitraum als Vorbild gelebter Demokratie, Freiheit und Humanität. Sie war, kurz gesagt, die Verkörperung des Ideals einer offenen Gesellschaft in einer zerklüfteten Welt. Im Laufe ihrer Entwicklung – von der Europäischen Gemeinschaft für Kohle und Stahl über die Europäische Wirtschaftsgemeinschaft bis zur Union, wie man sie heute kennt – war das europäische Projekt getragen vom freiwilligen Zusammenschluss gleichberechtigter, souveräner Nationalstaaten. Im Namen des Gemeinwohls haben sie Teile ihrer Hoheitsrechte an die von ihnen gegründeten supranationalen Institutionen in Brüssel, Straßburg oder Luxemburg abgegeben.

Nach dem Ende des Kalten Krieges fand sich der alte Kontinent in einer ausgesprochen vorteilhaften Position. Die Vision eines *Europe Whole and Free* schien Wirklichkeit zu werden. Denn mit dem Eisernen Vorhang fiel auch der einstige Feind eines liberalen Europa, die Sowjetunion, und die EU strebte mit Entschlossenheit auf die Vollendung ihres Einigungsprojekts zu. Die ehemals kommunistischen Staaten Mittel- und Osteuropas hatten Moskaus Herrschaft abgeschüttelt und suchten nach einer neuen nationalstaatlichen Identität im gemeinsamen Haus Europa. Innerhalb der Union wurden mit den Verträgen von Maastricht 1993 Grenzen abgebaut und die Weichen für die gemeinsame Währung gestellt. Die Fundamente für eine gemeinsamen Außen- und Sicherheitspolitik wurden gelegt.

Angesichts des Rückzugs der Vereinigten Staaten muss freilich betont werden: Die militärische Sicherheitsgarantie Washingtons erlaubte es den – ursprünglich sechs – westeuropäischen Mitgliedsstaaten, sich voll der wirtschaftlichen und institutionellen Integration der Union zu widmen.

Es herrschte allgemeine Zuversicht, dass die EU ihr Ziel eines immer engeren Zusammenschlusses der europäischen Völker unbeirrt verwirklichen und anderen Weltregionen als Vorbild dienen würde. Inzwischen sieht sich die EU allerdings einer zweifachen Herausforderung – von innen wie von außen – gegenüber. Einerseits ist die Union durch Zentripetalkräfte wie dem im vorangegangenen Kapitel beschriebenen antieuropäischen Populismus in ernste Bedrängnis geraten. Andererseits hat sich die geopolitische Lage Europas grundlegend gewandelt, ist das internationale Umfeld zunehmend instabil geworden.

Die EU in einer instabilen Welt

Die EU-Sicherheitsstrategie von 2003 bildet den damals dominierenden Optimismus perfekt ab: „Nie zuvor ist Europa so wohlhabend, so sicher und so frei gewesen", heißt es in der Einleitung. Die aktualisierte europäische Sicherheitsstrategie von 2016 bringt die fundamental gewandelte Lage Europas auf den Punkt: „Unsere Union ist bedroht. (…) Im Osten wird gegen die europäische Sicherheitsordnung verstoßen, und Terrorismus und Gewalt suchen Nordafrika und den Nahen Osten und auch Europa selbst heim."

Bereits 2015 hat EU-Außenbeauftragte Frederica Mogherini ein Dokument namens *Strategic Review* veröffentlicht, das Klartext spricht: „Seit der Sicherheitsstrategie 2003 hat sich das strategische Umfeld der EU radikal verändert. (…) Heute umgibt die EU ein Krisenbogen der Instabilität.“ – Was war passiert?

Die zahlreichen Konflikte in Afrika und dem Nahen und Mittleren Osten und die daraus resultierenden Flüchtlingsbewegungen haben zu einer Krise des Selbstverständnisses der EU geführt. Angesichts des jahrzehntelangen Friedens und des wirtschaftlichen Wachstums hat die EU die Notwendigkeit einer gesamteuropäischen Außen- und Sicherheitspolitik grob vernachlässigt.

Die liberale Friedensordnung, die mit der UNO auf intergouvernementale und im Fall der EU sogar auf supranationale Zusammenarbeit zur Vermeidung von Konflikten setzt, ist im veränderten globalen Umfeld ernsthaft infrage gestellt. Während Brüssel weiterhin unbeirrt auf *Soft Power* setzt und die Mitgliedsstaaten nicht bereit sind, mehr für ihre militärische Verteidigung auszugeben, ist die Welt zunehmend unsicher geworden. Das Europa von heute ist, sosehr man das bedauern mag, nicht nur keine Friedensmacht mehr, sondern ein Kontinent, der augenblicklich nicht in der Lage ist, sich zu verteidigen.

Mit der Abwendung Washingtons von der transatlantischen Allianz hat Europa den traditionellen Garanten seiner äußeren Sicherheit verloren. Allerdings kann man diesen Prozess als positiven Anstoß zur Entwicklung einer stärkeren strategischen Eigenständigkeit der EU wahrnehmen. Tatsächlich hat seit dem Amtsantritt von Präsident Trump die sicherheitspolitische und militärische Integration Europas Fahrt aufgenommen. So hat Frankreichs Präsident Emmanuel Macron eine größere Eigenständigkeit der europäischen Sicherheitspolitik sowie verstärkte Gesprächsbereitschaft mit Russland eingefordert. Auch der deutsche Außenminister hat den Aufbau einer europäischen Sicherheits- und Verteidigungsunion und eine größere europäische Autonomie gefordert.

Eine Umsetzung dieser weitreichenden Pläne wird gewiss nicht einfach sein, fallen doch die äußeren Herausforderungen des Kontinents mit schwierigen inneren Reformen zusammen, die die tiefere Integration der Union erheblich behindern. Derzeit gilt in der sogenannten Gemeinsamen Außen- und Sicherheitspolitik (GASP) das Einstimmigkeitsprinzip. Dieses erschwert die Entscheidungsfindung enorm, da die Sicherheits- und Wirtschaftsinteressen der (noch) EU-28 vielfach stark divergieren.

Um die Union in ihrer Gesamtheit als globalen Akteur zu etablieren, müsste die Einstimmigkeit zugunsten von qualifizierten Mehrheiten aufgegeben werden. Die Kommission hat dazu einen programmatischen Vorschlag unterbreitet. Ob dieser unter den derzeit vorherrschenden Renationalisierungstendenzen der europäischen Politik umsetzbar ist, scheint jedoch mehr als fraglich. Eine Möglichkeit zur notwendigen Vertiefung der europäischen Zusammenarbeit wäre die bereits des Öfteren vorgeschlagene Idee eines *Europas der verschiedenen Geschwindigkeiten*, wie sie von der Kommission angeregt und ansatzweise auch schon umgesetzt wurde.

Reformkrisen der EU

Es war stets eine Eigenart der EU, unvollkommene, hybride Strukturen als Kompromiss zwischen Supranationalität und Intergouvernementalität zu schaffen. Im Krisenfall mussten diese Strukturen dann reformiert werden, üblicherweise wurde dabei auf weitere Integration gesetzt. Das beste Beispiel dafür ist der Euro.

Ökonomen unterschiedlichster Schulen waren sich bereits vor der Gründung der Eurozone einig, dass sowohl die institutionelle Architektur als auch die Größe des Projekts ein unkalkulierbares Risiko darstellen würde. Eine gemeinsame Währung für neunzehn äußerst unterschiedliche Wirtschaftsräume, ohne gemeinsames Finanzministerium und ohne System zum Ausgleich struktureller Unterschiede, widerspricht nämlichen allen ökonomischen Grundsätzen.

Die Entscheidung für den Euro war denn auch überwiegend politisch motiviert: Wenige Wochen nach dem Fall der Berliner Mauer haben der französische Staatspräsident François Mitterand und der italienische Premierminister Giulio Andreotti eine europäische Gemeinschaftswährung als Gegenleistung für ihre Zustimmung zur deutschen Wiedervereinigung gefordert. Eine Fiskalunion jedoch wurde abgelehnt.

Als die globale Finanzkrise den Kontinent erreichte, haben rigide Sparmaßnahmen direkt in die Eurokrise geführt. Diese hat den Zusammenhalt der Union massiv erschüttert und einen tiefen Keil zwischen nördliche Gläubiger und südliche Schuldner getrieben. Die harten Auflagen entsprachen so gar nicht dem Bild einer freiwilligen Gemeinschaft gleichberechtigter Staaten.

Unter dem Druck der schwierigen Umstände wurde binnen kurzem die europäische Wirtschaftsunion vervollständigt und eine Banken- und Finanzmarktunion auf Schiene gebracht. Die unmittelbare Stützung der gemeinschaftlichen Währung und des europäischen Bankensystems war zweifellos ein Gebot der Stunde. Unterschätzt wurden jedoch die auf die Bürger abgewälzten riesigen Kosten bei gleichzeitigem Verzicht auf die bereits angedachte europäische Sozialunion. Dieser politische Fehler ist eine wichtige Ursache für den rapiden Legitimitätsverlust des europäischen Projekts, das seitdem als eines der abgehobenen Eliten gesehen wird.

Um dem entgegenzuwirken, muss die identitätsstiftende Errungenschaft des Wohlfahrtsstaats auf die europäische Ebene übertragen werden (auch wenn dies nur längerfristig realisierbar ist), vor allem da die Politik Brüssels und Berlins zu massiver Jugendarbeitslosigkeit und zu Einschränkungen der Sozial- und Gesundheitssysteme in den Krisenstaaten des Südens geführt hat.

Nach 2009 hat die EU ihr gesamtes politisches Kapital in die Krisenbewältigung investiert. Dadurch war ihre Handlungsfähigkeit angesichts der wachsenden Instabilität in den Krisengebieten der arabischen Welt stark eingeschränkt. In weiterer Folge hat die Migrationsbewegung – absehbar, da ausgelöst durch die krisenhaften Erscheinungen im Nahen Osten und in Afrika – die Fragmentierung der EU noch weiter vertieft. Die sogenannte Flüchtlingskrise von 2015 – von manchen als *9/11 Europas* bezeichnet – hat eine weitere Bruchlinie offenbart. Diese verläuft zwischen den postkommunistischen Staaten Mittel- und Osteuropas und dem Westen der Union. Die Folgen sind bekannt: Nationalistische, antieuropäische Kräfte haben in weiten Teilen des Kontinents an Stärke und Einfluss gewonnen. Großbritannien sprach sich im Frühjahr 2016 überraschend für den Austritt aus der Union aus.

Die Flüchtlingskrise ist zur bislang größten Bedrohung für den solidarischen Zusammenhalt der EU geworden. Gemeinsam mit den Opfern sind auch die europäischen Grund- und Menschenrechte im Mittelmeer versunken. Die xenophobe Politik hintertreibt mit ihrer Ablehnung der Schutzsuchenden auch die notwendige politische Zusammenarbeit in der Gemeinsamen Außen- und Sicherheitspolitik.

Doch auch wenn die im Bereich der militärischen Sicherheit bereits beschriebene europaweite Kooperation unter den Bedingungen der Einstimmigkeit nicht umsetzbar ist: Fortschritte gibt es in der sogenannten Ständigen Strukturierten Zusammenarbeit (*Permanent Structured Cooperation*, PESCO), in der seit Ende 2017 eine Gruppe von 25 der derzeit noch 28 Mitgliedsstaaten zu einer freiwilligen vertieften Kooperation zusammengefunden hat.

Vorbild EU?

Was also ist zu tun? – Die drängendste Herausforderung für die Union besteht angesichts der globalen Verwerfungen darin, ein Selbstverständnis als souveräner Akteur im internationalen System zu finden. Will die EU den Weg aus der Existenzkrise finden, muss sie zu einer tragenden Säule der künftigen internationalen

Ordnung werden. Dazu müsste erstens Verantwortung für eine umfassende Sicherheit Europas übernommen und zweitens eine strategische Vision für die Krisenregionen südlich der Union entwickelt werden.

Eine eigenständige europäische Nachbarschaftspolitik ist allein schon angesichts des amerikanischen Rückzugs aus dem Nahen Osten und Nordafrika notwendig. Der Schutz der europäischen Außengrenzen kann dabei allerdings nur ein erster, wenn auch notwendiger, Schritt zu einer Gemeinsamen Außen- und Sicherheitspolitik sein – keinesfalls ihr Endpunkt. Vielmehr gilt es, die GASP nicht auf die Migrationsthematik zu reduzieren. Ohne umfassende Friedens- und Sicherheitspolitik, die wirtschaftliche, institutionelle und demokratische Entwicklung fördert, wird sich der Migrationsdruck aus Afrika und den Krisenherden des Nahen und Mittleren Ostens nicht verringern.

Zweifellos muss die Europäische Union ihre Grenzen wirksam kontrollieren, erste entsprechende Maßnahmen wurden bereits umgesetzt. Das Budget der EU-Grenzschutzagentur *Frontex* wurde von 6 Millionen Euro jährlich bei ihrer Gründung 2005 auf inzwischen über 320 Millionen Euro erhöht. Allerdings gehört Seerettung ausdrücklich nicht zur Mission der Agentur.

Insgesamt hat die EU bereits über 2 Milliarden Euro in die Errichtung einer *intelligenten*, mithilfe von Drohnen und biometrischen Systemen überwachten Außengrenze investiert. Dabei ist es ebenso wichtig, Möglichkeiten zur legalen Migration zu schaffen, die der Kontinent angesichts seiner demografischen Entwicklung fraglos benötigt. Frontex-Chef Fabrice Leggeri hat festgestellt, Grenzkontrollen allein seien kein Allheilmittel, und fordert legale Wege, Asyl zu beantragen. Eine *Festung Europa*, die ihre Grenzen dichtmacht, verletzt nicht nur das Völkerrecht und widerspricht der europäischen Wertordnung; sie wird diese fehlgeleitete Strategie auch nicht erfolgreich umsetzen können. Will die EU ihren eigenen Ansprüchen genügen, dann müsste sie sich – und das klingt sehr idealistisch – ein *Vorbild Europa* zum Ziel setzen, das für Stabilität und Zukunftschancen auch außerhalb seiner Grenzen sorgt.

Der Nahe Osten nach dem Arabischen Frühling

Kein anderes Ereignis in der krisengeplagten Region des Nahen und Mittleren Ostens hat die Hoffnungen so vieler Menschen auf politische Reformen und Demokratisierung – kurz, auf ein besseres Leben – derart beflügelt wie der sogenannte *Arabische Frühling* von 2011.

Die Massenaufstände in der arabischen Welt von Tunesien bis Bahrain sind freilich nicht spontan ausgebrochen. Sie waren vielmehr die Kulmination von über viele Jahre aufgestauten sozialen Spannungen. Bereits der 2002 erstmals erschienene *Arab Human Development Report* der Vereinten Nationen identifizierte einen eklatanten wirtschaftlichen Verfall der Region seit den 1970er-Jahren, der durch die globale Finanzkrise noch weiter beschleunigt wurde.

Heute wissen wir, dass die Straßenproteste von Millionen zumeist junger Menschen bloß ein Strohfeuer enthusiastischer Erwartungen gewesen sind. Zwar fielen in kurzer Zeit und ohne nennenswerte Gegenwehr die Despoten in Tunesien und in Ägypten. Doch der Regimewechsel brachte nur einen kurzen Augenblick der Euphorie. Die hohen Erwartungen für eine neue nahöstliche Ordnung – demokratisch, sozial und gerecht – hatten sich rasch als vergeblich erwiesen.

In *Tunesien*, wo alles begann, hat es tatsächlich große Verbesserungen in Sachen Demokratisierung und Freiheitsrechte gegeben. Die wirtschaftliche und soziale Situation hat sich jedoch seither massiv verschlechtert und bedroht den fragilen sozialen Frieden im Land. Die Austeritätspolitik des IWF ist an dieser Eskalation der sozialen Lage explizit mitverantwortlich. Seine nach wie vor neoliberalen Rezepte tragen zur hohen Jugendarbeitslosigkeit und der rapide wachsenden Ungleichheit im Land bei. Vor diesem Hintergrund ist es kaum verwunderlich, dass Tunesien mit Abstand an der Spitze der nach Nationalitäten aufgeschlüsselten UNO-Migrationsstatistik 2018 steht. Tunesier stellen fast ein Fünftel der auf der zentralen Mittelmeerroute in die EU gekommenen Migranten.

Ägypten ist nach einem Zwischenspiel der sozial-fundamentalistischen Muslimbrüderschaft wieder eine vom Westen gestützte Militärdiktatur.

In *Libyen* wurde Langzeitdiktator Gaddafi – mittels UNO-Mandat und arabischer Hilfe – vom Westen gestürzt und von einer marodierenden Meute ermordet. Das unter rivalisierenden Clans, paramilitärischen und terroristischen Gruppierungen aufgeteilte ölreiche Land ist zum *failed state* verkommen.

In *Syrien* gab es zwar aus den Golfmonarchien Unterstützung für die Aufständischen. Jedoch kam weder ein UNO-Mandat für eine *humanitäre Intervention* zustande, noch trat die oft zitierte Dominotheorie ein. Im Gegenteil, Assad wurde 2015 durch Russlands Luftwaffe und iranische Bodentruppen vor der militärischen Niederlage bewahrt; er sitzt seither wieder fest im Sattel. Washingtons und Moskaus Zweckallianz im Kampf gegen den IS – und die zeitweise Unterstützung der kurdischen Unabhängigkeitsbestrebungen durch die USA – hat die beiden Staaten zu einer von Misstrauen getragenen Koordination ihrer Präsenz im Luftraum über Syrien geführt. Das politische Ergebnis der fatalen westlichen Fehleinschätzung des von der alawitischen Minderheit gestützten Assad-Regimes ist nach über einer halben Million Toten, Millionen Vertriebenen und einem devastierten Land immer noch ausständig.

Eines hat der *Arabische Frühling* jedenfalls bewirkt: Die regionale Ordnung – sofern man von einer solchen sprechen kann – ist auf den Kopf gestellt worden. Die traditionellen Regionalmächte Ägypten, Syrien und Libyen haben ihre einstigen Führungsrollen eingebüßt. Der *Irak* hat seine Position als bedeutender Akteur spätestens mit der amerikanischen Invasion 2003, wenn nicht bereits als Folge des zweiten Golfkriegs (1990/91), verloren. Die einflussreichsten säkularen Regime in der Region sind gestürzt oder entschieden geschwächt worden, während die Golfmonarchien – etwa Bahrain – die Aufstände niederschlagen konnten. Die zahlreichen Konflikte und unregierbar gewordenen Staaten der Region haben zu humanitären Krisen und einer riesigen Zahl von Vertriebenen geführt.

Eine weitere Folge des *Arabischen Frühlings* äußert sich darin, dass nicht mehr formelle Allianzen die regionalen Dynamiken bestimmen. Die einst einflussreiche *Arabische Liga*, 1945 in Kairo gegründet, ist zum Symbol einer von Feindschaft, Konkurrenz und Niedergang geprägten arabischen Welt geworden. Untereinander zerstritten, können sich die 22 Mitgliedsstaaten (Syrien ist suspendiert) nicht einmal mehr auf das ehemals einigende Thema Palästina verständigen. Die Anti-Israel-Front bröckelt. Einst unvorstellbare Koalitionen mit dem *zionistischen Erzfeind* haben etwa der langjährigen Forderung nach einer Zweistaatenlösung in den Grenzen von 1967 jede Glaubwürdigkeit genommen.

Nach dem Scheitern des israelisch-palästinensischen Friedensprozesses und der forcierten Siedlungspolitik ist ein tragfähiger Kompromiss zwischen den beiden Völkern wohl endgültig vom Tisch. Mit der Anerkennung Jerusalems als Hauptstadt Israels hat sich Washington überdies als nahöstliche Vermittlungsmacht selbst aus dem Spiel genommen. Diese Position wird in absehbarer Zeit von keinem anderen Akteur übernommen werden können.

Für Europa ist die nahöstliche Nachbarregion immer schon ein Minenfeld gewesen. Dessen Rolle im israelisch-palästinensischen Konflikt hat sich *grosso modo* auf den Zahlmeister für die palästinensischen Siedlungsgebiete im Westjordanland und im Gazastreifen beschränkt. Politischen Einfluss auf den Konflikt hat es seitens der EU nie wirklich gegeben.

Neuordnung der Machtverhältnisse im Nahen Osten

Seit dem gescheiterten *Arabischen Frühling* bestimmen drei Konstanten die Politik der Staaten des Nahen und Mittleren Ostens:

die Angst vor der Wiederkehr sozialer Unruhen; Irans wachsende regionale Einflussnahme; sowie Amerikas Rückzug aus der Region. Diese Faktoren bestimmen die widersprüchliche Außen- und Sicherheitspolitik der neuen Regionalmächte. Saudi-Arabien führt – mit Unterstützung der USA – einen blutigen Stellvertreterkrieg gegen den Iran im Jemen. Der ambitionierte saudische Kronprinz Mohammed bin Salman verfolgt mit gesellschaftspolitischen Reformen im Innern und einer rücksichtslosen Außenpolitik das Ziel, Saudi-Arabien die regionale Vormachtstellung zu sichern.

Die ölreichen Golfmonarchien Katar auf der einen und Saudi-Arabien sowie die Vereinigten Arabischen Emirate auf der anderen Seite stehen sich in einem ideologischen Konflikt gegenüber. Katar unterstützt – neben zahlreichen Terrororganisationen – auch die salafistische Muslimbruderschaft, die von den benachbarten Golfstaaten als Bedrohung ihrer Königshäuser angesehen wird. Zudem pflegt das Emirat gute Beziehungen zum Iran, dem Gegner Saudi-Arabiens im Ringen um die regionale Vorherrschaft.

Der Iran hat seinerseits seinen Einfluss vom Irak über Syrien und den Libanon bis zum Jemen im Süden der Arabischen Halbinsel ausbauen können. Teheran unterstützt finanziell und mit militärischem Material die Hisbollah, die Hamas und schiitische Milizen im Irak und im Jemen. Einheiten der Iranischen Revolutionsgarden stützen das Assad-Regime.

In diesem Umfeld gedeihen extremistische Terrororganisationen wie der „Islamische Staat“ (IS), al-Qaida und andere dschihadistische Gruppen, die von verschiedenen Regionalmächten unterstützt werden. Das Ringen um Einflusssphären äußert sich in Konfessionskonflikten, die den multiethnischen Libanon ebenso zu zerreißen drohen wie den von den USA zerstörten Irak.

Aufgrund der zahlreichen Konflikte sind Millionen Menschen in der Region zu Binnenvertriebenen und Flüchtlingen geworden. Über vier Millionen Syrer haben ihr Land seit dem Ausbruch des Bürgerkriegs verlassen, davon haben knapp 1,5 Millionen im kleinen Libanon und etwa eine Million in Jordanien Schutz gesucht.

Im Zuge der Neuordnung der Machtverhältnisse im Nahen Osten spielt auch die *Türkei* eine wichtige – und zunehmend widersprüchliche – Rolle. Das Land legte nach der Jahrtausendwende ein beeindruckendes Reform- und Wachstumstempo vor und galt noch zu Beginn des *Arabischen Frühlings* 2011 als Musterbeispiel von Rechtsstaatlichkeit, Demokratie und Marktwirtschaft in der Region. Im Syrienkrieg hat der NATO-Partner – ebenso wie der Westen – früh auf einen Sturz Assads gesetzt, um schließlich erkennen zu müssen, dass dessen Regime wohl Bestand haben würde.

Allerdings nahm Präsident Erdoğans Herrschaft zunehmend autokratische Züge an. Ankara hat sich sowohl Russland angenähert sowie den Iran bei der Umgehung westlicher Sanktionen unterstützt, und es den islamistischen Gruppen in Syrien erlaubt, Waffen, Material und Zehntausende *foreign fighters* über die türkische Grenze ins Kriegsgebiet zu schmuggeln.

Während Washington im Kampf gegen den IS mit kurdischen Milizen in Syrien und im Irak zusammenarbeitet, werden diese von Erdoğan vehement bekämpft. Für Ankara stellen kurdische Autonomiegebiete an der südlichen Grenze eine Bedrohung der territorialen Integrität des Landes dar – immerhin leben zehn bis zwölf Millionen Kurden in der Türkei. In dieser größten Volksgruppe der Erde ohne eigenes Land werden die Rufe nach einer Vereinigung der Autonomiegebiete in Syrien und dem Irak und der Ausrufung eines unabhängigen Staates lauter.

Die EU kritisiert zwar den autoritären Kurs der türkischen Regierung und ihre Offensive gegen die kurdischen Regionen in Syrien. Gleichzeitig aber dominiert die Migrationsfrage Europas Nachbarschaftspolitik im Nahen Osten. Derzeit haben autoritäre Regime in Kairo und Ankara sowie unterschiedliche *Warlords* in Libyen die Kontrolle über die Migrationsströme und damit ein Druckmittel gegenüber der EU in der Hand.

Afrika zwischen Migration und Entwicklung

Das alles überschattende Thema Migration hat das Augenmerk der europäischen Politik auf die Fluchtbewegungen über das Mittelmeer gerichtet. Seit der sogenannten Schließung der Balkanroute gelangt ein Großteil der Migranten über Afrikas Nordküste nach Europa. Sie kommen dabei vielfach aus den von internen Konflikten zerrütteten Staaten südlich der Sahara.

An dieser Stelle muss angemerkt werden, dass Subsahara-Afrika mit seinen 48 Staaten eine äußerst diverse Region mit unzähligen Sprachen, Kulturen, Religionen und Lebensbedingungen darstellt. Die westliche Wahrnehmung des Kontinents als monolithisches Armenhaus und ewiges Krisengebiet der Welt ist ebenso irreführend wie die Euphorie über eine vermeintliche ökonomische Renaissance.

In Afrika blickt man mit einiger Verwunderung auf die von der Migration ausgelöste Angst im reichen Europa. Während für das Jahr 2018 mit geschätzten 80.000 Menschen gerechnet wird, die die gefährliche Flucht über das Mittelmeer antreten, versorgt Afrika fast ein Drittel aller Flüchtlinge weltweit – 20 Millionen Menschen. Das bitterarme Uganda beherbergt über eine Million Flüchtlinge aus dem benachbarten Sudan und betreibt eine für das kleine Land vorbildliche Integrationspolitik.

In den vergangenen Jahren flohen die meisten Menschen aufgrund von Krieg und Verfolgung nach Europa. Sie kamen vor allem aus Syrien, Afghanistan und dem Irak. In Zukunft werden viel mehr Menschen aus afrikanischen Staaten den Weg nach Europa auf sich nehmen. In der ärmsten Region der Welt, in Subsahara-Afrika, wird sich die Bevölkerung von derzeit 1,2 Milliarden Menschen bis 2050 vermutlich verdoppeln. Daraus ergeben sich enorme Probleme wie etwa mangelnde Ernährungssicherheit, eine völlige Überlastung der Gesundheits- und Bildungssysteme und verschärfter Konkurrenzdruck auf dem Arbeitsmarkt, die zusammengenommen das Konfliktpotenzial in dieser Region steil in die Höhe treiben werden. Die Folgen des Klimawandels werden

den Migrationsdruck dramatisch verstärken. Laut der Weltbank ist bis 2050 mit 140 Millionen Klimaflüchtlingen zu rechnen.

Dabei sind es keineswegs die ärmsten Afrikaner, die ihrer Heimat den Rücken kehren, um ein besseres Leben in Europa zu suchen, wie Zahlen aus Côte d'Ivoire (Elfenbeinküste) belegen. Das Land zählt mit fast 8 Prozent Wachstum zu den dynamischsten Volkswirtschaften der Erde. Dennoch machen sich Tausende junge Menschen jedes Jahr auf den Weg nach Norden. Der Großteil von ihnen ist unter dreißig und hatte vor der gefährlichen Überfahrt nach Europa in der Heimat eine Arbeit – meist sogar eine weit überdurchschnittlich bezahlte. Allerdings ist Côte d'Ivore – wie viele andere afrikanische Staaten – selbst ein Zielland für Flüchtlinge; denn über 85 Prozent der Migration finden innerhalb des Kontinents statt.

Wenn die Staaten südlich der Sahara ihrer rasch wachsenden Bevölkerung Bildung und Berufsaussichten bieten könnten, würden weit weniger Menschen die gefährliche Reise Richtung Europa antreten. Allerdings investiert Europa bevorzugt in schmutzige Deals mit Diktatoren. Riesige Summen fließen in sogenannte Pufferstaaten wie Libyen, Ägypten, Sudan oder Algerien, damit diese unter menschenunwürdigen Bedingungen Migranten in Lagern festhalten. Das ist nicht nur eine moralische Bankrotterklärung Europas – auf lange Sicht führt das nur zu noch mehr Flüchtlingen.

Der Investor und Philanthrop George Soros hat dagegen im Frühjahr 2018 einen *Marshallplan für Afrika* angeregt, um Fluchtursachen wirkungsvoll zu bekämpfen. Mindestens 30 Milliarden Euro jährlich wären seinen Berechnungen zufolge notwendig, um die afrikanischen Volkswirtschaften in Schwung zu bringen und Lebensumstände zu schaffen, die für die lokale Bevölkerung Grund zum Bleiben versprächen.

Auch wenn diese Summe angesichts der laufenden europäischen Kosten für flüchtlingsbezogene Maßnahmen nicht besonders hoch erscheint – Deutschland allein gab 2016 ca.

20 Milliarden Euro aus –, ist Soros Realist genug, um zu wissen, dass die Mitgliedsstaaten in der derzeitigen populistisch aufgeladenen Stimmung nicht bereit sind, auch noch diese Kosten zu übernehmen. Soros' Antwort darauf: EU-Kredite zur Finanzierung seiner *Marshallplan*-Idee.

Hilfe und Ausbeutung

Soros' Vorschlag stellt eine überlegenswerte Ergänzung zur regulären europäischen Entwicklungskooperation dar – die jährlich über 20 Milliarden Euro für den afrikanischen Kontinent bereitstellt –, doch für Europas Umgang mit Afrika ist ein grundlegenderer Richtungswechsel einzufordern. Seit Jahrzehnten nämlich wird von westlichen Regierungen und NGOs mit Krediten, Transfers und Hilfsleistungen versucht, dem Kontinent zur Selbstständigkeit zu verhelfen, während gleichzeitig eine buchstäblich ausbeuterische Handelspolitik die wirtschaftliche Entwicklung bremst.

Ein Beispiel aus der jüngsten Vergangenheit ist der – ähnlich wie Soros' Plan betitelte – deutsche *Marshallplan mit Afrika*. Das beim G20-Gipfel 2017 vom deutschen Bundesministerium für wirtschaftliche Zusammenarbeit und Entwicklung vorgestellte Konzept wirkt auf den ersten Blick bestechend, berücksichtigt es doch diese skandalösen Praktiken: Den Staaten südlich der Sahara entgehen allein durch illegale Finanzströme und aggressive Steuervermeidung globaler Konzerne jährlich über 50 Milliarden US-Dollar. Dem stehen laut OECD etwa 56 Milliarden Euro an Entwicklungshilfe für die Region gegenüber.

Das deutsche Papier bestätigt auch die bekannte Tatsache, dass Europa über Jahrzehnte seine Afrikapolitik an kurzfristigen Wirtschafts- und Handelsinteressen ausgerichtet hat. Daher sieht der neue Marshallplan den Aufbau lokaler Industrien, die Eindämmung schädlicher Exporte nach Afrika sowie einen verbesserten Zugang zum europäischen Markt vor. Bei genauerer Betrachtung entpuppt sich der *Marshallplan mit Afrika* allerdings – ähnlich wie die sogenannten Rettungspakete des Währungsfonds der 1990er-Jahre – als grob irreführend. Denn im Gegensatz zum amerikanischen Marshallplan von 1948, der kaufkraftbereinigt Mittel in der Höhe von 130 Milliarden US-Dollar für den europäischen Wiederaufbau zur Verfügung gestellt hatte, sieht der deutsche Plan keine neuen Gelder für Afrika vor.

Stattdessen dominieren im Verhältnis der EU zu Afrika nach wie vor wirtschaftliche Interessen. Der ebenfalls während des G20-Gipfels 2017 in Deutschland präsentierte *Compact with Africa* setzt auf die bekannten neoliberalen Rezepte: Deregulierung der Finanzmärkte, Abschaffung von Schutzzöllen, Verringerung der Staatsausgaben und die Privatisierung von Staatsbetrieben sollen die afrikanischen Staaten attraktiver für private Investoren machen. Freilich gibt es keinen einzigen Nachweis, dass vergleichbare Maßnahmen die Lebensbedingungen einer Mehrheit der Bevölkerung in Entwicklungsländern irgendwann verbessert hätten.

Auch die Wirtschaftspartnerschaftsabkommen (*Economic Partnership Agreements*, EPAs), die zwischen der EU-Kommission und afrikanischen Ländern seit nunmehr fünfzehn Jahren verhandelt werden, enthalten keinerlei Vorkehrungen, die ausgeprägte Asymmetrie in den Handelsbeziehungen zu verbessern. So sehen die EPAs im Gegenteil vor, dass präferenzielle Marktzugangsregeln für die ärmsten Staaten Afrikas gestrichen und lokale Agrarförderungen verboten werden.

Berechnungen weisen nach, dass für viele – wenn auch nicht alle – Volkswirtschaften Afrikas die solcherart konzipierten EPAs nachteilig wären, da sie eine Exportöffnung für europäische Produkte erzwingen und lokalen Regierungen die Förderung der heimischen Industrie, etwa Exportsteuern auf Rohstoffe, verbieten würden. Zu Recht kritisieren Staaten wie Nigeria und Tansania, dass die EU-Importe im Begriff sind, ihre gerade entstehenden und nur gering wettbewerbsfähigen Industrien zu zerstören.

Während Europa an Subventionen für seine massiv überproduzierende Landwirtschaft festhält und damit die Agrarsektoren von Entwicklungsländern weltweit de facto vernichtet, verbietet es denselben Ländern, ihre eigenen Industrien wirkungsvoll zu schützen. Letztlich wird sich mit einer solchen Vorgehensweise an der traditionellen Rolle des afrikanischen Kontinents als bloßem Rohstofflieferanten – und Auswanderungsregion – nichts ändern.

Ein weiterer Kritikpunkt an den EPAs ist, dass sie sich nachteilig auf den sogenannten Süd-Süd-Handel – zwischen den Staaten Afrikas – auswirken. Auf dem afrikanischen Kontinent haben sich zahlreiche regionale Freihandelszonen formiert, die ein erhebliches Potenzial aufweisen. Die EU-Kommission hat bei ihren Verhandlungen die Staaten Subsahara-Afrikas allerdings in regionale Blöcke aufgeteilt, die nicht mit der Mitgliedschaft dieser Freihandelszonen übereinstimmen. Damit aber schwächt sie die erst im Aufbau befindlichen regionalen Strukturen und verhindert gleichzeitig die selbstständige Entwicklung Afrikas.

Nur sehr wenige Staaten des Südens profitieren von derartigen Abkommen, was einmal mehr beweist, dass eine Entwicklungspolitik des *one-fits-all* nicht zielführend ist. Stattdessen bedarf es einer differenzierten Analyse der lokalen und regionalen Gegebenheiten, um das vorhandene Potenzial der afrikanischen Staaten zu fördern.

Afrika, der reiche Kontinent

Dass dieses Potenzial tatsächlich beträchtlich ist, geht in der medialen Berichterstattung über Subsahara-Afrika häufig unter. Nach wie vor leidet die Region massiv unter den Folgen von Sklavenhandel und der kolonialen Vergangenheit, aber auch unter korrupten Despoten, mit denen viele Industrieländer rund um den Globus nur allzu gerne Geschäfte machen.

Auch der enorme Rohstoffreichtum Afrikas – der Kontinent verfügt über 15 Prozent der weltweiten Ölvorkommen, 40 Prozent der Goldreserven, 80 Prozent der Platinmetalle sowie große

Vorkommen an Diamanten und den in der Elektronikindustrie wichtigen seltenen Erden – ist gleichermaßen Fluch und Segen. Er befeuert zahlreiche Konflikte wie den seit über zwanzig Jahren andauernden Krieg im Kongo, ermöglicht aber auch die vorbildhafte Entwicklung einiger – weniger – Staaten wie Botswana, wo verantwortungsvolle Regierungsführung erstaunliche Fortschritte zeitigt.

Dass viele Staaten Afrikas unter bitterer Armut, endemischer Korruption oder fortgesetzten Bürgerkriegen leiden, darüber wird in den internationalen Medien ausführlich berichtet; zu Recht. Allerdings besteht der Kontinent mit seinen 54 Staaten aus höchst unterschiedlichen Regionen, die teilweise eine erstaunlich dynamische Entwicklung durchlaufen. Rund die Hälfte der am schnellsten wachsenden Volkswirtschaften findet sich in Subsahara-Afrika. Das erwähnte Botswana kann etwa das größte anhaltende Wirtschaftswachstum weltweit mit durchschnittlich 8 Prozent pro Jahr über die vergangenen dreißig Jahre aufweisen. Die globale Beratungsfirma McKinsey rechnet in einer aktuellen Studie für Afrika bis 2025 mit einer Verdoppelung der Produktionsleistung.

Als Großbritannien Botswana 1966 in die Unabhängigkeit entließ, zählte das Land zu den ärmsten der Welt. Es gab ganze zwölf Kilometer geteerte Straßen und 22 Universitätsabsolventen. Heute zählt Botswana zu den Erfolgsbeispielen, das Bildungsniveau ist hoch, die Inflation und die Korruption niedrig und die öffentlichen Institutionen stabil. Zwar ist die Wirtschaft des Landes vom Diamantenreichtum abhängig, allerdings geht die Regierung damit verantwortungsvoll um – ganz im Gegensatz zu den Krisenstaaten Kongo oder Sudan, die ebenfalls gewaltige Rohstoffvorkommen besitzen.

Auch bei politischer Mitbestimmung und Minderheitenrechten ist Botswana Spitzenreiter in Subsahara-Afrika – Eigenschaften, die man anderen Wirtschaftswunderstaaten des Kontinents nicht nachsagen kann. So wird etwa Ruanda häufig als Beispiel einer höchst erfolgreichen Entwicklung – wenn auch von einem extrem niedrigen Ausgangsniveau – angeführt. Das nach dem Völkermord der 1990er-Jahre wirtschaftlich am Boden liegende Land wird inzwischen als *Singapur Afrikas* bezeichnet, was mehrfach treffend ist. Einerseits kann Ruanda – ganz ohne nennenswerte Bodenschätze – ein starkes Wachstum vorweisen, sein Schul- und Gesundheitswesen ist vorbildlich. Andererseits regiert Präsident Paul Kagame, der Rebellenführer aus Bürgerkriegszeiten, sein Land mit harter Hand: Opposition und freie Medien werden unterdrückt, Dissidenten sogar noch im Exil ermordet.

Besonders dynamisch ist die Entwicklung Äthiopiens: Das Land – laut IWF mit über 8 Prozent die am raschesten wachsende Volkswirtschaft der Welt – hat in den vergangenen Monaten und Jahren einen erstaunlichen Wandel durchgemacht, der sich unter dem neuen Premierminister Abiy Ahmed noch zu beschleunigen verspricht. Bis vor kurzem noch in erster Linie für Hungersnöte und Konflikt bekannt, erlebt das Land neuerdings eine sprunghafte Industrialisierung, finanziert von internationalen Konzernen und chinesischen Staatsbanken. Derzeit entsteht etwa mit dem 4 Milliarden Dollar teuren *Renaissance Dam* am Nil das größte Wasserkraftwerk Afrikas. Premierminister Ahmed hat zudem das autoritäre System gelockert und Hunderte politische Gefangene freigelassen. Im Sommer 2018 wurde nach fast fünfzig Jahren Konflikt Frieden mit der ehemaligen Provinz Eritrea geschlossen.

Die demografische Entwicklung des afrikanischen Kontinents ist angesichts des alternden Europa gleichermaßen beeindruckend wie einschüchternd. Rund die Hälfte der Afrikaner ist jünger als 25 Jahre. Das aber bewirkt eine besondere Entwicklungsdynamik. In Ermangelung traditioneller Karrieremöglichkeiten erkennen vor allem junge Afrikaner Selbsthilfe als logischen Schritt in eine bessere Zukunft. 80 Prozent der Bewohner des Kontinents sehen im Unternehmertum eine gute Karriereoption. Über 20 Prozent der arbeitsfähigen Bevölkerung sind selbstständig tätig – die weltweit höchste Rate. Mehr als die Hälfte aller Jobs werden von Unternehmen, die jünger als fünf Jahre sind und weniger als zwanzig Angestellte haben, angeboten. Auch der Anteil der Unternehmerinnen ist höher als in jeder anderen Weltregion.

Tatsächlich wird vor Ort eine immer größere Zahl an innovativen Lösungen für die spezifischen Probleme des Kontinents entwickelt. Das bekannteste Beispiel ist das inzwischen beinahe den gesamten Kontinent umspannende System des bargeldlosen Zahlungsverkehrs mittels Mobiltelefon. Millionen von Menschen wird damit die Teilnahme am Wirtschaftsleben ermöglicht. Die Verbreitung der Mobiltelefontechnologie hat einen ersten Beitrag zur Lösung eines der größten Probleme Afrikas geleistet: Die gewaltigen Distanzen und das schwierige Terrain sowie fehlende Infrastruktur haben bislang die wirtschaftliche Entwicklung hintangehalten.

Das ändert sich nun: Nicht nur China investiert inzwischen Dutzende Milliarden in den Ausbau von Häfen, Eisenbahnen, Autobahnen und Produktionsstätten. Die digitalen Riesen *Facebook* und *Google* liefern sich derzeit eine regelrechte Schlacht um Nutzer, indem sie versuchen, möglichst viele afrikanische Haushalte mit schnellem Internet zu versorgen. *Google* hat im vergangenen Jahrzehnt in ganz Afrika massiv in universitäre Ausbildung in den Bereichen Naturwissenschaften und Technik investiert. Erst jüngst wurde ein Forschungszentrum für Künstliche Intelligenz (KI) in Accra, der Hauptstadt Ghanas, eröffnet.

Der gebannte europäische Blick auf die afrikanische Migration verstellt die Sicht auf das andere Afrika. Der Kontinent hat das Potenzial, ganze Entwicklungsschritte auf dem Weg der Industrialisierung zu überspringen: Jene 68 Prozent der Bevölkerung Subsahara-Afrikas, die nach Angaben der Internationalen Energieagentur (IEA) keinen Zugang zu elektrischer Energie haben, könnten etwa dank dem steten Sonnenschein ohne den Zwischenschritt über schmutzige fossile Energieträger direkt ins Zeitalter der erneuerbaren Energie eintreten.

Trotz der wirtschaftlichen Dynamik bleiben die Herausforderungen in Afrika aber gewaltig. Autoritarismus und Korruption sind nach wie vor im Großteil der Staaten endemisch, ebenso wie Stammeskonflikte und Epidemien. Insbesondere HIV breitet sich in vielen Staaten nach wie vor ungehindert aus und droht, die bescheidenen Fortschritte wieder zunichtezumachen. Auch im besten Fall – wenn die derzeitige Entwicklungsdynamik aufrechterhalten und ausgeweitet werden kann – wird es viele Jahre dauern, bis die Wirtschaft in Afrika der Bevölkerung ausreichend Perspektiven bieten kann. Das Wirtschaftswachstum wird von der schnell wachsenden Bevölkerung ausgeglichen und die Migration führt zu einem *Brain Drain*, in dem gerade der junge, oft gut ausgebildete Teil der Bevölkerung der Heimat den Rücken kehrt.

Neue Formen der Zusammenarbeit

Der weitgehende Mangel an kritischer Medienöffentlichkeit sowie einer aktiven Zivilgesellschaft behindert die gleichermaßen kolonial und tribalistisch geprägten Gesellschaften vieler Staaten Afrikas in ihrer Entwicklung. So trifft die digitale Revolution, die sich auf dem Kontinent blitzartig verbreitet, auf ein womöglich noch bereitwilligeres – und unvorbereitetes – Publikum als in unseren Breiten; eine Entwicklung, die Europa und Afrika gewissermaßen als gemeinsame Herausforderung des digitalen Zeitalters verbindet.

Ein anderes – verbindendes – Element ist die Korruption. Das Zusammenspiel von lokalen Eliten und transnationalen Konzernen ist ursächlich für die notorische Missachtung von umwelt- und arbeitsrechtlichen Standards oder auch den unregulierten Fluss von riesigen illegalen Finanzströmen verantwortlich. Dasselbe gilt für die rücksichtslose Ausbeutung von Bodenschätzen und das grassierende *Land Grabbing* – die agrar-industrielle Vereinnahmung riesiger landwirtschaftlich genutzter Flächen durch internationale Konzerne.

Neben China, das sich in einem Tempo sondergleichen auf dem Kontinent breitgemacht hat, teilen sich die alten Kolonialmächte Großbritannien und Frankreich die politischen und wirtschaftlichen Domänen. Sie bestimmen weitgehend die afrikanische Finanzindustrie.

Es ist bezeichnend, dass der Kontinent in einem Maße fremdbestimmt ist, wie er es seit dem europäischen Kolonialismus nicht mehr war. Diese ernüchternde Feststellung lässt keine rasche Verbesserung erwarten. Soll es dennoch zum Notwendigen kommen, ist vor allem ein gründliches Umdenken notwendig. Appelle allein werden nicht genügen.

Der Kontinent ist das geopolitische Schachbrett des 21. Jahrhunderts, die letzte große Weltregion, in der die Einflusssphären der Großmächte noch nicht abgesteckt sind. Der wirtschaftliche, politische und ideologische Wettlauf um Afrika hat längst begonnen. China und die arabischen Staaten versuchen in dieser Neuauflage des kolonialen *Race for Africa* ihren Einfluss auszuweiten.

Angesichts der Misserfolge des bisherigen Entwicklungsmodells und des enormen Potenzials Afrikas muss Europa – durchaus auch im nachbarschaftlichen Eigeninteresse – rasch zu neuen Formen der Zusammenarbeit finden. Ein zentraler Punkt dabei wird die Überwindung der hinderlichen *Geber-Nehmerländer-Symbiose* zugunsten einer Kooperation auf gleichberechtigter Basis sein. In einem ersten Schritt muss die EU dabei ihre Handelsbeziehungen mit Afrika auf ein Fundament der Fairness stellen und jegliche schädlichen Praktiken beenden.

Noch wichtiger aber ist es, mit reformorientierten Staaten gezielte Entwicklungspartnerschaften aufzubauen. Das sind jene in Afrika durchaus vorhandenen Regierungen, die Prinzipien der Rechtsstaatlichkeit und guter Regierungsführung ebenso beachten wie die politische Mitsprache aller Bürgerinnen und Bürger. Das wiederum erfordert den Aufbau inklusiver Institutionen als Voraussetzung für die Herausbildung demokratischer Politik. Hier kann sich die europäische Erfahrung, dass moderne Staaten dann erfolgreich sind, wenn es gelingt, funktionierende öffentliche Verwaltungen einzurichten, als nützlich erweisen.

8

HERAUSFORDERER DER LIBERALEN ORDNUNG: RUSSLAND UND CHINA

Zur den krisenhaften Entwicklungen im Innern – der Ernüchterung über das Versagen der neoliberalen Globalisierung in der Finanzkrise von 2008, dem Aufstieg illiberaler Populisten in Europa und der radikalen Infragestellung des Multilateralismus durch Präsident Trump – wird die Weltordnung auch durch äußere Herausforderer zusehends in Bedrängnis gebracht. Diese Konkurrenten sehen in der liberalen Weltordnung ein System, das die transatlantische Gemeinschaft im wohlverstandenen Eigeninteresse gestaltet hat, zum Nachteil der übrigen Akteure. Die aufgrund ihres wirtschaftlichen und militärischen Gewichts bedeutendsten Kontrahenten des Westens im Ringen um Gestaltungshoheit in der Weltpolitik sind zweifellos Russland und China. Dabei unterscheiden sich die Positionen Moskaus und Pekings im globalen Machtgefüge grundlegend, ebenso wie ihre Motivationen im Bemühen, die liberale Ordnung zu unterwandern.

Wie Wirtschaftszahlen nicht erst seit den westlichen Sanktionen belegen, ist *Russland* ein im Abstieg befindlicher Staat. Seinen Zenit hat die einstige Supermacht schon vor Jahrzehnten überschritten und den Verlust seiner früheren Stellung im bipolaren System des Kalten Krieges nicht überwunden. Moskaus Bedeutung auf dem internationalen Parkett basiert auf einem zwar angestaubten, aber dennoch enormen Arsenal strategischer Atomwaffen, den gewaltigen Energiereserven, von denen die russische Wirtschaft in hohem Maße abhängt – und der Risikofreudigkeit des Kreml.

Die stark personalisierte und auf den Präsidenten Wladimir Putin ausgerichtete Führung des einstigen Imperiums hat in den vergangenen Jahren bewiesen, dass sie in der Lage ist, Schwächen des Westens zu erkennen und zu nutzen. Moskau lässt kaum eine

Gelegenheit aus, um doppelte Standards, Inkonsistenzen und Verfehlungen in Worten und Taten liberaler Demokratien aufzuzeigen, und hat sich als äußerst geschickt darin erwiesen, die bestehenden Krisen und Klüfte in ihrem Innern zum eigenen Vorteil zu verstärken.

Putins Ansicht nach ist eine Schwächung der liberalen Ordnung der beste Weg, Russland erneut als wichtige Macht zu etablieren. Er strebt eine Einflusssphäre an, in der Moskau frei von westlichen Werten und Institutionen verfahren kann. Dabei agiert der Kreml in erster Linie reaktiv und taktisch, scheint keine eigene große Vision einer alternativen Weltordnung systematisch verwirklichen zu wollen. Russland spielt in den internationalen Beziehungen die Rolle eines *Spoilers*, der nicht versucht, gestaltend auf die Zukunft des Systems einzuwirken, sondern dieses zu stören und aus dem Tritt zu bringen versucht. Auch investiert die russische Elite nicht in die langfristige Zukunft der eigenen Wirtschaft, die seit Jahrzehnten auf Verschleiß fährt. Das russische Denken wirkt in erster Linie von kurzfristigen Interessen getrieben.

Ganz anders *China*. Im Gegensatz zu Russland baut es seine Stärke nachhaltig und strategisch aus und gilt zu Recht als die aufsteigende globale Macht schlechthin. Peking setzt dabei – trotz oder gerade wegen seiner relativen Knappheit an Energie- und anderen Ressourcen – in erster Linie auf wirtschaftliche Stärke und Innovation. Nach Jahrzehnten gezielter und umfangreicher Investitionen in seine Modernisierung ist China zum wichtigsten Angelpunkt der globalisierten Produktionsketten aufgestiegen. 2006 wurde China der größte Warenexporteur der Erde, 2013 überholte es die USA in Bezug auf das Handelsvolumen. 2014 gab der Internationale Währungsfonds bekannt, China habe die Vereinigten Staaten als größte Wirtschaftsmacht der Welt abgelöst – zumindest nach Kaufkraftparität (*purchasing power parity*). Studien des IWF gehen davon aus, dass Peking in den frühen 2030er-Jahren die in absoluten Zahlen größte Wirtschaft der Erde kontrollieren wird.

Nichtsdestotrotz beherrschte bis vor kurzem die von Deng Xiaoping vor fast dreißig Jahren ausgegebene 24-Zeichen-Devise – so benannt nach den 24 Schriftzeichen, aus denen die Doktrin in ihrem chinesischen Original besteht – den chinesischen Zugang zur Weltpolitik: „Beobachtet mit kühlem Kopf; reagiert gelassen; bleibt standhaft; verbergt unsere Fähigkeiten und wartet, bis unsere Zeit gekommen ist; versucht niemals, die Führung zu übernehmen; seid fähig, etwas zu Ende zu führen."

Seit der globalen Finanzkrise, die China weit weniger hart getroffen hat als die westlichen Demokratien, hat Peking die Modernisierung seiner Streitkräfte vorangetrieben und verfolgt chinesische Interessen zunehmend energischer sowohl in seiner Nachbarschaft als auch darüber hinaus. Nachdem Donald Trump die traditionelle Führungsrolle der USA freiwillig abgegeben hat, nutzte der chinesische Präsident Xi Jinping 2017 den Davoser Weltwirtschaftsgipfel, um China als zukünftigen Garanten des offenen internationalen Handelssystems zu positionieren. Während Russland die aktuelle liberale Ordnung in erster Linie bei jeder sich bietenden Gelegenheit anzugreifen und vor dem Hintergrund des eigenen Abstiegs die Staaten des Westens ein Stück weit zu schwächen sucht, arbeitet China geduldig daran, die Führungsrolle im bestehenden System zu übernehmen und dessen Regeln und Institutionen schrittweise in seinem Sinne anzupassen.

Wie soll Europa mit den so unterschiedlichen Herausforderungen einer erratischen Führung in Washington, einem revisionistisch gesinnten Nachbarn im Kreml und dem stetig an Einfluss und Macht gewinnenden China umgehen? Wie gehen die *declining power* Russland und die *rising power* China mit ihrer veränderten Machtposition in den internationalen Beziehungen um? Welche Möglichkeiten hat die Europäische Union als Inkarnation einer liberal-demokratischen Ordnung, ihre Werte vor diesem Hintergrund zu verteidigen? Wo bestehen Möglichkeiten zur Zusammenarbeit und wo kommen neue Konflikte auf uns zu?

Russlands Revisionismus

Die wesentlichen Kritikpunkte des Westens an der russischen Außenpolitik beziehen sich auf die militärischen Operationen Moskaus in der Ukraine und in Georgien – in der gemeinsamen Nachbarschaft Russlands und der EU –, die Unterstützung für das mörderische Assad-Regime, Geheimdienstoperationen wie die Ermordung ehemaliger Agenten in Staaten des Westens sowie die Einmischung in innere Angelegenheiten. Diese umfassen die russischen Cyberoperationen im amerikanischen Präsidentschaftswahlkampf 2016, aber auch die Unterstützung rechtspopulistischer Parteien in EU-Staaten und die Beeinflussung der Brexit-Kampagne sowie breiter angelegte (Des-) Informationsoperationen.

Beobachter sprechen inzwischen von einem *neuen Kalten Krieg* zwischen Moskau und dem Westen, den Putin in seinem Bestreben, die imperiale Macht der ehemaligen Sowjetunion wiederherzustellen, mutwillig vom Zaun gebrochen hat. Der Kreml hält dem gerne entgegen, er setze keine Schritte, für die der Westen nicht einen Präzedenzfall geschaffen hätte. Militärische Operationen in Georgien und der Ukraine rechtfertigt Russland mit dem Verweis auf die NATO-Intervention im Kosovokrieg. Die Eingriffe in demokratische Meinungsbildungsprozesse durch Propaganda in sozialen Medien und Hacking vergleicht Moskau mit der westlichen Unterstützung für liberale Kräfte im postsowjetischen Raum über NGOs und Berater. Die Unterstützung Assads in Syrien wird mit dem Verweis auf das Völkerrecht legitimiert. Selbstverständlich sind das falsche Äquivalenzen, aber sie bieten einen Einblick in das Denken der russischen Führung.

Um die aktuelle Politik Russlands zu verstehen, muss man die Entwicklung seit dem Zerfall der Sowjetunion 1991 Revue passieren lassen, die in erster Linie eine Geschichte enttäuschter Hoffnungen ist: vom Wunsch nach einer Partnerschaft mit dem Westen zu erneuter Gegnerschaft in drei Akten.

Als Donald Trump nach seinem Gipfeltreffen mit Wladimir Putin im Juli 2018 der versammelten Presse in Helsinki erklärte, dass „beide Seiten“ schuld an den schlechten Beziehungen wären, hat dies vor dem Hintergrund der russischen Einmischung in den Wahlkampf 2016 sowie der völkerrechtswidrigen Annexion der Krim in den USA einen Sturm der Entrüstung ausgelöst. Europas Regierungen waren perplex; bei einigen wenigen – etwa in Orbáns Ungarn – kam klammheimliche Freude auf. Andererseits ist bis zu einem gewissen Grad nicht von der Hand zu weisen, dass der Westen in seinem Umgang mit Moskau in den Jahren seit 1989 strategische Fehler begangen und ein Maß an Unverständnis an den Tag gelegt hat, das zweifellos zur aktuellen Situation eines *Kalten Konflikts* beigetragen hat. Doch der Reihe nach.

Enttäuschte Hoffnungen

Kurz nach dem Fall der Berliner Mauer wurde unter Michail Gorbatschow der Warschauer Pakt aufgelöst und der sowjetische Präsident verkündete die Absicht, sein Land – mit allen Rechten und Pflichten – in ein „gemeinsames Haus Europa“ führen zu wollen. Den institutionellen Rahmen sollte in seiner Vision eine gestärkte und zu einem kollektiven Sicherheitssystem von Wladiwostok bis Lissabon weiterentwickelte KSZE (Konferenz über Sicherheit und Zusammenarbeit in Europa) bilden.

Diese Hoffnung wurde jedoch bald enttäuscht; in gewisser Weise war sie angesichts der dramatisch veränderten west-östlichen Machtverhältnisse wohl auch unrealistisch gewesen. Die NATO blieb auch nach dem Verschwinden des einstigen Gegners bestehen und nahm nach und nach die Staaten des ehemaligen Warschauer Pakts in sein Bündnissystem auf. Die USA dürften im Augenblick ihres unipolaren Triumphs kein Interesse an einer stärkeren Annäherung zwischen Russland und Europa, insbesondere Deutschland, gehabt haben. George Friedman, der Gründer des *Private-Intelligence*-Thinktanks *Stratfor* wiederholte 2015, was in Washington bereits zuvor Thema war: dass eine der zentralen strategischen Leitlinien amerikanischer Politik die Verhinderung einer Allianz zwischen Deutschland und Russland sei. Daher müsse man einen *Cordon sanitaire* proamerikanischer Staaten vom Baltikum bis zum Schwarzen Meer zwischen Deutschland und Russland errichten. Widrigenfalls könnten die vereinten Ressourcen Russlands und Deutschlands zu einem Gegengewicht für die globale Hegemonie der USA werden. Inwieweit diese geopolitische Analyse gerechtfertigt ist und ob es viel Überzeugungsarbeit gebraucht hat, die Staaten des ehemaligen Warschauer Pakts enger an Washington zu binden, sei dahingestellt.

Nach dem Zerfall der Sowjetunion 1991 blieb es dennoch Moskaus außenpolitisches Hauptziel, ein integraler Bestandteil der westlichen Welt zu werden. Ein erster wichtiger Schritt der Westanbindung war Russlands Beitritt zum Europarat 1996. Ein Jahr später, 1997, wurde die G7 durch Russlands Beitritt zur G8. 2012 erfolgte die Aufnahme in die Welthandelsorganisation WTO. Moskau bemühte sich sogar um die NATO-Mitgliedschaft – es war der einzige derartige Antrag, den das Verteidigungsbündnis kategorisch abgelehnt hat. Ein weiterer Schritt sollte die Mitgliedschaft in der OECD, dem Klub der westlichen Industriestaaten, sein. Selbst ein Ansuchen um EU-Mitgliedschaft wurde erwogen.

Zentral in diesen Bestrebungen war der Wunsch Moskaus, als gleichwertiger Partner der USA eine Rolle in allen zukünftigen Entscheidungen der westlichen Institutionen zu spielen. Dies sollte sich jedoch als Wunschtraum erweisen. Moskau durfte sich dem Westen annähern, würde aber keine besonderen Privilegien erhalten. Wollte es ein Teil des vereinten Europa werden, musste Moskau ebenso wie der Rest des Westens die amerikanische Führungsrolle akzeptieren. Das aber war für Russland, das sich als Erbe der ehemaligen Sowjetunion und damit als – temporär geschwächte – Supermacht sah, schwer zu akzeptieren.

Die Vereinigten Staaten hatten sich im Laufe der 1990er-Jahre darauf eingerichtet, ihre jeweiligen Positionen gegenüber Russland durchzusetzen – sei es durch Überzeugungsarbeit, wirtschaftlichen

Druck oder durch unverhohlene Machtdemonstration. So hat Washington die Wiederwahl von Boris Jelzin 1996 im Wesentlichen orchestriert und dies auch öffentlich gemacht.

Im Zuge der von neoliberalen Ökonomen – aus der Schule der *Chicago Boys* – angeleiteten russischen Wirtschaftsreformen kam es zu den notorisch korrupten Voucher-Privatisierungen, bei denen die kollektivierten Staatsbetriebe der Sowjetunion abverkauft wurden. Bei dieser ruinösen *Schocktherapie* konnten sich westliche Berater und die kleine Gruppe der späteren russischen Oligarchen enorm bereichern. Der Rest der Bevölkerung sollte in dem unvorstellbaren wirtschaftlichen Chaos der Jelzin-Ära auch noch das, was ihnen vom gescheiterten Sowjetkommunismus geblieben war, verlieren. Ungezügelte Inflationsraten, verlorene Pensionsansprüche und eine explodierende Ungleichheit brachten die freie Marktwirtschaft in den Augen vieler Russen vollends in Verruf. Es war dabei gewiss ein Fehler der westlichen Liberalisierer gewesen, sich in erster Linie auf die Deregulierung und Privatisierung der Wirtschaft zu konzentrieren. Darüber aber wurde der Aufbau rechtsstaatlicher Institutionen nahezu völlig übersehen. Der während der Öffnung und Liberalisierung der 1990er-Jahre entstandene Klientelismus beherrscht die russische Politik noch heute und behindert die wirtschaftliche und institutionelle Entwicklung des Landes.

Der Aufstieg Wladimir Putins

Der erste große Bruch zwischen Russland und dem Westen resultiert aus den NATO-Intervention im Zuge des Kosovokonflikts 1999, als Moskau erkennen musste, dass seine Bedenken und Interessen bei den USA keinerlei Gehör fanden. Allerdings war der Kreml zu dieser Zeit von internen Krisen absorbiert und Russland ganz einfach zu schwach, um energisch zu reagieren.

Moskau war in dieser Zeit der zunehmenden persönlichen Schwächung Boris Jelzins ganz mit der Suche nach einem geeigneten Nachfolger beschäftigt. Schließlich fiel die Wahl auf den damaligen Chef des russischen Inlandsgeheimdienstes FSB, Wladimir Putin. Dieser hatte seine berufliche Karriere im sowjetischen KGB begonnen und wurde nun, am 9. August 1999, zum amtierenden Premierminister bestellt – der fünfte in nur achtzehn Monaten. Noch am selben Tag erklärte Jelzin, er werde ihn bei den nächsten Wahlen als Wunschkandidat für seine Nachfolge unterstützen.

Niemand erwartete damals, der bis dahin völlig unbekannte Putin würde sich länger halten können als seine Vorgänger. Hinter den Kulissen tobten bereits Nachfolgekämpfe um die Position des Präsidenten der Russischen Föderation. Doch vor dem Hintergrund einer Reihe spektakulärer Bombenanschläge konnte der junge Premierminister schon bald seine Bekanntheit und Beliebtheit stärken. Kurz nach der Bestätigung im Amt durch das Parlament war es im September 1999 zu einer Serie von Attentaten auf Wohnblocks gekommen. Als Schuldige wurden von offizieller Seite tschetschenische Separatisten ausgemacht.

Die russische Armee hatte sich bis 1996 tatsächlich im Krieg mit der abtrünnigen Region befunden, in dem diese ihre Unabhängigkeit vorerst behaupten konnte. Im Zuge dieses Krieges kam es immer wieder auch zu Terrorakten von muslimischen Tschetschenen. Dennoch nährte eine Reihe von Anhaltspunkten Spekulationen, dass die Anschlagsserie vom FSB orchestriert worden war. In den folgenden Jahren starben unter mysteriösen Umständen immer wieder Politiker und Journalisten, die eine Verschwörung des Geheimdienstes behauptet hatten. Der bekannteste Fall ist jener des ehemaligen FSB-Mitarbeiters Alexander Litwinenko, der 2000 ins Londoner Exil ging und dort sechs Jahre später an einer Vergiftung durch Polonium 210 starb.

Unabhängig davon, was tatsächlich hinter den Bombenattentaten steckte, führten diese Unterstellungen zum Zweiten Tschetschenienkrieg. In diesem konnte sich Putin den Ruf eines *Law-and-Order*-Politikers und Kriegspremiers erwerben. Auf dem Höhepunkt der Tschetschenien-Offensive trat Jelzin vom

Alkohol gezeichnet und gesundheitlich angeschlagen zurück. Putin übernahm gemäß der Verfassung die Präsidentschaft; drei Monate später sollte er die Wahlen souverän gewinnen.

Im Kampf gegen den Terror, der Putin die Präsidentschaft gesichert hatte, sah Russland denn auch die Gelegenheit, mit dem Westen auf Augenhöhe zu kooperieren. Nach den Anschlägen vom 11. September 2001 war es Putin, der als erstes ausländisches Staatsoberhaupt Präsident Bush in einem persönlichen Telefonat seine Anteilnahme und Unterstützung bekundete. In weiterer Folge unterstützte Russland die NATO im Afghanistankrieg sowohl logistisch als auch mit geheimdienstlicher Expertise. Tatsächlich darf nicht übersehen werden, dass Moskau eine berechtigte Sorge vor dem islamistischen Terror umtreibt: Auch wenn in Russland keine offiziellen Statistiken über Konfessionen geführt werden, wird allgemein davon ausgegangen, dass rund 20 Millionen Muslime in der Föderation leben. Insbesondere im Nordkaukasus gab es seit den 1990er-Jahrenn separatistische muslimische Bewegungen, die Anschläge in verschiedenen Metropolen Russlands verübten.

Doch Putins Bemühungen um eine engere Zusammenarbeit blieben in Washington weitgehend unbeachtet. Im Gegenteil; zunächst erfolgte 2001 die einseitige Kündigung des 1972 mit Moskau vereinbarten bilateralen Abkommens zum Verbot von Raketenabwehrsystemen. 2003 schlug Washington die Einwände Putins gegen den Irakkrieg in den Wind; eine schmerzhafte Erinnerung daran, dass der Westen Russland als zweitrangige Macht ansah, deren Meinung wenig Gewicht hatte. Für Putin war der Sturz Saddam Husseins dann vor allem ein Beweis, dass Washington seine aus dem Kalten Krieg stammende Tradition der gewaltsamen Einmischung in die inneren Angelegenheiten fremder Staaten – die bekanntlich mit der Sowjetunion geteilt wurde – nun im weltweiten Maßstab fortsetzte. Hatten die USA früher nur in ihrem *Hinterhof* – in Zentral- und Lateinamerika – Regierungen nach Belieben gestürzt oder eingesetzt, musste Putin nunmehr fürchten, dass früher oder später er selbst zum Ziel dieser Spielart des *Regime Change* werden könnte.

Auch der wachsende Einfluss westlicher Institutionen und Ideen in der unmittelbaren Nachbarschaft – die Russland als seinen *legitimen Einflussbereich* betrachtet – war dem Kreml seit dem Sturz Saddams 2003 ein Dorn im Auge. Bereits unter Jelzin hatte Russland immer wieder seine Bedenken gegenüber der NATO-Osterweiterung geäußert. Der Westen hatte Russlands steigende Bedenken stets mit den gleichen drei Argumenten quittiert: *Erstens* habe man sich nie dazu verpflichtet, die NATO nicht zu erweitern (Putin ist dazu übergegangen, das Gegenteil zu behaupten: Ihm zufolge wurde im Zuge der deutschen Wiedervereinigung ein solches Versprechen abgegeben. Hierzu gibt es widersprüchliche Aussagen von Zeitzeugen). *Zweitens* sei eine NATO-Erweiterung keine Bedrohung für Russlands Interessen. Und *drittens* stehe es jedem Land frei, seine Allianzen selbst zu wählen.

Ebenso sah der Kreml die vom Westen finanzierten zivilgesellschaftlichen Proteste gegen russlandfreundliche Regime und die Serie der sogenannten Farbrevolutionen im postsowjetischen Raum – die *Rosenrevolution* in Georgien 2003, die *Orange Revolution* in der Ukraine 2004 und die *Tulpenrevolution* in Kirgisistan 2005 – als direkte Bedrohung an. Dasselbe galt für die von Brüssel und Washington lancierten EU- und NATO-Beitrittsperspektiven für Georgien und Aserbaidschan. Beide waren im Übrigen 2003 Teil der *Koalition der Willigen* im Krieg gegen den Irak.

Die westliche Unterstützung für prodemokratische Parteien und Reformbewegungen in der unmittelbaren Nachbarschaft Russlands wurde im Kreml als Bedrohung der nationalen Interessen und existenzielle Gefahr für den Fortbestand des Putin-Regimes verstanden. In diesem Zusammenhang ist die geopolitische Unbedarftheit der EU zu kritisieren, die nicht nur ihre eigenen Beitrittskapazitäten falsch eingeschätzt hatte, sondern auch die Einwände aus Moskau nicht in gebührendem Maß ernst genommen hat. Die Europäer hatten in ihrer *posthistorischen Blase* politischer und wirtschaftlicher Kooperation und dem Vertrauen auf die amerikanischen Sicherheitsgarantien offenbar übersehen, dass die harten Gesetze der Machtpolitik ihre Gültigkeit weiterhin beibehalten hatten.

München 2007: Die *Putin-Doktrin*

Auf die oben skizzierten Entwicklungen antwortete der russische Präsident 2007 in seiner Rede bei der Münchner Sicherheitskonferenz. Diese Rede markiert den Wendepunkt der russischen West- und Weltpolitik. Für Europa aber begann sich ein Mondfenster zu schließen, das die Stabilisierung des Kontinentes in Aussicht gestellt hatte.

Die Rede des russischen Präsidenten kann durchaus als *Putin-Doktrin* für das 21. Jahrhundert gelesen werden: Die Welt, so der russische Präsident, sei unipolar und von den USA dominiert, es gebe nur noch einen Souverän. Das aber sei nicht zu akzeptieren. Eine Weltordnung, die von einem einzigen Staat kontrolliert werde, habe nichts mit einer Demokratie zu tun. Eine solche Weltordnung wäre instabil und würde ständig neue Konflikte und humanitäre Katastrophen hervorbringen. Die Zeit sei gekommen, die globale Sicherheitsarchitektur zu überdenken. In den Augen Moskaus sei eine multipolare Weltordnung zu errichten, in der jede Großmacht – und als solche sah sich Russland nach wie vor – legitime Einflusssphären besitzen soll. Für diese exklusiven Einflussbereiche müsse ein Prinzip der Nichteinmischung durch externe Mächte gelten.

Es ist eine jener vertanen Chancen in den Ost-West-Beziehungen nach dem Ende der ideologischen Konfrontation 1989, dass weder die USA noch Europa diese eindeutigen Worte Putins ernst genommen haben. Damit soll nicht suggeriert werden, man hätte Putins Forderungen nachgeben sollen – die von ihm geforderten Einflusssphären wären ein Rückschritt in die Politik des Kalten Krieges gewesen und mit tatsächlich liberalen Werten nicht vereinbar. Es muss an dieser Stelle allerdings daran erinnert werden, dass sich die Kritik Putins auch auf Strategien des Westens zur Beeinflussung von bestimmten Kandidaten bei Wahlen oder der Unterstützung regierungskritischer Medien in Drittstaaten bezogen hatte. Die jetzt in Washington – und teilweise auch in Brüssel – vorherrschende Erregung ob der russischen Einflussnahme auf die amerikanische Präsidentenwahl 2016 samt Unterwanderung der öffentlichen Meinungssphäre klingt ein wenig bemüht, ruft man sich die amerikanischen Einmischungsversuche in Erinnerung.

Laut einer Studie der Carnegie Mellon University haben die USA allein zwischen 1946 und 2000 in mindestens 81 demokratische Wahlen eingegriffen; Moskau in 31. Und dabei sind noch nicht einmal die zahlreichen bewaffneten Interventionen von westlichen Staaten zum Sturz demokratisch gewählter Regierungen erfasst. Auch die vermeintliche militärische Bedrohung durch Russland wird relativiert, wenn man sich vor Augen hält, dass das Verteidigungsbudget der USA jenes von Russland gleich um das Vierzehnfache übersteigt. Allein die Erhöhung des Sicherheitsetats durch Präsident Trump 2017 war größer als die gesamten jährlichen Militärausgaben Russlands. Allerdings versteht der Kreml es gefährlich gut, seine schwächere Hand mit maximalem Effekt auszuspielen.

Die NATO vor den Toren des Kreml

Unmittelbar nachdem auf dem NATO-Gipfel in Bukarest 2008 eine Aufnahmeoption für Georgien, die Ukraine und Moldawien beschlossen worden war, reiste Putin eigens dorthin, um die westliche Militärallianz erneut zu warnen: Sollten diese Staaten aufgenommen werden, würde Russland alle nötigen Mittel – auch militärische – ergreifen, um seine Interessen zu wahren. Der Beweis folgte auf dem Fuße. Tatsächlich führte Russland wenig später einen kurzen erfolgreichen Krieg gegen das benachbarte Georgien. Zwar zeigten sich in der Operation veritable Schwächen der technisch einigermaßen überholten russischen Streitkräfte. Viel wichtiger aber war für Putin die dabei gewonnene Erkenntnis, dass der Westen keine Anstalten traf, Leben und Gesundheit von NATO-Soldaten für die territoriale Integrität einer fernen Kaukasusrepublik aufs Spiel zu setzen.

Neben der NATO-Option für Georgien war die internationale Anerkennung des Kosovo ein weiterer Beweggrund für den Krieg: Putin hatte wiederholt darauf hingewiesen, dass er die Anerkennung der einseitigen Unabhängigkeit des Kosovo im selben Jahr als Präzedenzfall ansehen und im Gegenzug die sezessionistischen georgischen Provinzen Südossetien und Abchasien anerkennen und notfalls verteidigen würde.

Der Georgienkrieg war also ein Konflikt mit Ankündigung, und es stellt sich die Frage, ob er vermeidbar gewesen wäre. Selbstverständlich haben alle Länder, auch die unmittelbaren Nachbarn Russlands, das Recht, ihre Zukunft und ihre politische Ausrichtung selbst zu wählen. Auch muss der Westen Rufe nach mehr Demokratie unterstützen, egal ob sich illiberale Regime dadurch bedrängt fühlen – andernfalls würde die liberale Ordnung ihre Werte verraten. Dennoch wäre es ratsam gewesen, Moskau in die strategischen Entscheidungen des Westens einzubinden und einen engeren Dialog zu führen; insbesondere nachdem Putin seine Bedenken so unmissverständlich artikuliert hatte.

Das Gegenteil sollte allerdings passieren und Russlands größte Ängste wurden durch neue Aktivitäten der NATO weiter genährt. So wurde aus dem 2011 vom Sicherheitsrat bewilligten NATO-Einsatz zum Schutz von Zivilisten in Libyen unvermittelt eine *Regime-Change*-Operation – entgegen anderslautender Versicherungen an den Kreml. Die grauenhaften Umstände des Todes des libyschen Diktators Gaddafi entwickelten sich laut Aussagen mehrerer amerikanischer und russischer Politiker zu einer regelrechten Obsession Putins. Dieser soll sich die Filmaufnahmen des Lynchmords Dutzende Male angesehen haben und tief betroffen gewesen sein.

Als in Syrien wenig später ein Bürgerkrieg unter ähnlichen Vorzeichen wie in Libyen ausbrach – die Bevölkerung begehrte gegen ein repressives Regime auf, das den Aufstand gewaltsam niederzuschlagen versuchte –, beschloss Russland, jedem weiteren Versuch eines westlich orchestrierten *Regime Change* entschieden entgegenzutreten. Der Kreml hat seither jeden Versuch des Westens, über den UNO-Sicherheitsrat ein Eingreifen der internationalen Gemeinschaft in Syrien zu legitimieren oder den Rücktritt von Baschar al-Assad zu erreichen, konsequent blockiert.

Die Vereinigten Staaten unter Obama zeigten allerdings auch keinen Willen, im syrischen Bürgerkrieg zu intervenieren. Obama, mit den desaströsen Ergebnissen seines Vorgängers im Irak und Afghanistan beschäftigt, hat sich mit Aufrufen zum Rücktritt Assads begnügt. Die Lehren aus der Vergangenheit waren offensichtlich: Weder in Afghanistan noch im Irak oder gar in Libyen hatte der Sturz eines brutalen Regimes den Beginn einer besseren Ära bedeutet. Ganz im Gegenteil.

Doch trotz Obamas zurückhaltender – manche sagen, ängstlicher – Politik sollten der Westen und Russland nur wenig später in einen weiteren, nun aber entscheidenden, Konflikt geraten.

Die Ukraine als west-östlicher Katalysator

Bereits die *Orange Revolution* in der Ukraine 2004 war dem Kreml ein kräftiger Dorn im Auge gewesen, doch konnte er mit ihrem Ausgang leben: Zwar kam in Kiew eine westlich orientierte Koalition an die Macht, diese sollte sich aber schon bald zerstreiten. Schließlich konnte der 2004 durch die Revolution um seinen korrupten Wahlsieg gebrachte, stärker prorussische Wiktor Janukowytsch die Präsidentschaftswahlen im Jahr 2010 für sich entscheiden.

Dass die Ukraine in Moskaus Einflussbereich verblieb, war aus zweierlei Gründen von entscheidender Bedeutung. Erstens galt das Land im nationalistischen Narrativ des Kreml als historische Wiege der russischen Nation; und zweitens kam ihm eine

Schlüsselrolle in der neuen geopolitischen Vision Putins zu, der Eurasischen Union.

Folgt man der traditionellen Erzählung, so wurde die russische Nation im Jahre 988 geboren, als Vladimir der Große, Fürst von Kiew, in seinem Rus genannten Reich das Christentum zur Staatsreligion erhob. Wladimir Putin hatte in seinem Versuch, dem russischen Volk nach dem Zusammenbruch der Sowjetunion ein neues nationales Narrativ zu geben, diesen christlich-orthodoxen Gründungsmythos wiederbelebt. Deswegen – und weil zudem auf dem riesigen Territorium der Ukraine eine beträchtliche russische Minderheit lebt – ist eine westlich orientierte Ukraine für ihn inakzeptabel.

Nachdem der russische Präsident die ohnehin vagen Vorstellungen einer euroatlantischen Rolle Russlands gegen Ende der Nullerjahre aufgegeben hatte, entwickelte er die Idee einer *Eurasischen Union* als ideologischem, wirtschaftlichem und militärischem Gegenpol zu NATO und EU. Diese Union würde die Staaten der ehemaligen Sowjetunion in einer supranationalen Organisation unter russischer Führung einen. Der Ukraine mit ihren 45 Millionen Einwohnern und ihrer starken industriellen Basis sollte in diesem neuen Machtblock eine zentrale Rolle zukommen.

Kiew geriet zunehmend unter Druck, seine Politik der Balance zwischen Ost und West aufzugeben und sich für eine Seite zu entscheiden. Zwar genoss die Ukraine über eine Reihe von Abkommen weitgehend freie Handelsbeziehungen mit den GUS-Staaten sowie mit der 2011 gegründeten *Eurasischen Zollunion* Russlands, Weißrusslands und Kasachstans (die zur Eurasischen Union ausgebaut werden sollte). Gleichzeitig aber wurde 2011 auch das Assoziierungsabkommen der Ukraine mit der Europäischen Union paraphiert, in dem das langfristige Ziel eines EU-Beitritts festgeschrieben ist.

Im Zuge der schrittweisen Annäherung im Bereich der Außen- und Sicherheitspolitik einschließlich der gemeinsamen

Verteidigungspolitik war unter anderem von „gemeinsamen Anstrengungen zur Förderung der Stabilität, Sicherheit und demokratischen Entwicklung in der gemeinsamen Nachbarschaft“ die Rede – Formulierungen, die in Moskau Erinnerungen an die Farbrevolutionen im postsowjetischen Raum wachrufen mussten. Auch die geplante „Beteiligung der Ukraine an von der EU geleiteten zivilen und militärischen Krisenbewältigungsoperationen sowie an entsprechenden Übungen und Ausbildungsmaßnahmen“ stieß in Russland wie zu erwarten auf wenig Begeisterung.

Obwohl der ehemalige EU-Kommissionspräsident José Manuel Barroso erklärt hatte, dass Russland bis 2012 keinerlei Vorbehalte gegen einen ukrainischen EU-Beitritt angemeldet hätte, sollte dieses Assoziierungsabkommen zum Problem werden. Im Februar 2013 erklärte Barroso, ein Beitritt zur Eurasischen Zollunion sei nicht mit dem Ziel eines EU-Beitritts vereinbar; die Ukraine müsse sich entscheiden. Dabei wurde geflissentlich übersehen, dass die Ukraine als Nachbarstaat für Russland von entscheidender Bedeutung ist. Das aber gilt auch umgekehrt, denn die wirtschaftliche Verflechtung der Ukraine mit Russland und einzelnen Staaten der ehemaligen Sowjetunion ist bedeutend. Der Handel mit den GUS-Staaten machte noch 2010 40 Prozent des gesamten ukrainischen Handelsvolumens aus (dies hat sich freilich seit Ausbruch der Ukrainekrise verändert). Darüber hinaus ist das Land zur Gänze von russischen Gasimporten abhängig, ein Umstand, der von Moskau in der Vergangenheit immer wieder zur Erpressung von politischen Zugeständnissen eingesetzt wurde.

Der Kreml sah sich seinerseits vom Druck der EU auf Kiew in seinen Befürchtungen bestätigt, der Westen würde mit allen Mitteln einen immer engeren Ring verbündeter Staaten um Russland ziehen und Moskaus geopolitische Ambitionen systematisch hintertreiben. Auch die USA waren nicht untätig geblieben. Das State Department hat seit der Unabhängigkeit des Landes 1992 insgesamt über 5 Milliarden Dollar in die Demokratisierung der Ukraine investiert. Dass dies auch die Unterstützung prowestlicher und antirussischer Kräfte und Parteien bedeutet, liegt auf der Hand.

Dabei dürfte eine stärkere Annäherung Kiews an die EU für Moskau noch beunruhigender gewesen sein als ein möglicher, jedenfalls in weiter Ferne liegender, NATO-Beitritt. Während Putin die *Hard-Power*-Logik des Militärbündnisses verstand und sich dank seines nuklearen Abschreckungs-Arsenals relativ sicher fühlen dürfte, stellte die supranationale, auf Ideen von Rechten und Freiheiten basierende Union eine völlig andere Art der Bedrohung dar. Wäre es der EU gelungen, in der Ukraine eine solide Demokratie aufzubauen, die Korruption erfolgreich zu bekämpfen, rechtsstaatliche Prinzipien zu stärken und für einen wirtschaftlichen Aufschwung zu sorgen, so hätte dies Begehrlichkeiten jenseits der Grenze wecken können. Für das Überleben von Putins Regime wäre das Beispiel einer funktionierenden Demokratie mit einer florierenden Wirtschaft in der unmittelbaren Nachbarschaft eine größere Bedrohung als jedes westliche Militär.

Neben der symbolischen Bedeutung der traditionell nach Russland ausgerichteten Ostukraine und der zentralen Rolle des gesamten Staates für die geplante Eurasische Union ist die ostukrainische Schwerindustrie für den russischen militärisch-industriellen Komplex unverzichtbar. Die Ukraine ist etwa der einzige Hersteller für die Turbinen einer ganzen Reihe von russischen Helikoptern, auch Schiffs- und U-Boot-Motoren. 1990 befanden sich über 30 Prozent der sowjetischen Rüstungsindustrie auf dem Gebiet der heutigen Ukraine; unmittelbar nach der Unabhängigkeit des Landes machte der militärische Sektor 50 bis 60 Prozent der ukrainischen Wirtschaftsleistung aus.

Moskau fürchtete, dass Kiew bei einer weiteren Annäherung an den Westen seine Produktion von Kriegsgütern zunehmend auf die lukrativeren Märkte der NATO-Staaten ausrichten könnte. Darüber hinaus sah das Assoziierungsabkommen zwischen der EU und Kiew eine Zusammenarbeit bei Waffenausfuhrkontrollen vor, was Brüssel ein Mitspracherecht bei Rüstungsgeschäften mit Moskau gegeben hätte.

Die Euromaidan-Proteste

Welcher Faktor auch immer ausschlaggebend war – vermutlich war es die Kombination der erwähnten Punkte –, Putin jedenfalls hat mittels handfesten Drohungen, einem Handelsembargo, aber auch finanziellen Angeboten, den Druck auf Präsident Janukowytsch stetig erhöht und letztendlich ultimativ gefordert, das Assoziierungsabkommen auszusetzen. Der Kreml erklärte, er sei besorgt, dass Waren aus der EU über die Ukraine nach Russland kommen könnten, ohne den russischen Zoll zu passieren, und kündigte deshalb neue Zölle auf Waren aus der Ukraine an. Gleichzeitig bot Putin der Regierung in Kiew neue Vergünstigungen bei den Preisen für Erdgas an, sollte sie das Abkommen mit der EU nicht unterzeichnen.

Allerdings – und das wird in der westlichen Berichterstattung gerne vergessen – sprachen sich in den Monaten vor Ausbruch der Ukrainekrise auch führende EU-Politiker sowie Angela Merkel gegen eine Unterzeichnung und Ratifizierung des Abkommens aus. Als Gründe wurden in erster Linie die Inhaftierung der Oppositionellen Julija Tymoschenko sowie mangelnde Rechtsstaatlichkeit und wirtschaftliche Probleme genannt.

Janukowytsch kündigte daraufhin im November 2013 an, den Vertrag mit der EU vorerst nicht unterzeichnen zu wollen. Dabei wies er einerseits auf die schlechte wirtschaftliche Lage der Ukraine hin, die eine EU-Annäherung nicht erlauben würde; andererseits verwies er explizit auf die Bedenken Moskaus und rief zu Dreiergesprächen zwischen der EU, Russland und der Ukraine auf. Der ukrainische Präsident sprach von „vorübergehenden Problemen" auf dem Weg der europäischen Integration, den er aber nicht prinzipiell verlassen wolle.

Die Absage Janukowytschs an die EU sorgte im proeuropäischen Teil der Bevölkerung für Empörung. Bald formierten sich sporadische Proteste auf Kiews größtem Platz, dem *Majdan Nesaleschnosti*. Diese wurden zu Beginn hauptsächlich von Studenten getragen, die vorgezogene Neuwahlen sowie die Unterzeichnung des Assoziierungsabkommens forderten. Zum Massencharakter der *Euromaidan*-Proteste kam es allerdings erst, nachdem Anfang Dezember Spezialeinheiten der Polizei eine Kundgebung gewaltsam aufgelöst hatten. Danach wurde der Platz dauerhaft besetzt und der Protest radikalisierte sich – es kam in den folgenden Wochen und Monaten zu immer heftigeren Zusammenstößen zwischen Einsatzkräften und gewaltbereiten Protestierenden.

Die Protestbewegung war zwar tatsächlich von einem nicht unwesentlichen Teil der Bevölkerung getragen. Allerdings spielten westliche NGOs, die EU und das US-State-Department eine wichtige Rolle. Die *Open Society Foundation* des ungarisch-amerikanischen Financiers George Soros und die CDU-nahe deutsche Konrad-Adenauer-Stiftung sowie die amerikanische Denkfabrik *National Endowment for Democracy* unterstützten die auf dem Maidan aktiven Oppositionsgruppen finanziell und organisatorisch. Es sei an dieser Stelle an die wiederholten Besuche der Demonstrationen durch die Verantwortliche für Eurasien im amerikanischen Außenministerium, Victoria Nuland, sowie die Hohe Vertreterin der EU für Außen- und Sicherheitspolitik, Catherine Ashton, erinnert. Dabei hat sich insbesondere Nuland aufseiten des Protests eingebracht. Ihr ungewollt an die Öffentlichkeit gelangter und inzwischen legendärer Ausspruch *Fuck the Europeans* zeigt drastisch das Misstrauen der US-Administration gegenüber dem abwägenden – oder auch orientierungslosen – Vorgehen Brüssels.

In welchem Umfang die Proteste tatsächlich von westlichen Regierungen und NGOs gefördert und unterstützt wurden, ist Gegenstand fortlaufender Kontroversen. Sowohl Moskau als auch die abgesetzte Janukowytsch-Regierung behaupten, der Maidan-Protest sei von EU und NATO nach dem Muster der Farbrevolutionen gezielt gesteuert worden. Der Sturz von Janukowytsch im Februar 2014 sei demnach ein Staatsstreich, den Putin als „bewaffneten Umsturz und verfassungswidrigen Putsch" bezeichnete. Russische Medien betonten stets die Gewaltbereitschaft der Protestierenden und die angeblich große Zahl von Rechtsextremen und Faschisten unter ihnen. Westliche Regierungen und Medien wiederum bezeichnen diese Darstellung überwiegend als Propaganda.

Die Proteste zogen sich über viele Wochen und waren immer stärker von militanten Gruppen gekennzeichnet, als es schließlich ab dem 18. Februar 2014 zu einer weiteren Eskalation kam. Zu diesem Zeitpunkt begannen Scharfschützen von den Gebäuden rings um den Platz auf Demonstranten zu schießen – über hundert Menschen wurden dabei getötet. Zur Identität der Schützen gibt es unterschiedliche Mutmaßungen. Zwar wurden in der Folge Mitglieder einer Spezialeinheit der ukrainischen Polizei im Zusammenhang mit den Schüssen wegen Mordes angeklagt. Dennoch halten sich Gerüchte, dass wahlweise russische Geheimdienste oder aber Teile der ukrainischen Opposition die wahren Verantwortlichen seien. Gemäß der ersten Theorie hätte die Eskalation Putins Plan, die Krim zu annektieren, vorbereitet; laut der zweiten haben Teile der Demonstranten den Tod von Menschen in Kauf genommen, um den Sturz der Regierung zu bewerkstelligen.

Unabhängig davon, welche Version der Ereignisse den Tatsachen entspricht, führte diese letzte Eskalationsstufe zu einer Wende. Nach Gesprächen mit den Außenministern Deutschlands, Polens und Frankreichs verkündete Janukowytsch am 20. Februar ein Einlenken. Die Verfassung solle geändert und die Macht des Präsidenten eingeschränkt werden, vorgezogene Neuwahlen würden noch im selben Jahr folgen. Doch diese Zugeständnisse konnten die Lage nicht mehr beruhigen. Nachdem die Zusammenstöße am darauffolgenden Tag mit unverminderter Intensität weitergingen, flüchtete der ukrainische Präsident zuerst in den Osten des Landes und wenig später nach Russland. Noch am selben Tag erklärten Polizei und Streitkräfte ihre Solidarität mit den Protestierenden – der Sturz der Regierung Janukowytsch war vollzogen.

Dabei haben sich nicht allein die ukrainischen Regimekritiker, sondern auch Washingtons Diplomaten durchgesetzt. Eingesetzt wurde der den USA genehme Ministerpräsident Arsenij Jazenjuk. Auch die Wahl Petro Poroschenkos zum Präsidenten der Ukraine geht auf eine amerikanische Initiative zurück. Die EU hatte lediglich einen unterstützenden Part übernommen.

Russlands hybride Kriegsführung

Die Ukrainekrise war für Moskau der erste Anwendungsfall seiner neuen Strategie einer *hybriden* – oder *nichtlinearen* – Kriegsführung. Diese ist der Erkenntnis geschuldet, dass Russland sich in seinen Ambitionen, die liberale internationale Ordnung zu Fall zu bringen, politisch, wirtschaftlich und militärisch überlegenen Allianzen und Mächten gegenübersieht. Mit seiner Guerilla-Geopolitik versucht Moskau daher, sich auf die Schwächen seiner Gegner zu konzentrieren und eine offene Konfrontation zu vermeiden.

Diese Strategie wird oft leicht irreführend als *Gerassimow-Doktrin* bezeichnet, obgleich es sich nicht um eine offiziell vom Präsidenten verabschiedete Doktrin handelt. General Waleri Gerassimow, Chef des russischen Generalstabs, hatte in einem Artikel vom Januar 2013 dargelegt, wie diese Strategie konkret aussehen könnte. Er bezog sich in seiner Darstellung pro forma auf den Arabischen Frühling, den er als verdeckte Operation westlicher Geheimdienste darstellte. In Wahrheit ist sein Text eine Anleitung, wie Russland Staaten untergraben und zerstören kann, ohne eine offene militärische Konfrontation größeren Umfangs mit einer regulären Armee zu riskieren:

> *Die grundsätzlichen „Regeln des Krieges" haben sich geändert. Die Bedeutung der Rolle nichtmilitärischer Mittel zur Erreichung politischer und strategischer Ziele hat zugenommen und in vielen Fällen haben sie die Wirkung der Durchschlagskraft der Waffen überschritten.*

> *Der Schwerpunkt der angewandten Methoden in einem Konflikt hat sich verlagert in Richtung eines breiten Einsatzes politischer, wirtschaftlicher, informeller, humanitärer und anderer nichtmilitärischer Maßnahmen – abgestimmt auf das Protestpotenzial in der Bevölkerung. All dies wird unterstützt durch militärische Mittel verdeckter Art, einschließlich von Maßnahmen des Cyberkrieges und der Aktionen von Sondereinsatzkräften.*

All diese Methoden wurden im Zuge der Ukrainekrise Punkt für Punkt angewandt, zunächst während der Maidan-Proteste, dann auf der Krim und schließlich bei den Aufständen im Osten des Landes.

Im Zuge der Maidan-Bewegung wurde Russlands Propagandaapparat hochaktiv und begann, in russischsprachigen ukrainischen sowie in kremlnahen westlichen Medien sowie im Internet gezielt Desinformationen zu verbreiten. Dabei wurde häufig über die faschistische Ideologie der Protestierenden berichtet, Demonstranten wurden als „Mob von Betrunkenen und Drogenabhängigen" bezeichnet, gegen den sich der Staat zur Wehr setzen müsse. Die Protestbewegung wurde als von westlichen Geheimdiensten orchestrierte Aktion dargestellt, mit dem Ziel, die Regierung zu stürzen. Darüber hinaus wurde schon Ende 2013 von Übergriffen auf ukrainischstämmige Russen berichtet, um Misstrauen zu schüren und so die Annexion der Krim und die Aufstände in der Ostukraine vorzubereiten. Dies entspricht dem Einsatz der von Gerassimow vorgeschlagenen nichtmilitärischen Maßnahmen mit Rücksicht auf „das Protestpotenzial der Bevölkerung".

Die Annexion der Krim-Halbinsel selbst erfolgte mithilfe der legendären „kleinen grünen Männchen". Die Tarnung dieser Eliteeinheiten der russischen Armee, die schlicht die Hoheitsabzeichen von ihren Uniformen entfernt hatten, war leicht zu durchschauen: Sie hatten modernste russische Waffen, ihre Fahrzeuge hatten offizielle Kennzeichen der russischen Streitkräfte. Dennoch herrschte einen Moment lang Verwirrung in Kiew. Es war nicht sofort klar, ob hier Söldner, lokale Milizen oder eine russische Armeeeinheit, die ohne offiziellen Befehl handelte, am Werk war. Auch agierten die Russen Seite an Seite mit lokalen Freiwilligen und Milizionären.

Kiew wollte vor dem Hintergrund der ethnischen Spannungen nicht als Aggressor im eigenen Land erscheinen und wartete ab. Zu lange wohl. Denn bis offensichtlich war, was auf der Krim vor sich ging, war es zu spät für ein militärisches Eingreifen. Das anfängliche Zögern gab den russischen Einheiten die wenigen Stunden, die sie benötigten, um alle strategisch wichtigen Kommunikations- und Verwaltungseinrichtungen zu besetzen und die ukrainische Armee in ihren Kasernen zu umzingeln. Russland hatte die Halbinsel *de facto* unter seine Kontrolle gebracht.

Moskau versuchte die Annexion danach auch noch *de jure* zu rechtfertigen und ließ ein Referendum über die Loslösung der Krim von der Ukraine und ihre Eingliederung in die Russische Föderation abhalten. Als völkerrechtlicher Präzedenzfall wurde der Kosovo ins Feld geführt. Dies darf als persönlicher Seitenhieb Putins gegen die NATO aufgefasst werden: Der russische Präsident hat die Unabhängigkeit der ehemaligen serbischen Provinz stets als völkerrechtswidrig verurteilt und den 2008 einseitig unabhängig erklärten Kosovo bislang nicht anerkannt.

Die Abstimmung auf der Krim war freilich eine Farce: Unter den Augen schwer bewaffneter Soldaten mussten die Einwohner der Krim ihre Stimmzettel ohne Kuverts in durchsichtige Wahlurnen werfen – kein Wunder, dass beinahe 97 Prozent für eine Angliederung an Russland gestimmt haben. In Sewastopol, der größten Stadt der Halbinsel, gaben gar beeindruckende 123 Prozent der Bewohner ihre Stimme ab. Eine derart offene Fälschung des Abstimmungsergebnisses ist als Botschaft Moskaus an den Westen zu verstehen: Der Kreml hat kein Interesse an einer raschen Beilegung des Konflikts und sieht die Ukraine als seinen alleinigen Einflussbereich, in dem er nach Gutdünken agiert.

In der Ostukraine hat sich Russlands nichtlineare Kriegsführung in anderer Weise vollzogen, allerdings dürfte dort das Ziel auch ein anderes als auf der Krim gewesen sein. Es ist unwahrscheinlich, dass Putin eine Integration der Ostukraine in das russische Staatsgebiet anstrebt. Im Gegensatz zur Krim, wo der überwiegende Teil der Bewohner ethnische Russen sind, ist die Bevölkerung der Ostukraine weitaus heterogener. Es hätte daher bei einer Annexion nach dem Vorbild der Krim wohl die Gefahr eines Aufstands des nichtrussischen Teils gedroht. Darüber hinaus hätte eine russische Invasion der Ostukraine die Gefahr einer offenen Konfrontation mit dem Westen heraufbeschworen. Ob es tatsächlich zur Entsendung von NATO-Truppen etwa in den Westteil des Landes gekommen wäre, bleibt dahingestellt. Vor allem aber hätte ein russisches Engagement in der Ostukraine massive finanzielle und militärische Hilfe des Westens für das von Oligarchen und Politikern gleichermaßen ausgeplünderte Land nach sich gezogen. Moskau hat sich schließlich entschieden, einen lokalen Aufstand in der Ostukraine mit Kriegsmaterial und einer unbestimmten Zahl von Militärberatern zu unterstützen.

So wie die Dinge derzeit in der Ukraine stehen, würde wohl eine Art Neutralitätsstatus, etwa nach dem Vorbild Finnlands oder Österreichs, zur Entspannung der Situation beitragen. Das aber müsste letztlich eine innerukrainische Entscheidung sein. Was Putin betrifft, so hat er eines seiner offensichtlichen Ziele jedenfalls erreicht. Die Ukraine ist heute weiter denn je von einer engeren Anbindung an NATO oder EU entfernt. Damit ist Moskaus *Cordon sanitaire* gegenüber der bis vor kurzem realistisch scheinenden Osterweiterung einigermaßen wiederhergestellt.

Die Folgen der Ukrainekrise

Moskaus völkerrechtswidrige Annexion der Krim und die fortgesetzte Unterstützung der Separatisten im Donbass haben einen *neuen Kalten Krieg* heraufbeschworen. Wirtschaftssanktionen treffen die russische Wirtschaft schwer – auch die europäische

Exportindustrie möchte lieber heute als morgen eine Beendigung der gegenseitigen Strafmaßnahmen. Die USA haben zwar die Embargopolitik initiiert, sind jedoch bei einem geringen Warenaustausch mit Russland von den Sanktionen weniger betroffen. Moskau hat allerdings seinerseits sein Level an nationalistischer Rhetorik, militärischem Aktivismus und subversiven Aktivitäten erhöht.

Russland hat sich endgültig vom Ziel einer stärkeren Integration in die – nicht völlig zu Unrecht – als unfair empfundene liberale Weltordnung abgewandt und propagiert stattdessen eine reaktionäre Politik des religiös fundierten Nationalismus mit konservativen Werten – sowohl im Innern als auch, verstärkt durch das Internet, in anderen Teilen der Welt. Der Westen hingegen hat in den vergangenen fast dreißig Jahren mit einer falschen Annahme operiert: Er hat Russland für eine vielleicht fehlerhafte, aber im Kern liberale Demokratie gehalten, die nur unserer Unterstützung bedürfe, um ihr wahres Wesen zu entfalten und uns zunehmend ähnlicher zu werden. Wir sind eines Besseren belehrt worden.

Das politische System Moskaus – vom Kreml selbst als *managed democracy*, als gelenkte Demokratie beschrieben – ist zwar darauf bedacht, das Ritual regelmäßiger Wahlen durchzuführen; darin erschöpft sich allerdings die Übereinstimmung mit liberalen Normen. Russland hat keine demokratische Tradition, und die Bevölkerung des Landes, in dem zweimal in einem Jahrhundert – 1917 und 1989 – das Regierungssystem zusammengebrochen ist, legt größeren Wert auf Stabilität und Vorhersagbarkeit als auf Wandel, Reformen und Veränderung.

Auch die politische Elite hat, gleichsam als paradoxe Intervention, in erster Linie das kurzfristige Überleben des von der Leitfigur Putin abhängigen Landes im Sinn. Vor diesem Hintergrund sind auch die immer zügelloseren Auswüchse der russischen Kleptokratie zu sehen, in der gut vernetzte Oligarchen versuchen, möglichst viel Geld möglichst sicher ins Ausland zu transferieren, für den Fall, dass nach Putins Abtritt Russland ins Chaos fallen sollte.

Die als Folge der Ukrainekrise verfahrene Lage in den Beziehungen zum Westen und die wirtschaftlichen Auswirkungen der Sanktionen dürften eine zentrale Rolle bei den folgenden Entscheidung des Kreml gespielt haben: Konnte sich die Regierung in Zeiten hoher Ölpreise der Zustimmung der Bevölkerung noch durch steigende Lebensstandards und wachsenden Wohlstand versichern, sah die Lage 2015 radikal anders aus. Moskau sah sich einer veritablen Rezession gegenüber, die den *Rally-around-the-Flag*-Effekt, der einer kriegsführenden Regierung gesteigerte Zustimmung verschafft, nahezu völlig zunichtegemacht hat – die Unzufriedenheit in der Bevölkerung stieg.

Vor diesem Hintergrund befahl Putin die Intervention im Syrienkonflikt. Überdies haben ab 2015 die subversiven Aktivitäten in westlichen Ländern merklich zugenommen. Wenn es schon keine Möglichkeit gibt, die eigene Situation zu verbessern, so sollte jede Gelegenheit dazu benutzt werden, die Unzulänglichkeiten seiner Gegner vorzuführen; sie nach Möglichkeit zu schwächen und zu spalten. Dies ist dem russischen Präsidenten einigermaßen gelungen; die Kluft zwischen Russland und dem Westen ist seither noch unüberbrückbarer geworden. Und auch wenn Donald Trump eine unbestreitbare – und zumindest seltsam anmutende – Affinität zum russischen Präsidenten aufweist, dürfte die anfängliche Euphorie über dessen Wahl in Moskau inzwischen einer gewissen Ambivalenz gewichen sein. Zwar schwächt Trump die NATO und deren europäische Partner; vor allem aber ist seither die liberale – amerikanisch geprägte – Weltordnung gleichsam freiwillig infrage gestellt.

Doch sosehr all dies einer russischen Wunschliste entsprechen mag, scheint es ebenso möglich, dass der nächste Präsident im Weißen Haus versuchen wird, Trumps kontraproduktive *America-first*-Politik wieder rückgängig zu machen. Kein leichtes Unterfangen angesichts der objektiven Veränderungen auf der Weltkarte.

Trumps disruptive Außenpolitik hat innenpolitische Konsequenzen. Die russischen Versuche der Wahlbeeinflussung haben die parteiübergreifende Russophobie in Amerika so weit vertieft, dass der Kongress die Sanktionen gegen Moskau in ein Gesetz gegossen hat, das nur von einer Mehrheit der Abgeordneten widerrufen werden kann. Ob sich eine solche Mehrheit in absehbarer Zeit finden lässt, ist ernsthaft zu bezweifeln. Trotz der Alleingänge Trumps – etwa das kuriose Gipfeltreffen in Helsinki 2018 – ist nicht davon auszugehen, dass sich das Verhältnis zwischen Washington und Moskau grundlegend zum Besseren entwickeln wird. Zu sehr wirken die alten Reflexe des Kalten Krieges nach, zu wenig wurde in Vertrauensbildung investiert, das Freund-Feind-Schema ist nur allzu bequem.

Eine punktuelle Kooperation ist jedoch möglich, und Syrien könnte dabei eine wichtige Rolle zukommen. Während Russland die USA und Europa für die Finanzierung des Wiederaufbaus benötigt, haben die beiden westlichen Verbündeten und Israel im Gegenzug ein Interesse an der Zurückdrängung des Iran und der von Teheran unterstützten Terrorgruppierungen in Syrien, speziell der schiitischen Hisbollah im Libanon.

Die überfällige Stabilisierung des weiten Mittleren Ostens von Afghanistan bis zum Irak würde überdies IS, al-Qaida und weiteren transnationalen Terrorgruppen die operativen Grundlagen entziehen. Hier könnten sich die Interessen Russlands, das seine eigenen Probleme mit dem islamistischen Terror hat, mit westlichen Interessen treffen. Doch es scheint, als seien die Zeiten von *Grand Designs* in der internationalen Politik – jedenfalls für die nähere Zukunft – vorüber.

Auch in Europa bleibt offen, ob sich der Poker Putins am Ende auszahlt. Doch auch hier sieht es für Moskau durchaus verheißungsvoll aus. Wenn sich nämlich der politische Rechtstrend in der Europäischen Union fortsetzt, darf Moskau in den kommenden Jahren auf ein mit populistischen, prorussischen Parteien erstarktes Europaparlament und auf rechtskonservative bis rechtsextreme Regierungen hoffen.

Wie umgehen mit Russland?

Was aber soll und kann der Westen – insbesondere Europa, da man von den USA unter ihrer derzeitigen Führung keine strategisch durchdachten Entscheidungen erwarten darf – in Bezug auf Russland tun?

Das Wichtigste dürfte sein, Felder zu identifizieren, in denen die nationalen Interessen und Grundwerte beider Seiten sich nicht diametral gegenüberstehen, und in diesen so weit wie möglich zu kooperieren. Dies ist einerseits notwendig, um dringende Probleme der heutigen Zeit zu lösen, und könnte andererseits eine Basis für den langsamen Wiederaufbau des verlorenen Vertrauens werden. Auf der anderen Seite darf Europa nicht seine liberaldemokratischen Grundwerte verraten, nur um seine Beziehungen zu Moskau zu verbessern. Ausgehend von diesen Überlegungen lassen sich einige konkrete Fälle für eine mögliche Kooperation ausmachen; diese sind allerdings in erster Linie globaler Natur: So könnten Europa und Russland durchaus gemeinsam an der Stabilisierung und dem Wiederaufbau Syriens arbeiten, der im beiderseitigen Interesse ist. Ebenso denkbar ist eine Kooperation bei der Eindämmung der nordkoreanischen Nuklearambitionen oder eine russisch-europäische Achse zur Rettung des Nuklearabkommens mit dem Iran.

Sehr viel schwieriger wird eine Zusammenarbeit Russlands und der EU in der gemeinsamen Nachbarschaft in Osteuropa werden: Moskau sieht die Expansion von NATO und EU in den postsowjetischen Raum als zutiefst bedrohlich. Es ist daher fest entschlossen, alle Anzeichen von prowestlichen Entwicklungen in Ländern, die es als innerhalb seines Einflussbereichs betrachtet, im Keim zu ersticken. Andererseits kann die EU den Willen einer Europäisierung in vielen Staaten der Region nicht einfach ignorieren und sie gänzlich der Dominanz durch Russland überlassen.

In der Ukraine wird sich daher vermutlich eine langanhaltende Pattsituation etablieren, wie sie schon jetzt die *frozen conflicts* in Moldawien, Georgien, Aserbaidschan etc. charakterisiert.

Diese Situation ist im Interesse des Kreml, dem die festgefahrenen Konflikte die Sicherheit geben, dass seine unmittelbaren Nachbarstaaten nicht in den westlichen Einflussbereich abgleiten. Immerhin existiert mit der OSZE ein europäisches Format, in dem sich derartige Konflikte managen lassen, um eine weitere Eskalation zu vermeiden.

Zumindest sollte es möglich sein, zu einer Politik der Entspannung in der Ostukraine zu finden und unter den Aspekten des *Human-Security*-Konzepts die Lebensumstände der Bevölkerung zu verbessern. Denkbar ist auch, dass nach den Wahlen in der Ukraine 2019 eine neue Chance besteht, das Land zu föderalisieren und seine territoriale Integrität unter dem Zugeständnis einer substanziellen Autonomie an die durch Moskau gestützten Rebellen im Donbass zu erhalten. Putin jedenfalls hat seine Gesprächsbereitschaft in dieser Hinsicht angedeutet. Möglicherweise lässt sich – wie von Henry Kissinger vorgeschlagen – eine Einigung auf einen neutralen Status der Ukraine als „Brücke" zwischen West und Ost nach dem Vorbild Österreichs oder der blockfreien Staaten während des Kalten Krieges treffen.

Die komplizierteste Ebene der russisch-europäischen Beziehungen betrifft die Einmischung in innere Angelegenheiten. Der Kreml ist überzeugt, dass westliche Medien, NGOs, Bildungseinrichtungen und andere Aktivitäten das Ziel verfolgen, in Moskau einen Regimewechsel herbeizuführen. Europa wiederum sieht einen Vorsatz Moskaus, nationalistische, illiberale, EU-feindliche Kräfte in seiner Mitte zu stärken und zu ermutigen. Beides wird von der jeweils anderen Seite als existenzielle Bedrohung angesehen.

Wie und auf welcher Basis diese Thematik angesprochen werden kann, ist eine schwierige Frage – es sollte jedenfalls der Dialog gesucht werden, um neue Ideen zu entwickeln. Dabei ist es wichtig, sich die Möglichkeit von Dissens offenzuhalten: *to agree to disagree* – sich darauf zu einigen, in gewissen Punkten uneins zu sein – wird eine Voraussetzung für den notwendigen und längst überfälligen Dialog auf Augenhöhe zwischen der EU und Moskau sein.

Europa sollte weit stärker als bislang seine eigenen Interessen gegenüber Russland definieren und nicht länger nahezu vorbehaltlos amerikanischen Vorgaben zu entsprechen versuchen. Die Sanktionspolitik etwa wurde den Europäern von Washington diktiert und steht den wirtschaftlichen Interessen der EU entgegen. Freilich dürfen wirtschaftliche Interessen nicht über die europäischen Grundwerte gestellt werden. Allerdings muss Europa bereit sein, allfällige Zugeständnisse des Kreml in der Ukrainefrage entsprechend mit einer Zug-um-Zug-Lockerung der Sanktionen zu beantworten. Oberstes Ziel europäischer Politik muss sein, Russland als gleichberechtigten Partner in sicherheitspolitischen Fragen zu fordern, Moskau jedoch nicht aus der Verantwortung für begangene Verletzungen von Menschenrechten und völkerrechtlichen Normen – in der Ukraine, in Syrien – zu entlassen. Keine leichte Aufgabe. Doch gerade angesichts der Washingtoner Wirrnisse um Handel, Sicherheit, Klima wäre eine europäische Politik, die sich von den Abhängigkeiten der vergangenen Jahrzehnte löst, höchst wünschenswert.

Russland und die Zukunft der internationalen Ordnung

Realismus ist das wichtigste und aktuell knappste Gut im Umgang des Westens mit Russland. Auf der einen Seite wird Putin als meisterhafter Stratege und Strippenzieher der Weltpolitik gesehen, der in der Lage ist, mit seinem mächtigen Arsenal von Cyberwerkzeugen und seinem geschickten Einsatz des russischen Militärs den Westen mühelos auszuspielen. Andererseits werden häufig der demografische Abstieg und die wirtschaftliche Rückständigkeit Russlands betont, die unweigerlich entweder zu einer Absetzung Putins oder einem schleichenden Bedeutungsverlust des größten Landes der Erde führen müssten. Beide Sichtweisen enthalten einen wahren Kern, verleiten aber in ihrer Verkürzung zu gefährlichen Fehleinschätzungen: Tatsächlich war Putin in den vergangenen zehn Jahren erstaunlich erfolgreich darin, die Ambitionen des Westens zu durchkreuzen. Allerdings ging er dabei nicht in erster Linie strategisch, sondern vielmehr erstaunlich taktisch und vor allem reaktiv vor.

Dass Russland erfolgreich den wachsenden innereuropäischen Widerstand gegen liberale Grundwerte verstärken konnte, liegt weniger am überlegenen Geschick seines Apparats als an den sehr realen Problemen und inneren Widersprüchen unseres kapitalistisch-demokratischen Systems. Und dass Moskau die Expansion der westlichen Institutionen – NATO, EU – in seine westlichen Nachbarländer nicht ohne weiteres hinnehmen würde, konnte jeder wissen, der Putin in den vergangenen Jahren aufmerksam zugehört hat.

Dennoch ist Russland heute isolierter denn je. Moskau hat außer dem Assad-Regime keine nennenswerten Verbündeten. Die Staaten der Eurasischen Wirtschaftsunion inklusive Weißrussland/Belarus sind seit dem Ausbruch der Ukrainekrise wesentlich vorsichtiger geworden, was eine engere Integration angeht: Selbst Weißrusslands Präsident Aljaksandr Lukaschenka, der seit 1994 herrschende *letzte Diktator Europas*, ist in den vergangenen Jahren zunehmend auf Abstand zum Kreml gegangen. Sowohl Russlands Integration mit dem Westen als auch das Alternativmodell eines eigenständigen Machtblocks sind somit vorerst gescheitert; ein Plan C ist nicht erkennbar.

Darüber hinaus ist Russlands Wirtschaft nach wie vor schwach und massiv von Energieexporten abhängig. Sollte die Welt das im Lichte der Klimaerwärmung enorm wichtige Ziel einer Energiewende mit Nachdruck verfolgen, würde Moskau weiter an wirtschaftlichem Einfluss und politischer Macht einbüßen. Die militärische Überlegenheit der USA verbietet es Moskau zudem, eine direkte Konfrontation mit dem Westen zu suchen. Darum setzt Russland weiter auf den Ausbau seiner konventionellen Streitkräfte und seines beträchtlichen Atomwaffenarsenals. Neu hinzugekommen ist die gezielte Ausweitung seiner Cyberkapazitäten. Betrachtet man die Situation Russlands, so ist auffallend, dass sein Präsident heute ein globaler Player ist, während sein Land doch bloß von regionaler Bedeutung ist.

Die unsichere wirtschaftliche und demografische Zukunft Russlands ist längerfristig zweifellos ein Faktor, der die Veränderungen in der internationalen Machthierarchie zwischen den USA, China und Europa mitbestimmen wird. Es stellt sich die Frage, ob es Russland neben Europa gelingen wird, in einer möglichen neuen bipolaren – amerikanisch-chinesischen – Ordnung Platz zu finden.

China: Kapitalismus ohne Demokratie

Ist Russland in der schwierigen Lage, seinen schwindenden Einfluss auf das globale System mehr oder weniger geschickt managen zu müssen, stellt China die liberale internationale Ordnung vor gänzlich andere Herausforderungen. Kann man Moskaus destabilisierendes Handeln, seine Verweigerung zu konstruktiver Kooperation, als Folge seines relativen Abstiegs sehen, so ist Peking in der ziemlich komfortablen Lage, seine nationalen Interessen langfristig und im Bewusstsein seiner stetig wachsenden Macht und Einfluss zielstrebig verfolgen zu können.

In immer mehr Bereichen der internationalen Politik spielt China selbstbewusst seinen neu gewonnenen Einfluss aus und bringt die USA, Europa und Russland in eine bislang ungekannte Situation, auf Pekings ausgreifende Initiativen reagieren zu müssen. Der von Trump angezettelte Handelskrieg mit China zur Korrektur des Handelsungleichgewichts ist ein solches Beispiel.

Der relative Bedeutungsverlust des Westens und der gleichzeitige Aufstieg Chinas sind unzweifelhaft die dominanten geopolitischen Trends des 21. Jahrhunderts. Die Ausrufung des *Endes der Geschichte* – die weltweite Durchsetzung der liberalen Demokratie nach dem Sieg der USA über den Sowjetkommunismus – war selbstverständlich immer schon eine ahistorische, wenngleich verlockende, Illusion gewesen.

Keine Hegemonie hält ewig; und dass China mit seiner gewaltigen Bevölkerung (rund 1,4 Milliarden; Stand 2016) früher oder später wirtschaftlich zum Westen aufschließen würde, war seit dem Beginn seiner ab 1978 verfolgten Politik der Öffnung und Modernisierung abzusehen. Das wachsende wirtschaftliche, militärische und politische Gewicht Chinas ist seit der globalen Finanzkrise ab 2008 nur noch größer geworden. Die USA, seit dem Krieg in Afghanistan und der Invasion im Irak militärisch und finanziell überdehnt, verloren zusehends auch wirtschaftlich an Boden und konnten deshalb ihren politischen Alleinstellungsanspruch weniger überzeugend formulieren. Die im Zuge des *Global War on Terror* gründlich missglückten Kriegsabenteuer haben bereits unter Obama zu einem Rückzug aus der globalen Verantwortung geführt. Eine wachsende Zahl von Staaten vermeinte in dieser Situation in China den möglichen Architekten einer künftigen Weltordnung zu erblicken. Der Aufstieg isolationistischer und antiglobaler Kräfte im Westen, der im Brexit-Votum und der Wahl Donald Trumps zum US-Präsidenten mündete, hat dieser Denkschule weiteren Antrieb verliehen. An die Stelle eines radikalen Wandels, wie wir ihn nach 1945 erlebt haben, sind allerdings ein gradueller Umbau und eine Ergänzung bestehender Regeln und Institutionen getreten.

China hat aufgrund seiner historischen Erfahrungen eine Konzeption internationaler Ordnung, die sich deutlich von jener des Westens unterscheidet. Das Land hat in seiner langen Geschichte nie zur territorialen Expansion im Maßstab der europäischen Imperien geneigt und auch keine zivilisatorischen Ambitionen jenseits seiner historischen Grenzen gezeigt. Im Gegensatz zur westlich-liberalen, aber auch zur sowjetischen Weltsicht ist die chinesische weniger manichäisch und jedenfalls nicht universalistisch; sie ist vielmehr hochgradig pragmatisch. China versucht nicht, sein politisches und ökonomisches Modell als das einzig richtige oder gar anderen überlegene darzustellen. Auch besteht kein politischer Drang zum Export; es wird vielmehr als für China angemessen betrachtet.

Mit den wirtschaftlichen Erfolgen haben allerdings einige Entwicklungsländer ein wachsendes Interesse an der Übernahme des chinesischen Wachstumsmodells gezeigt. Die Verbindung von Staatskapitalismus und autoritärer politischer Führung erscheint jedoch nicht nur afrikanischen Regimen attraktiv. Selbst in Europa findet der chinesische Weg seine Bewunderer. So mancher Manager wünscht sich resolute *Top-down*-Entscheidungen unter Ausschaltung der im Westen irritierend erfolgreichen zivilgesellschaftlichen Einmischung.

Eine sinozentrische Welt?

Die zentrale geopolitische Frage der kommenden Jahrzehnte ist zweifellos jene nach dem Übergang von einer westlich zentrierten und amerikanisch geführten zu einer zunehmend sinozentrischen Welt. Wird es gelingen, eine militärische Konfrontation mit der Hegemonialmacht USA zu vermeiden? Welche Regeln und Normen werden in Zukunft die internationalen Beziehungen gestalten? Das aber wird maßgeblich von der inneren Konstitution Chinas abhängen.

Lange hegte der Westen die Annahme, der steigende Wohlstand und die wachsende Mittelklasse in China würden früher oder später zu demokratischen Reformen und einer Stärkung der Zivilgesellschaft führen müssen. Dass eine kapitalistische Wirtschaft quasi natürlich eine liberale Demokratie bedingt, darf aber inzwischen als widerlegt gelten; im Gegenteil. Nach Jahrzehnten der immer größeren Öffnung neigt Peking seit kurzem wieder zu mehr Autoritarismus und einer stärkeren Kontrolle des kommunistischen Parteiapparats über Wirtschaft und Gesellschaft.

Erst 2017 wurde auf dem 19. Parteikongress die Amtszeitbeschränkung für den Präsidenten aufgehoben und seine Doktrin, Xi

Jinpings „Gedankengut für das neue Zeitalter des Sozialismus chinesischer Prägung“, in der Präambel der chinesischen Verfassung verankert. Dies ist nach Mao Tse-tung erst das zweite Mal in der Geschichte des Landes, dass das „Gedankengut“ des Präsidenten in den Verfassungsrang erhoben wurde; erstmals auch zu dessen Lebzeiten. Der Verweis auf das *neue Zeitalter* in Xis Doktrin kann als Beweis dafür angesehen werden, dass die 1978 unter Deng Xiaoping eingeläutete Ära der Reformen nach westlichem Vorbild zu ihrem Ende gekommen ist.

Im Gegensatz zur Volksrepublik vor vierzig Jahren, einer dörflich geprägten Agrargesellschaft, die unter den Folgen von Maos Kulturrevolution schwer zu leiden hatte, verwandelt sich China, das eine rapide Urbanisierung und Technologisierung erlebt, in eine wirtschaftliche und politische Supermacht. In der neuen Ära Xis wird China das alte Modell einer schrittweisen Demokratisierung und Öffnung abstreifen. Anstatt erfolgreiche wirtschaftliche, politische und technologische Modelle aus anderen Staaten zu kopieren – und dabei selbst vorsichtige Demokratisierungsversuche zu wagen, wie unter Deng –, tritt die Partei zunehmend selbstbewusst auf und zementiert ihr sozioökonomisches Modell.

Das aber bleibt nunmehr nicht auf China beschränkt. Erstmals hat Peking klargemacht, dass es bereit wäre, Entwicklungs- und Schwellenländer bei der Implementierung von Reformen nach chinesischem Vorbild zu unterstützen. Auch will man mit der sogenannten *Made-in-China-2025*-Strategie durch gezielte Forschungsförderung und die Bereitstellung billiger Kredite zum Ankauf von Technologieunternehmen zum globalen Spitzenreiter in Schlüsseltechnologien wie Robotik, Künstliche Intelligenz, Elektromobilität, Luftfahrt und Biomedizin werden. Bis 2035 strebt China die regionale Vorherrschaft in Ostasien an. Bis 2049 – so die Langfristplanung – will das Land eine globale Führungsrolle einnehmen.

Chinas militärische Erneuerung

Um diese Ziele zu erreichen, setzt Peking auf eine Modernisierung der Armee inklusive einer massiven Aufstockung des Verteidigungsbudgets, massive Wirtschaftsinitiativen und Investitionen in neue Technologien. Insbesondere der starke Fokus auf die genannten Schlüsseltechnologien ist geeignet, China sowohl im militärischen als auch wirtschaftlichen Bereich langfristig einen strategischen Vorsprung zu verschaffen.

Dass China nicht davor zurückscheut, die neue militärische Macht auch zu demonstrieren, beweisen seine Aktionen im Südchinesischen Meer. Dort hat die Marine der Chinesischen Volksbefreiungsarmee eine ganze Reihe von Stützpunkten auf Atollen und künstlichen Inseln errichtet und beansprucht unter Missachtung eines Urteils des Ständigen Schiedsgerichtshofs in Den Haag ein gewaltiges Gebiet als seine ausschließliche Wirtschaftszone. Dies hat zu wachsender Beunruhigung in der Region geführt und lässt für die Zukunft einen Rüstungswettlauf in Ostasien befürchten. Dieses Szenario ist insofern vorstellbar, als beträchtliche Zweifel an der amerikanischen Bereitschaft zur Verteidigung seiner Verbündeten aufgekommen sind. Die unmittelbar betroffenen US-Alliierten Japan, Taiwan und Südkorea könnten versucht sein, Nuklearwaffen zu entwickeln. Alle drei gelten als nukleare Schwellenländer, die über die technologischen Voraussetzungen sowie das Know-how zur Herstellung von Nuklearwaffen verfügen.

Doch auch wenn China das Ziel verfolgt, seine regionalen Hegemonialmachtansprüche mittelfristig umzusetzen, so scheint es derzeit keine Hinweise zu geben, dass es dies mit dem Einsatz militärischer Mittel erreichen will. Aktuell investiert Peking in erster Linie in Militärtechnologie, die ihm einen asymmetrischen Vorteil gegenüber den USA verschaffen soll. So hat China eine große Zahl ballistischer Kurz- und Mittelstreckenraketen entwickelt, die US-Flugzeugträger von seinen Küsten fernhalten können. Man arbeitet an autonomen Unterwasserdrohnen als billigere und schwerer zu bekämpfende Alternative zu U-Booten und konzentriert sich auf andere unkonventionelle Sphären der Kriegsführung wie Cyberwaffen oder die Fähigkeit, bei Bedarf gegnerische Satellitensysteme zerstören zu können. All diese Systeme sind in erster Linie defensiv, da sie die Kosten für einen Angriff auf China enorm erhöhen, Peking aber nicht die Fähigkeit geben, selbst in entfernten Kontinenten Krieg zu führen oder ein Land zu besetzen. Chinas neue Generation von Waffensystemen ist nach Einschätzung westlicher Militärexperten zu einer globalen Machtprojektion nach dem Vorbild der amerikanischen Streitkräfte ungeeignet.

Chinas *Soft* und *Sharp Power*

Neben der militärischen Erneuerung investiert Peking in eine multidimensionale Strategie, in der neben massiven Investitionen rund um den Globus – dazu später mehr – vor allem auch verstärkte öffentliche Diplomatie und PR-Kampagnen eine zentrale Rolle spielen. Diese *Soft-Power*-Strategien zielen in erster Linie auf drei Sphären ab: politische und wirtschaftliche Eliten; Medien und öffentliche Meinung; sowie die Zivilgesellschaft und die akademische Welt. Damit soll einerseits die internationale Legitimation des Regimes abgesichert werden und andererseits sein wirtschaftlich erfolgreiches System als dem demokratisch-kapitalistischen ebenbürtig dargestellt werden. Die Maßnahmen umfassen zum Beispiel die Finanzierung von Konfuzius-Instituten an renommierten Universitäten (etwa an der Universität Wien) oder finanzielle Zuwendungen an einflussreiche westliche *Thinktanks* wie die Washingtoner *Brookings Institution* oder das ebenfalls dort befindliche *Institute of Strategic and International Studies*. Dem Beispiel Washingtons und Moskaus folgend betreibt Peking auch englischsprachige Medien im Ausland.

Diese Einflusskampagne hat in jüngerer Zeit Formen angenommen, für die der renommierte Harvard-Politologe Joseph Nye erst kürzlich den Begriff *Sharp Power* geprägt hat. Im Gegensatz zur *Soft Power,* die überwiegend auf der im weitesten Sinne kulturellen Attraktivität eines Staates beruht, beschreibt das Konzept von *Sharp Power* eine gezielte Einflussnahme, die einen gewissen Zwangs- oder gar Erpressungscharakter zeigt. Dabei nutzt China etwa seine Finanzierung von Forschungsstellen und *Thinktanks*, um westliche Akademiker zur gewogenen Recherche zu bewegen oder dazu, dass deren wissenschaftliche Aussagen einen gewissen chinesischen *Bias* enthalten.

Ebenso kann Peking westliche Unternehmen manipulieren, für die der riesige chinesische Markt selbstredend wichtig ist. So haben sowohl Facebook als auch Google Zensursoftware für die Sicherheitsorgane der Kommunistischen Partei Chinas entwickelt, und renommierte Zeitungen wie die *Washington Post* sind in ihrer Kritik an Peking, sagen wir, zurückhaltender geworden. Auch die Filmstudios in Hollywood – die Zentrale des globalen kulturellen Einflusses der USA – sprechen sich immer häufiger mit chinesischen Zensurbehörden über die Inhalte ihrer Filme ab, um sich den Zutritt zum lukrativen chinesischen Markt zu sichern. China nutzt dabei die kulturelle Liberalität und ideologische Offenheit des Westens zu seinem Vorteil: Während Peking den Fluss von Ideen, Investitionen und Akteuren ins Innere streng kontrolliert, bestehen derartige Hürden insbesondere in Europa kaum. So ist es China bereits gelungen, in einigen europäischen Staaten – etwa Griechenland oder Ungarn – Verbündete zu finden, die Positionen Pekings unterstützen und eine gemeinsame Politik der EU erschweren.

China als internationaler Akteur

Da die USA, auch wenn sie relativ gesehen an Macht und Einfluss verlieren, nach wie vor die – militärisch abgesicherte – globale Hegemonialmacht sind, kann die Ankündigung Xis, China zur globalen Supermacht machen zu wollen, als direkte Herausforderung an Washington verstanden werden. Allerdings liegt es nicht in der Absicht Pekings, der neue Hegemon der Welt zu werden. Zur unmittelbaren Ablöse der USA fehlen gar zu viele

Voraussetzungen. Chinas kurz- und mittelfristige Sorgen gelten daher in erster Linie den ungeheuren wirtschaftlichen und sozialen Herausforderungen im Land selbst. Allein der Aufbau eines bloß rudimentären Wohlfahrtsstaates – immer noch ist die ländliche Bevölkerung weitgehend ohne Krankenversicherung – stellt China vor gigantische Aufgaben.

Auch wenn Peking zunehmend versucht, die amerikanische Militärpräsenz aus seiner unmittelbaren Nachbarschaft – insbesondere im Südchinesischen Meer – zurückzudrängen, wird China noch lange nicht in der Lage sein, der *global force projection* der USA mit seinen über neunhundert Militärbasen in nahezu 160 Ländern Konkurrenz zu machen. China hat gerade einmal 2017 in Djibouti, in der Nähe der strategisch wichtigen Meerenge von Bab al-Mandab am Golf von Aden gelegen, eine Militärbasis eröffnet.

Die heutige Vormachtstellung der USA beruht auf dem Sieg über Nazideutschland und Japan im Zweiten Weltkrieg, in dem sie als einzige Großmacht keine Kriegszerstörungen in Kauf nehmen mussten. Aufgrund seiner beispiellosen militärischen und wirtschaftlichen Dominanz konnte Washington die Regeln der liberalen Ordnung diktieren. 1950 verfügte Amerika mit nur 6 Prozent der Weltbevölkerung über 40 Prozent der globalen Wirtschaftsleistung. Zwar hat sich dieses enorme Übergewicht in den vergangenen siebzig Jahren vermindert. Mit dem Ende des Kalten Krieges wurde das westlich dominierte Modell, bestehend aus freiem Handel und liberaler Demokratie, dennoch zur Grundlage einer tatsächlich globalen Ordnung.

Auch wenn China gegen die amerikanische Hegemonie aufbegehrt, stellt es 2016 mit seinen 19 Prozent der Weltbevölkerung bloße 15 Prozent der globalen Wirtschaftsleistung. China ist daher nicht in einer Position, die Regeln der internationalen Beziehungen in jenem Umfang zu diktieren, wie das die Vereinigten Staaten nach 1945 getan haben. Das unmittelbare Bestreben Chinas gilt denn auch dem Ziel, die Regeln der aktuellen Weltordnung so zu verändern, dass sie den Interessen Pekings entsprechen. Ein wichtiger Aspekt dabei ist sicherlich der Versuch, das – militärische wie wirtschaftliche – Machtgefälle zu den USA zu verringern. Ein anderer zielt jedoch darauf ab, Chinas Stimme in den Strukturen des internationalen Systems zu stärken. China versucht dabei insbesondere, die liberalen Regeln des Welthandels von breiter gefassten liberalen Normen wie Menschenrechten und Demokratie zu lösen. Die angestrebte Ordnung wird in der Diktion Pekings als *harmonische Welt* bezeichnet: eine Gesellschaft unabhängiger und souveräner Staaten, die freiwillig zusammenarbeiten, um Frieden und Wohlstand auf der Welt zu sichern, ohne sich dabei in die jeweiligen inneren Angelegenheiten einzumischen.

Eine weitere zentrale Doktrin der chinesischen Außenpolitik ist das Bekenntnis zu einer *Demokratie in den internationalen Beziehungen*. Darunter versteht Peking die Anerkennung von Souveränität und Legitimität unterschiedlicher politischer Systeme, wobei auch den Interessen kleinerer Staaten mehr Beachtung geschenkt wird. Die Motivation hinter dieser Strategie ist klar. Sie verspricht die Unterstützung von Entwicklungs- und Schwellenländern und soll das Fortbestehen der – nun kommt es – *demokratischen Diktatur der Arbeiterklasse* sichern.

Chinas Aufstieg wird mittel- bis langfristig das Machtgleichgewicht in den internationalen Beziehungen zweifellos grundlegend verändern. Inwieweit dabei deren Regeln tatsächlich neu geschrieben werden, ist noch unklar. Zwar weist Peking den liberal-demokratischen Universalismus des Westens entschieden zurück, hält aber andererseits an der regelbasierten Natur der globalen Wirtschaftsordnung – institutionalisiert in der WTO – fest. Eine Gratwanderung, wenn man bedenkt, dass China mit seinem digitalen Autoritarismus ein Gegenmodell zur westlichen Demokratie anbietet. Gleichzeitig aber hat sich Präsident Xi auf dem Davoser Weltwirtschaftsgipfel 2017 als Verteidiger des Freihandelsregimes präsentiert.

Chinas globale Wirtschaftsinitiativen

Pekings großes Interesse an einem liberalen Handelsregime ist verständlich, hat doch China in den vergangenen vier Jahrzehnten mehr als jedes andere Land der Welt von der Globalisierung profitiert. Freier Handel und selektive wirtschaftliche Öffnung haben Hunderten Millionen Chinesen aus der Armut geholfen und dem Staat den größten und breitesten wirtschaftlichen Aufschwung in der Geschichte beschert. Peking hat also großes Interesse daran, den offenen und möglichst freien Welthandel beizubehalten.

Hingegen sind seit der Finanz- und Wirtschaftskrise in den Ländern des entwickelten Westens zunehmend protektionistische Tendenzen festzustellen. Insbesondere die USA unter Trump sind dabei, die grundlegenden Vereinbarungen und Institutionen des Welthandels infrage zu stellen. Trotz scheinbarer Verständigung zwischen EU-Kommissionspräsident Jean-Claude Juncker und dem amerikanischen Präsidenten im Juli 2018 in Washington bleibt es fraglich, inwiefern tatsächlich eine Reform des multilateralen Handelsregimes möglich sein wird.

Eine solche Reform kann wohl nicht auf die WTO beschränkt bleiben. Gleichzeitig beharrt nämlich der Westen seit vielen Jahren auf seinen überproportionalen Vertretungsrechten in den internationalen Finanzinstitutionen. Zwar wurden 2010 vorsichtige Reformen der Bretton-Woods-Institutionen beschlossen, die USA haben deren Umsetzung allerdings bis 2015 hinausgezögert. Überdies geht die Neugewichtung der Stimmrechte in den Augen Pekings durchaus nachvollziehbar nicht weit genug. Die USA halten an ihrer Sperrminorität im IWF und der Weltbank fest und Europa stellt knapp 30 Prozent der Verwaltungsräte in den Institutionen. Der Präsident der Weltbank ist nach wie vor stets ein Amerikaner; Europa stellt mit Christine Lagarde die IWF-Direktorin.

Als Reaktion auf die zu geringe Berücksichtigung Chinas und weiterer Schwellenländer hat Peking mit dem Aufbau einer parallelen internationalen Wirtschaftsordnung begonnen. Diese verfolgt jedoch nicht den Zweck, die bestehenden Institutionen zu ersetzen. Vielmehr soll sie China die Möglichkeit bieten, seine strategischen Ziele ohne Einschränkungen durch Europa und die USA zu verfolgen. Gute Beispiele dieser chinazentrierten Wirtschaftsinstitutionen sind die *Asian Infrastructure Development Bank* (AIIB), die *Belt and Road Initiative* (BRI) und Finanzinstitutionen wie der *Silk Road Fund* und die *New Development Bank*. Manche von ihnen, wie der *Silk Road Fund*, sind im Besitz des chinesischen Staates, während andere, zum Beispiel die AIIB, allen Staaten offenstehen.

Peking verfügt in der AIIB noch nicht einmal über eine Sperrminorität, was als subtile Kritik am institutionellen Übergewicht der USA in Weltbank und IWF zu verstehen ist. Washington hat denn auch erfolglos versucht, seine Verbündeten von einem Beitritt zur AIIB abzubringen. Inzwischen sind über sechzig Länder der AIIB beigetreten, unter ihnen ein Großteil der EU-Staaten sowie Australien; zwanzig weitere, inklusive Kanada, haben ihre Beitrittsabsicht bekundet. Die Mitglieder dieser von China initiierten Organisationen bleiben zwar weiterhin in den Institutionen der westlich geführten Ordnung integriert und die Regeln dieser parallelen Institutionen sind mit jenen ihrer westlichen Gegenstücke weitgehend kompatibel. Dennoch kann China sie in hohem Ausmaß dominieren. Zudem sind diese Institutionen großzügiger angelegt als die der westlichen Ordnung; so ist etwa die AIIB mit wesentlich größeren Mitteln ausgestattet als die Weltbank.

China unterstützt auch Freihandelsinitiativen wie die *Regional Comprehensive Economic Partnership* (RCEP) und die *Free Trade Area of the Asia-Pacific* (FTAAP). Hier zeichnen sich die Konturen eines Netzwerks chinesisch bestimmter Freihandelsorganisationen ab, zumal die USA weder an den geplanten Abkommen noch an den neuen Wirtschaftsinstitutionen teilnehmen.

Angesichts des Trump'schen Unilateralismus sowie der protektionistischen Handelspraktiken der USA herrscht international Besorgnis um die Zukunft der bislang vom Westen geführten internationalen Finanz- und Handelsorganisationen. Insofern ist es nicht verwunderlich, dass eine wachsende Zahl von Staaten auf die Initiativen Pekings blickt, um möglichst von Beginn an teilzunehmen.

Die Neue Seidenstraße

Das Kernstück der Pekinger geoökonomischen Strategien ist die bereits erwähnte *Belt and Road Initiative* (BRI). Mit ihr soll – in Anlehnung an die historische Seidenstraße – ein Bündel von infrastrukturellen Verbindungen zu den Volkswirtschaften Asiens, Afrikas und Europas geschaffen werden. Entlang dieser Land- und Seerouten werden mit riesigem finanziellen Einsatz die Transport-, Energie- und Kommunikationsinfrastrukturen ausgebaut. Über siebzig Länder, die zusammengenommen zwei Drittel der Weltbevölkerung, drei Viertel der weltweiten Energieressourcen und über die Hälfte der globalen Wirtschaftsleistung umfassen, sind Teil dieser Strategie. Finanziert wird die BRI in erster Linie über die AIIB und chinesische Staatsbanken. Insgesamt sollen für Projekte im Rahmen der Strategie über eine Billion Dollar aufgewendet werden. Das macht die *Neue Seidenstraße* zum größten Infrastrukturprojekt in der Geschichte.

Der *Silk Road Economic Belt* – die terrestrischen Routen der BRI – beginnt in Westchina und führt über Zentralasien bis nach Europa. Er erschließt einerseits die großen, in China dringend benötigten Energieressourcen des kaspischen Raums und Russlands und verspricht andererseits über Zugverbindungen stark verkürzte Transportzeiten zu den Märkten Europas. China importiert derzeit über 50 Prozent seines Erdölbedarfs. Über 80 Prozent davon müssen durch die neuralgische Meerenge von Malakka transportiert werden. Eine stärkere Diversifizierung der Energieimporte ist daher von zentraler Bedeutung für Chinas nationale Sicherheit.

Im Rahmen der *Maritime Silk Road* – den Seewegen der chinesischen Initiative – finanziert Peking neue Häfen im Indischen Ozean und erwirbt Anteile an bestehenden Häfen auch in Europa und Lateinamerika. Die Errichtung neuer Infrastrukturen hilft der exportorientierten chinesischen Wirtschaft, ihr hohes Wachstum zu halten. China investiert auch zunehmend in seine Marine, um die Seewege schützen zu können. Die erwähnte Militärbasis am Golf von Aden verfolgt genau diesen Zweck.

Die Ziele der BRI sind sowohl innen- als auch außenpolitischer Natur: Einerseits soll über die Landrouten die Entwicklung der nachhinkenden westlichen Provinzen Chinas und damit des ganzen Landes beschleunigt werden. Andererseits stellt sie eine vielschichtige Form der internationalen Zusammenarbeit dar, die zweifellos Chinas Position als wichtiger Akteur in weiten Teilen der Welt stärken wird. So wie es den USA nach dem Ende des Zweiten Weltkriegs gelungen war, mit dem Marshallplan den Einfluss in Westeuropa zu stärken, das liberale Wirtschafts-, Politik- und Gesellschaftsmodell im kriegszerstörten Westeuropa umzusetzen und der eigenen Industrie Absatzmärkte zu sichern, birgt die *Neue Seidenstraße* zweifellos ein riesiges Potenzial für China – und die wohl größte Herausforderung für die EU.

Diese Herausforderung bezieht sich auch und gerade auf den Zusammenhalt der Mitgliedsstaaten. Im April 2018 haben 27 der 28 in Peking stationierten EU-Botschafter einen Bericht an die Zentrale in Brüssel unterzeichnet, der chinesische Verletzungen der Freihandelsregeln aufzeigt und darauf hinweist, dass staatlich subventionierte Firmen unfaire Vorteile bei der Vergabe von Aufträgen genießen. Nur Ungarn, ein zentraler europäischer Anker und Profiteur der chinesischen Initiative, verweigerte die Unterschrift.

Die BRI, dieses auch als *chinesischer Marshallplan* bezeichnete Megaprojekt des 21. Jahrhunderts, erlaubt es einerseits, industrielle Überkapazitäten in der heimischen Bau- und Stahlwirtschaft in Infrastrukturprojekte auf der ganzen Welt zu kanalisieren. Andererseits verspricht es politische Einflussmöglichkeiten in den Partnerländern und langfristig eine mögliche Abkehr vom westlich dominierten Entwicklungsmodell. Es scheint, als könnte der neoliberale *Washington Consensus* in gar nicht so ferner Zeit von einem *Beijing Consensus* abgelöst werden.

Im Westen wurde die BRI lange Zeit als reines Infrastrukturprojekt missverstanden, während man ihre sicherheits- und geopolitischen Implikationen geflissentlich übersah. Inzwischen wird allerdings immer deutlicher, dass diese *Globalisierung unter chinesischen Vorzeichen* in erster Linie Peking zugutekommt, und das auf vielfache Weise. So hat eine Studie des *Center for Strategic and International Studies* gezeigt, dass bei 89 Prozent der untersuchten BRI-Projekte in Europa und Asien chinesische Unternehmen zum Zug gekommen sind. Magere 7,6 Prozent der Verträge wurden mit lokalen Unternehmen geschlossen. Bei Projekten der Weltbank und der Asiatischen Entwicklungsbank, die strengen Transparenzregeln unterworfen sind, kommen dagegen bei über 40 Prozent der Ausschreibungen lokale Unternehmen zum Zug.

Darüber hinaus wird China auch eine sogenannte *debt-trap diplomacy*, eine *Schuldenfallendiplomatie* vorgeworfen: Die Finanzierung gewaltiger Infrastrukturvorhaben in teils sehr armen Staaten kann zu einer nicht tragbaren Schuldenlast und in weiterer Folge zu einer Abhängigkeit von Peking führen. Dies ist etwa in Sri Lanka der Fall, wo die Regierung chinesische Kredite für die Modernisierung des größten Hafens nicht mehr bedienen konnte. Der Hafen ist nun unter chinesische Kontrolle geraten und dient auch den chinesischen Seestreitkräften als Stützpunkt. Fragwürdige Projekte gibt es freilich auch in Europa. Das von Korruptionsvorwürfen begleitete Autobahnprojekt in Montenegro repräsentiert gleich ein Viertel des jährlichen Bruttonationalprodukts des Kleinstaates. Aber auch wenn der *Worst Case* nicht eintreten sollte; einen gewissen politischen Einfluss – und Abhängigkeit – erkauft sich China durch seine Projekte in Ländern mit schlechter Bonität und großem Investitionsbedarf in jedem Fall.

Zu guter Letzt kommt China mit seiner globalen BRI auch in die Lage, zu einem globalen *rule-maker* zu werden und nicht länger ein *rule-taker* zu bleiben. Wenn China zum Beispiel am

Horn von Afrika ein neues Eisenbahnsystem aufbaut, dann liefert es ein Komplettpaket inklusive der Signalanlagen und Steuerungssoftware, die sämtlich chinesischen Spezifikationen entsprechen. So bestimmt China die Industrienormen in Entwicklungsländern und sichert sich dadurch langfristig Absatzmärkte. Auch durch die eng mit der BRI verknüpften Finanzinstitutionen wie dem *Silk Road Fund* und der AIIB bestimmt Peking zunehmend die Regeln in der weltweiten Entwicklungspolitik. Die Zeiten, als der Westen über die Konditionen von Weltbankkrediten und Rettungspaketen die politischen Institutionen in Entwicklungsländern formen konnte, sind vorbei.

Europas chinesische Herausforderung

Insbesondere für Europas Zukunft werden diese Entwicklungen äußerst folgenreich sein, beruht doch die Wirtschaftsmacht der EU ebenso wie das chinesische Wachstumsmodell auf Exporten. Allerdings verfolgt Peking im Gegensatz zur EU eine strategisch ausgerichtete Wirtschaftspolitik und hilft seinen Industrien mit Subventionen und billigen Krediten, während ausländischen Unternehmen kein fairer Marktzutritt gewährt wird. Auch brauchen chinesische Unternehmen anders als ihre Mitbewerber aus Europa keine Konsequenzen für eine Zusammenarbeit mit Diktaturen oder Staaten mit schwach entwickelter Rechtsstaatlichkeit und fragwürdigen Menschenrechtsbilanzen zu fürchten. Dies verschafft dem autoritär geführten China einen großen Wettbewerbsvorteil.

Auch für den Zusammenhalt der Europäischen Union stellt Chinas Investitionspolitik eine Herausforderung dar: Peking arbeitet nicht mit der Union direkt zusammen, sondern arrangiert Investitionen auf bilateraler Basis oder über regionale Foren direkt mit den Mitgliedsländern. So werden die BRI-Projekte in Ost- und Südosteuropa im Rahmen des 16+1-Formats koordiniert. Diesem Forum gehören elf EU-Mitgliedsstaaten sowie die fünf von Peking anerkannten Westbalkanländer Albanien, Bosnien und Herzegowina, Mazedonien, Montenegro und Serbien an. Für viele dieser Staaten ist Peking ein attraktiverer Partner als Brüssel, da die chinesischen Kredite nicht mit einem prüfenden Blick auf Korruption und rechtsstaatliche Kriterien oder anderen Konditionalitäten einhergehen. Die EU begegnet den Aktivitäten unter dem 16+1-Format denn auch mit offenem Misstrauen und betrachtet es als Spaltpilz und Versuch, die europäische Einheit und europäische Rechtsnormen zu unterwandern. Zumindest der zweite Aspekt ist bei den Mitgliedsstaaten der EU nicht so gravierend, da sich diese zwingend an geltendes Unionsrecht halten müssen.

In den Westbalkanländern allerdings gelten diese Regeln noch nicht. Da Peking aber erwartet, dass diese Länder in absehbarer Zukunft Teil der EU werden, sieht man gerade in ihnen hervorragende Investitionsmöglichkeiten. Hier hat China die Möglichkeit, sich im EU-nahen Raum zu etablieren und gute Verbindungen zu den lokalen Eliten zu kultivieren. Wenn diese Staaten letztendlich der EU beitreten, hofft Peking auf weitere Verbündete innerhalb der Union. Der Westbalkan ist außerdem die wichtigste Transitroute für Waren, die den Kontinent über den von China betriebenen griechischen Containerhafen Piräus erreichen. Dieser ist die bislang umfangreichste im Rahmen der BRI getätigte Investition in Europa und der am schnellsten wachsende Containerhafen der Welt.

In Südosteuropa stößt Chinas Engagement sowohl auf Zustimmung als auch Skepsis: Das Volumen der chinesischen Investitionen in der Region übersteigt jenes der EU-Mittel um ein Weites und die errichtete Energie- und Transportinfrastruktur wird am Westbalkan – wie auch die EU zugibt – dringend benötigt. Kredite für Infrastrukturprojekte, die Peking zur Umsetzung seiner Strategie bereitstellt, sind häufig mit langen Laufzeiten (zwanzig Jahre) zu niedrigen Zinsen (2 Prozent) ausgestattet, ein weiterer Vorteil. Kritische Stimmen monieren allerdings, dass die erhofften positiven Folgewirkungen chinesischer Investitionen für die lokale Wirtschaft oft minimal bleiben. Die Bauvorhaben wurden in der Vergangenheit meist von chinesischen Firmen mit chinesischen Arbeitern und Baustoffen umgesetzt, die zollfrei eingeführt werden. In einigen Fällen, wie bei der Sino-serbischen Freundschaftsbrücke nahe Belgrad, sind Staatsunternehmen, die Projektzuschläge erhalten, vertraglich verpflichtet, chinesische Subunternehmer zu beauftragen. Systemimmanente Korruption und die durch großzügige Kreditgewährung wachsende Staatsverschuldung sind weitere Kritikpunkte, denn Überschuldung durch chinesische Kredite schafft politische Abhängigkeiten.

Auch in Brüssel löst das chinesische Engagement am Westbalkan uneinheitliche Reaktionen aus. Zwar stimmen die chinesischen Projekte in vielen Fällen mit europäischen Zielen und Bedürfnissen überein. Sie bergen jedoch gleichzeitig die Gefahr, europäische Normen und Standards sowie – ganz allgemein – das europäische Integrationsprojekt am Balkan zu destabilisieren. So ist einerseits positiv zu vermerken, dass Chinas Investitionen in die Transportinfrastruktur weitgehend den EU-Planungen und Zielen entsprechen. Gleichzeitig jedoch wird die häufige Umgehung von EU-Recht, zum Beispiel bei Vergabeprozessen und Umweltauflagen, kritisiert.

Seit 2018 ist etwa ein Verfahren gegen den Zuschlag für den Bau der zu 85 Prozent von der EU finanzierten Pelješac-Brücke in Kroatien anhängig, bei dem das siegreiche chinesische Konsortium staatlich subventionierte Dumpingpreise geboten haben soll. Dieses Beispiel ist symptomatisch für die Probleme, die sich beim Aufeinandertreffen einer regulierten, liberalen Wirtschaftszone wie der EU und politisch agierenden, staatlich gelenkten Wirtschaftsunternehmen wie China ergeben.

Sollte es der EU wider Erwarten gelingen, die Projekte der BRI – nicht nur am Balkan – in Einklang mit ihren eigenen Regeln zu bringen und sie mit den eigenen Infrastrukturplänen zu koordinieren, könnten die Synergieeffekte jedoch bedeutsam sein. Dennoch zeichnet sich auch der politische Einfluss Chinas auf Mitgliedsstaaten der Europäischen Union heute schon ab. So sind gemeinsame Positionen der EU gegenüber Peking in Menschenrechtsfragen schon mehrfach am Veto Griechenlands und Ungarns gescheitert, beides Staaten, die stark von chinesischen Investments profitiert haben.

In Angesicht dieser Entwicklungen hat die EU eine Arbeitsgruppe eingesetzt, um Strategien für den Umgang mit China auszuarbeiten. Auch wenn noch keine offiziellen Ergebnisse vorliegen, lassen sich folgende Empfehlungen formulieren: Die EU muss stärker selbst in notwendige Infrastruktur investieren und gleichzeitig darauf achten, dass chinesische Investitionen den Standards und Interessen der EU entsprechen. Zu diesem Zweck wäre die Schaffung eines institutionellen Rahmens zur Koordination von Projekten und für eine Konvergenz zwischen EU-Regeln und chinesischen Aktivitäten sinnvoll. Es wäre wohl am besten, einen möglichst großen Teil der chinesischen Investitionen durch multilaterale Institutionen wie die AIIB oder die *EU-China Connectivity Plattform* fließen zu lassen, da dies größere Transparenz und Mitspracherechte bedeuten würde.

Dennoch wird Europa insgesamt eine stärkere Sensibilität für die strategischen Aspekte von Wirtschaftspolitik entwickeln müssen. Peking strebt etwa mit seiner *Made-in-China-2025*-Politik globale Führerschaft in den Zukunftstechnologien an und sucht dieses Ziel mit dem massiven Einsatz staatlicher Gelder zu erreichen. Dazu gehört auch der selektive Ankauf von Spitzenunternehmen der jeweiligen Sektoren auf der ganzen Welt durch chinesische Unternehmen. Diese sind zwar teils privat, allerdings besteht in China keine klare Trennung zwischen Partei und Unternehmen, wie dies im Westen der Fall ist. Vor diesem Hintergrund überlegt die EU, ein *Investment Screening* für sensible Sektoren nach amerikanischem Vorbild einzuführen.

Gleichzeitig ist es auch wichtig, dass Europa nicht überreagiert. Angesichts der anhaltenden Krisenlage in Teilen der europäischen Wirtschaft wäre es unklug, die gesamte Investitions- und

Handelspolitik zu einer Sicherheitsfrage zu erklären. Die EU befindet sich in einer einigermaßen bequemen Lage, was den Aufstieg Chinas betrifft, da sich die wahre Konkurrenz mit den USA und ihren Verbündeten im Pazifikraum entfaltet. Daher würde Europa gut daran tun, gemeinsame Interessen zu identifizieren und Modelle der Zusammenarbeit zu etablieren, etwa bei der Stabilisierung von Afghanistan, Libyen oder am Horn von Afrika. Auch die Klimapolitik ist ein Feld, in dem sich die Interessen Brüssels und Pekings weitgehend decken.

Neubewertung des neoliberalen Paradigmas?

Vor noch viel grundlegendere Fragen stellt der Erfolg des chinesischen Staatskapitalismus das westliche neoliberale Modell: Jahrzehntelang wurden in Europa und den USA staatliche Unternehmen und Dienstleistungen in der Annahme privatisiert, die Privatwirtschaft wäre effizienter, innovativer und leistungsfähiger. Seit der Finanzkrise und einem Jahrzehnt langsamen Wachstums im Westen sieht das chinesische Modell im direkten Vergleich wesentlich erfolgreicher aus. Der US-Thinktank *Council on Foreign Relations* nimmt an, dass China seine Ziele unter der *Made-in-China-2025*-Strategie erreichen könnte und ruft Washington dazu auf, die staatlichen Investitionen in Forschung und Entwicklung massiv zu erhöhen.

In der heterodoxen Ökonomie ist schon lange bekannt, dass die reine Lehre des Neoliberalismus nicht dazu geeignet ist, massive Innovationsschübe und starkes Wachstum zu fördern. So hat etwa Mariana Mazzucato in ihrem Buch *Das Kapital des Staates* überzeugend dargelegt, dass Innovationen so gut wie nie von privaten Unternehmen ausgehen. Tritt dies tatsächlich ein, stützen sich diese so gut wie immer auf staatlich finanzierte universitäre Grundlagenforschung. So auch die Silicon-Valley-Industrien oder die Biomedizin, die fast sämtlich auf Innovationen aus universitärer und militärischer Forschung, bezahlt aus öffentlichen Mitteln, basieren.

Könnte es angesichts der chinesischen Strategie eines Kapitalismus mit staatlicher Lenkung und klaren Zielvorgaben auch im Westen zu einer Neubewertung des neoliberalen Paradigmas kommen? Dies wäre insofern interessant, als seit der Finanzkrise von 2008 die westlich-liberalen Demokratien kräftig unter Druck geraten sind. Es drängt sich die Frage auf, ob – und wenn ja, inwiefern – die Folgen von *Washington Consensus* und Hyperglobalisierung zum Erstarken antiliberaler Tendenzen beigetragen haben. Ohne der Rückkehr zu Keynes das Wort reden zu wollen, wäre eine offene Diskussion über eine runderneuerte und sozial verträgliche Wirtschaftspolitik ein Gebot der Stunde. Insbesondere da Chinas erfolgreiches Alternativmodell durchaus Exportpotenzial besitzt.

Chinas digitaler Autoritarismus

Das alternative chinesische Entwicklungsmodell besteht dabei nicht nur aus einem sehr erfolgreichen gelenkten Staatskapitalismus. Die kommunistische Parteiführung war in erster Linie besorgt um die innere Stabilität des riesigen Landes, und wachsender Wohlstand ist nur eines der zahlreichen Instrumente, um die Bevölkerung zufrieden und unter Kontrolle zu halten. Seit sich das Wirtschaftswachstum nach Jahrzehnten zweistelliger Raten auf einem niedrigeren Niveau eingependelt hat, treten repressive Maßnahmen wieder stärker in den Vordergrund. Dabei setzt Peking auf immer ausgefeiltere Methoden zur umfassenden Zensur jeglicher öffentlichen Meinungsäußerung und zur Überwachung der gesamten Gesellschaft. Diese Methoden verbinden sich mit den stetig wachsenden Möglichkeiten digitaler Technologie zu einem veritablen *Hightech-Totalitarismus.*

China hat schon seit der Anfangszeit des Internets an Methoden gearbeitet, um den freien Austausch von Meinungen und den Zugang zu „unerwünschter" Information in der digitalen Sphäre zu unterbinden. Die daraus entstandene Technologie einer ganzen Reihe von hocheffizienten Filtern und Trackern ist als *Great Firewall* bekannt geworden. Diese ist mittlerweile ein Exportprodukt: Autokraten von Putin bis Erdoğan setzen auf chinesisches Know-how, um das Internet zu zensieren und Dissidenten zu verfolgen.

Die Tatsache, dass Silicon-Valley-Riesen wie Google oder Facebook der Zugang zum chinesischen Markt weitgehend verwehrt wurde, hatte zur Folge, dass sich eine eigene chinesische Internetindustrie entwickeln konnte. Das ist insofern interessant, als dies der am raschesten wachsende Wirtschaftszweig der Welt ist, der auch viele strategisch bedeutsame Innovationen hervorbringt. Unter den zwanzig wertvollsten Internetunternehmen der Welt stammen Mitte 2018 elf aus den USA und neun aus China; vor fünf Jahren waren es erst zwei. Europa hat keinerlei vergleichbare Unternehmen vorzuweisen.

Die Entstehung einer heimischen Onlineindustrie hat Peking auch dabei geholfen, immer perfektere Tools zur Überwachung der Bevölkerung zu entwickeln. Heute bieten diese alle Möglichkeiten für einen *digitalen Leninismus*. Neueste Fortschritte in den Bereichen des *Machine Learning* und der Speichertechnik ermöglichen es, dass die chinesische KP in Zukunft Daten aus unzähligen Quellen zusammenführen und ein individuelles Profil jedes einzelnen Bürgers erstellen kann. Dabei hat Peking selbstverständlich Zugriff auf Finanz- und Steuerdaten, aber auch auf Informationen über sämtliche Onlineaktivitäten und sogar die Bewegungsprofile der Bürger.

Das Ziel dieser Datenbanken ist die Erstellung eines *social credit score*, der – ähnlich einer Bonitätsbewertung – die soziale Verträglichkeit des Verhaltens jedes Bürgers in den Augen des Regimes abbildet. Wer sich an die Gesetze hält, seine Steuern zahlt und sich in der Gemeinschaft engagiert, bekommt Pluspunkte. Wer sich aber zum Beispiel im Internet negativ über die Regierung äußert oder auf *Social Media* mit Menschen befreundet ist, die sich regierungskritisch betätigen, wird herabgestuft. Die Punktezahl kann darüber entscheiden, ob man einen Job oder einen Kredit bekommt, aber auch, ob man ein Ausreisevisum erhält. Dieses System führt zu einer vorbeugenden Selbstzensur der Bürger, die den – je nach Blickwinkel genialen oder perfiden – Effekt hat, dass unerwünschtes Verhalten unsichtbar wird und Dissidenten sozial isoliert werden. Was als erwünscht bzw. unerwünscht gilt, bleibt dabei natürlich offen.

Ein erfolgreiches Wirtschaftsmodell gelenkter Marktwirtschaft, das ohne liberal-demokratische Institutionen auskommt und dabei noch über eine Möglichkeit zur effektiven Kontrolle der Bevölkerung verfügt, dürfte freilich für viele Staaten der Welt eine interessante Option sein – insbesondere angesichts der aktuellen Krisen sowohl der freien Marktwirtschaft als auch der liberal-demokratischen Systeme. Der Westen täte also gut daran, sich zu fragen, wie er nicht nur seine Wirtschaftsordnung, sondern auch sein politisches Modell in einer Weise reformieren kann, die beide wieder global attraktiver macht. Dies ist die größte Herausforderung, vor die uns Chinas Aufstieg derzeit stellt.

9

DIE GLOBALE ORDNUNG IM DIGITALEN ZEITALTER

Es gibt viele Netze auf der Welt.
Aber das World Wide Web übertrifft sie alle.
HILLARY CLINTON, 2010

Es war Anfang November 2016 und Barack Obama, der scheidende Präsident der Vereinigten Staaten, befand sich gerade auf Wahlkampftour für Hillary Clinton. Wenige Tage vor dem überraschenden Wahlsieg Trumps lag die Kandidatin der Demokraten in allen Umfragen konstant vor ihrem Gegner, es schien kein Grund zur Sorge zu bestehen. Dennoch kam Obama mit David Simmas, seinem Politischen Direktor, auf einen Artikel des Onlineportals *BuzzFeed* zu sprechen, in dem über eine Stadt namens Veles in Mazedonien berichtet wurde. – Wie gelangte Veles in der kleinen Republik Mazedonien in den Fokus der internationalen Medien und schließlich des globalen Zentrums der Macht in Washington?

In der ehemaligen Industriestadt – 43.000 Einwohner, hohe Arbeitslosigkeit, wenig Zukunftsperspektive – soll eine Gruppe von Teenagern sehr viel Geld damit verdienen, Pro-Trump-Websites zu betreiben, berichteten *BuzzFeed* und andere Medien. Über einhundert solcher Seiten waren zeitweilig aktiv, verbreiteten vorwiegend fragwürdige Meldungen über die beiden Kandidaten.

Wer wollte, konnte die Herkunft der Informationen – oder eher Desinformationen, *Fake News* (wenn hier von *Fake News* die Rede ist, so ist die ursprüngliche Wortbedeutung im Sinne gezielter Falschmeldungen gemeint, nicht die Neuinterpretation des Begriffs durch Donald Trump als kritische Berichterstattung über seine Politik) – rasch identifizieren. Sie stammten aus der rechtsextremen amerikanischen Szene – der sogenannten *Alt-Right* – und wurden eins zu eins von Seiten wie *Breitbart News*, *The Drudge*

Report, *Newsmax* oder *InfoWars* kopiert; so weit reichte das rudimentäre Internet-Englisch der jungen Mazedonier.

Nach Trumps überraschendem Wahlerfolg war der frühere Leiter von *Breitbart*, Stephen Bannon, sogar einige Monate lang Chefstratege im Weißen Haus. Von dort hat es ihn nach Europa verschlagen, wo er gerade die populistische Rechte um Le Pen, Wilders, Orbán und Strache auf eine Anti-EU-Strategie einzuschwören versucht.

Ob die 2016 hunderttausendfach geteilten *Fake News* aus Mazedonien zum Wahlerfolg Trumps und zur Niederlage Clintons beigetragen haben, mag dahingestellt bleiben. Großen finanziellen Erfolg hatten jedenfalls die Teenager in Veles, denn unzählige Facebook-Follower in den USA haben den mazedonischen Polithorror angeklickt, geteilt und *geliked*.

Es war die Kombination des dominanten Geschäftsmodells der Internetökonomie mit den Dynamiken der Kommunikation in den „sozialen Medien", die das Modell der Pro-Trump-Seiten aus Veles ermöglichte. *Traffic* – die Besucherfrequenz von Websites – lässt sich mithilfe von Googles Werbeplattform *AdSense* zu Geld machen.

Facebook ist ideal, um *Traffic* für Websites zu generieren: Ein paar Links zu Seiten mit haarsträubenden Pro-Trump- oder Anti-Clinton-Artikeln in die richtigen Gruppen zu posten dauert wenige Sekunden. Oft werden diese dann von anderen Facebook-Nutzern weiter geteilt, manchmal entsteht ein regelrechter Schneeballeffekt und der Artikel *geht viral*. Das garantiert regen *Traffic* – und dadurch hohe Einnahmen – für die Seitenbetreiber.

Dass die – politisch an sich völlig uninteressierten – Burschen aus Veles ihre *Fake-News*-Seiten in erster Linie mit Pro-Trump- und Anti-Clinton-Inhalten befüllten, war das Ergebnis eines Lernprozesses und keine ideologische Entscheidung. Anfangs hätte er beide Seiten bespielt, erklärte einer der jungen Seitenbetreiber im Gespräch mit dem Magazin *Wired*, und versucht Trump-, Clinton- und Bernie-Sanders-Seiten zu betreiben. Doch schnell hatte sich herausgestellt, dass Clinton-Anhänger weniger empfänglich für die hysterischen Meldungen waren, eher misstrauisch reagierten – was die Chancen verringert, dass ein entsprechender Artikel virulent wird. Sanders-Anhänger hätten überhaupt fast nie die Falschmeldungen geglaubt, immer Quellen und Beweise sehen wollen.

Die Jugendlichen aus Veles hatten eine Möglichkeit gefunden, aus der polarisierten und hysterischen politischen Kultur der USA im Wahlkampfjahr 2016 Profit zu schlagen. Ihr Heimatort bekam seine Warhol'schen *fifteen minutes of fame* und wurde Teil des digitalen *Global Village*.

Rückblickend betrachtet ist die Aufregung um Veles' mögliche Rolle bei der Wahl von Donald Trump zum Präsidenten der USA freilich eine Fußnote in der Saga von der digitalen Einflussnahmen auf die US-Wahl 2016. Veles ist heute bloß die Erinnerung an eine kuriose Episode aus den Schluchten des Balkans.

Zwar war im November 2016 schon bekannt, dass russische Hacker in die Systeme der Bundesorganisation der Demokratischen Partei und des Managers der Clinton-Kampagne, John Podesta, eingedrungen waren. Das volle Ausmaß der russischen Hacking- und Manipulationskampagne sollte allerdings erst über die folgenden zwei Jahre ans Licht der Öffentlichkeit gelangen. Auch die Rolle der fragwürdigen Politikberatungsagentur *Cambridge Analytica* bei der Manipulation des demokratischen Diskurses via Facebook wurde erst Anfang 2018 bekannt.

Dennoch zeigt die Geschichte der Jugendlichen aus Veles, in welchem Ausmaß die digitalen Technologien Möglichkeiten demokratischer Politik und die internationalen Beziehungen neu ordnen. Sie ist überdies eine Illustration der enttäuschten Hoffnungen, die in den Anfangszeiten der Digitalisierung in die demokratischen und egalitären Möglichkeiten des Internets gesetzt wurden. Der Planet Erde ist doch nicht so *flach* geworden, wie dies von amerikanischen Medien noch bis vor kurzem so gern betont worden war.

Das globale Dorf

Es ist schon bemerkenswert: Im Zeitalter der digitalisierten Hyperglobalisierung können politisch unbedarfte Jugendliche aus Mazedonien, einem mäßig fortgeschrittenen Kleinstaat am Rand Europas, mithilfe der Möglichkeiten des Internets die Wahlen in der mächtigsten Demokratie der Welt beeinflussen. Ebenso ist jeder Bürger durch die sozialen Netzwerke in der Lage, seine Ansichten und Meinungen mit der ganzen Welt zu teilen. Jedem einzelnen ist potenziell ein Megafon in die Hand gegeben, das bis vor kurzem einer Elite aus Journalisten, Politikern und Wirtschaftsmanagern vorbehalten war.

Die Möglichkeiten der direkten Kommunikation zwischen Menschen auf der ganzen Welt haben die Idee des globalen Dorfes zur Wirklichkeit werden lassen. Dieses Bild wurde von den Techno-Optimisten der 1990er- und 2000er-Jahre oft bemüht, um eine freiere, offenere und demokratischere Welt zu imaginieren. Man war sich großteils einig: Durch die Möglichkeiten der digitalen Kommunikation werden Distanzen bedeutungslos und Machtunterschiede nivelliert. Es herrschte die Illusion, dass das Internet ein Raum sein könnte, in dem sich der mündige Bürger gegen die Machenschaften totalitarer Regime, korrupter Politiker und ausbeuterischer Konzerne zur Wehr setzen könnte; einfach dadurch, dass Information nun überall und jederzeit verfügbar wurde. Menschen in Diktaturen und autoritären Staaten würden beginnen, mehr Rechte und Freiheiten nach westlich-liberalem Vorbild einzufordern. Die Welt würde parallel zur wachsenden Vernetzung unaufhaltsam friedlicher und einheitlicher werden.

Für einige Zeit wirkte diese Hoffnung gerechtfertigt: In seinen Frühzeiten bot das Internet vielfach Idealisten einen Raum, ihre Visionen einer radikal demokratischen, auf der kollektiven Intelligenz der *Crowd* basierenden Gesellschaft zu verfolgen. Tatsächlich hat dieser Aspekt der Digitalisierung erstaunliche Erfolge hervorgebracht, von gemeinnützigen, nichtkommerziellen Softwareprojekten wie dem populären Webbrowser Mozilla über die

Online-Enzyklopädie Wikipedia bis hin zu zahlreichen Aktivistennetzwerken rund um den Globus. Die Proteste des Arabischen Frühlings werden nicht von ungefähr als *Twitter-Revolution* bezeichnet. In Russland wurden bereits 2012 die Proteste nach der offensichtlich manipulierten russischen Präsidentschaftswahl via Twitter und WhatsApp koordiniert, ebenso die Farbrevolutionen des postsowjetischen Raums.

Der Schöpfer der Metapher vom globalen Dorf, Marshall McLuhan, hat allerdings schon vor Jahrzehnten vor derart überzogenem Optimismus gewarnt: In seinen Augen herrscht im *Global Village* ein andauernder Konflikt, besteht maximale Uneinigkeit in allen Punkten. Er sah das globale Dorf nicht als verklärten Sehnsuchtsort bukolischer Harmonie, sondern vielmehr als Umfeld, in dem Gerüchte, Missgunst und Neid dominieren. Die Erosion von Grenzen und Entfernungen kann laut McLuhan zu tieferen Gegensätzen zwischen Menschen führen als die Nationalismen und die großen Ideologien des 20. Jahrhunderts. Die Anonymität der Kommunikation im Netz führt überdies dazu, dass kaum konsensorientierte Debatten möglich sind.

Tatsächlich erleben wir eine zunehmende Polarisierung westlicher Gesellschaften im Zeitalter der sozialen Medien. Zwar gibt es im Internet aktuelle Beispiele zivilgesellschaftlicher Organisation entlang liberaler Ideale wie etwa die *Black-Lives-Matter*-Bewegung in den USA oder die weltweite *#MeToo*-Kampagne im Kampf gegen den strukturellen Sexismus. Allerdings versammeln sich online gleichzeitig immer größere Gruppen unter dem Banner reaktionärer Ideen, wie die in diversen Foren gewachsenen neurechten *Alt-Right* und Identitärenbewegungen zeigen. Auch fundamentalistische Interpretationen diverser Glaubensrichtungen finden neue Anhänger heutzutage in erster Linie online, und das Netz dient Terrororganisationen als wichtigstes Rekrutierungswerkzeug.

Soziale Medien ermöglichen auch ganz neue Formen der gezielten Subversion, insbesondere von offenen, demokratischen Gesellschaften. Feinde der liberalen Werte können die

Meinungsfreiheit nutzen, um die vorhandenen Spaltungen der Onlinegesellschaft weiter zu vertiefen und den gesellschaftlichen Zusammenhalt zu schwächen. Vor allem aber – und dies ist für unser Thema von Bedeutung – zeigt sich, dass digitale Technologien autoritären Regimen ungeahnte Möglichkeiten zur Überwachung und Repression in die Hand geben. Nicht zuletzt wird das Internet inzwischen als zentraler Schauplatz kommender Konflikte zwischen Staaten wahrgenommen. Es ist bloß scheinbar paradox, dass gerade die am höchsten technisierten Staaten besonders verwundbar sind für die Bedrohungen der digitalen Kriegsführung. Es ist also durchaus angebracht, angesichts der vielfältigen Implikationen der neuen Technologien von einer Revolution zu sprechen.

Die digitale Revolution

Allzu leichtfertig werden – mangels exakter Benennung von politischen, wirtschaftlichen oder technologischen Umbrüchen – Revolutionen ausgerufen. Tatsächlich revolutionäre Ereignisse werfen gewöhnlich ihre sozialen und gesellschaftspolitischen Schatten voraus, wie etwa im klassischen Fall der Französischen Revolution. Es gibt aber auch Revolutionen, die nicht mit Gewalt und Umsturz einhergehen, sondern sich schleichend vollziehen. Inmitten einer solchen unblutigen Revolution – nennen wir sie digitale Revolution – befinden wir uns derzeit.

Die digitale Revolution basiert auf der universellen Verbreitung von Computern und dem Internet, das selbst in den entlegensten Winkeln unseres Planeten eine Verbindung mit der Außenwelt sicherstellt. Dabei ist nicht in erster Linie die Geschwindigkeit der Kommunikation die große Neuerung. Blitzschnelle Informationsübertragung war schon seit der Verbreitung von Telegrafen Mitte des 19. Jahrhunderts möglich. Die Besonderheit der aktuellen Revolution, die im Silicon Valley der 1960er-Jahre ihren Ausgang genommen hat, liegt vielmehr in der enormen Kostenreduktion von Informationsübertragung und -verarbeitung sowie von

Speicherkapazitäten. Im Politischen konnten diplomatische Vertretungen, internationale Organisationen – etwa Hilfswerke des zivilen Sektors oder Menschenrechtsorganisationen wie Amnesty International – ihre weltweiten Aktivitäten fortan mit geringerem Aufwand und besser organisieren. Ein oft übersehener Vorteil der Digitalisierung.

Zusammengenommen haben diese Entwicklungen ein neues – digitales – Universum geschaffen, das unser Zusammenleben, die Arbeitswelt und die Politik und damit die internationalen Beziehungen irreversibel verändern wird – ja, bereits verändert hat. Als Hillary Clinton im Januar 2010, damals als US-Außenministerin, versuchte, die gewaltige Bedeutung des Internets für die Außen- und Sicherheitspolitik zu erklären, wurde sie von vielen noch belächelt: Waren nicht Terrorismus und ein im Aufstieg begriffenes China die wirklich großen Herausforderungen für die Vereinigten Staaten? Seither haben die Enthüllungen von *WikiLeaks* und Edward Snowden, die *Social-Media*-Kampagne des sogenannten *Islamischen Staats*, die russischen *Fake-News*-Kampagnen und Donald Trumps *Twitter*-Diplomatie klargemacht: In der Außenpolitik führt kein Weg mehr am Netz vorbei. Aber auch in allen Aspekten der Sicherheitspolitik – von Spionage und Sabotage bis hin zu den Planspielen für Konflikte zwischen Supermächten – nimmt der *Cyberspace* inzwischen eine zentrale Rolle ein.

Die digitale Revolution ist allerdings nicht gänzlich ohne historische Präzedenz. Die Erfindung des Buchdrucks durch Johannes Gutenberg im Jahre 1439 kann als vergleichbare Revolution dienen. Der Buchdruck mit beweglichen Lettern läutete das Zeitalter der Massenkommunikation ein und hat den Zugang zu Information demokratisiert. Diese neue Druckmaschine ermöglichte die exakte Reproduktion von Wissen in einem zuvor nie gekannten Ausmaß. Sie hat Martin Luthers Reformation erst möglich gemacht. Die überwältigenden Folgen des Buchdrucks lassen sich kaum überschätzen: Vom Dreißigjährigen Krieg bis zur Entstehung einer liberalen Bürgergesellschaft und der

Französischen Revolution sind nachfolgende historische Entwicklungen ohne die weite Verbreitung von Druckwerken wie Flugzetteln, Broschüren und voluminösen Büchern kaum vorstellbar. Eine ähnliche Phase tiefgreifender Umbrüche erleben wir derzeit – eine Informationsrevolution.

In immer größerem Umfang erfasst die Digitalisierung alle gesellschaftlichen Bereiche. Dabei zeigt sich heute besonders deutlich die politische Dimension dieses Prozesses: Die rasante Entwicklung digitaler Technologien trägt, wie von McLuhan antizipiert, zur Vertiefung und Perpetuierung politischer, religiöser und kultureller Antagonismen bei und wirkt sich in vielfältiger Weise auf gesellschaftliche Machtbeziehungen aus. Aber auch auf globaler Ebene schafft sie neue Verhältnisse mit dem Potenzial, die internationalen Beziehungen neu zu ordnen. Die digital konzipierte Weltordnung des 21. Jahrhunderts wird sich von den bisherigen theoretischen Konzepten und praktischen Konsequenzen völlig unterscheiden. Eine zentrale Herausforderung wird darin liegen, das Primat des Politischen gegenüber erstarkenden multinationalen Konzernen und anderen nichtstaatlichen Akteuren zu behaupten. Wie anders diese neue Weltordnung – wohl erstmals tatsächlich global in ihrer Ausrichtung – ausfallen wird, ist eine der zentralen Fragen unserer Zeit.

Neue Herausforderungen

Eine breite Debatte über eine politische Gestaltung und Regulierung digitaler Technologien ist dringend geboten. Aktuell hinkt die politische und gesellschaftliche Debatte den Entwicklungen einer digitalen Außenpolitik, den neuen Bedrohungen im Bereich der Cybersicherheit sowie einer notwendigen Weiterentwicklung des Völkerrechts und insbesondere der Menschenrechte im Zeitalter des Internets hinterher. Man kritisiert zwar die Rolle des Handys in der Flucht- und Migrationsbewegung, verschwendet aber kaum einen Gedanken daran, wie die Vorteile der digitalen Revolution für ein besseres internationales System genutzt werden können.

So könnten Staaten und NGOs *Big Data* zur Früherkennung von Konflikten jedweder Natur nutzen.

Längst überfällig ist die – zugegeben schwierige – Verrechtlichung und Regulierung der für die Meinungsbildung in demokratischen Öffentlichkeiten immer wichtigeren neuen Medien. Ebenso bedarf die vorhandene Übermacht von Datenkonzernen einer international angelegten Überprüfung. Soll das Ideal offener, liberaler Gesellschaften zukünftig Relevanz behalten, ist von den Betreibern umgehend eine demokratische Rechenschaftspflicht dieser wichtigen gesellschaftlichen Infrastrukturen einzufordern. Die Möglichkeiten von *Big Data* und *Künstlicher Intelligenz* (KI) geben heute profitgetriebenen Unternehmen einen beispiellosen Einfluss auf das Denken und die Wahrnehmung breiter Bevölkerungsgruppen – und sind damit ganz eigentlich politisch. Innerhalb der westlichen Staaten ist insbesondere der bemerkenswerte Einfluss der Silicon-Valley-Industrie auf Politik, Wirtschaft und – erst seit kurzem bekannt – auf die Rüstungs- und *Intelligence*-Industrie hervorzuheben.

Im Bereich der *Cyber Security* ist die Verwundbarkeit des Internets sowie von Soft- und Hardwaresystemen ein eminent politisches Thema. In Hinblick auf kritische öffentliche Infrastrukturen, wie Strom- und Wasserversorgung oder Gesundheitssysteme, berührt es vitale staatliche Sicherheitsinteressen. Cyberwaffen unterscheiden sich in ihren Anwendungsmöglichkeiten und in ihrer Zuschreibbarkeit grundlegend von herkömmlichen militärischen Mitteln und benötigen daher ein ganz neues Denken über digitale Rüstungswettläufe, Möglichkeiten der Rüstungskontrolle, vertrauensbildende Maßnahmen und Strategien der Abschreckung. Wie groß die Gefahr von strategischen Cyberangriffen tatsächlich ist und ob sich, ähnlich wie im Bereich der Atomwaffen, so etwas wie eine gegenseitige Abschreckung mit stabilisierendem Charakter entwickeln kann, ist aktuell Inhalt heftiger Kontroversen.

Auch die wachsende Bedeutung von Informationskriegen – dank der Möglichkeiten sozialer Medien in ihrer Effektivität nicht mit herkömmlichen Propagandakriegen vergleichbar – erfordert neue Antworten.

Da die Grenzen zwischen politischen, gesellschaftlichen und ökonomischen Fragen verschwimmen und aufgrund der Nivellierung physischer Distanzen im Zeitalter der Digitalisierung kann Cybersicherheit nicht auf einen dieser Bereiche allein beschränkt werden. Der fließende Charakter zwischen privat und öffentlich, von individueller und kollektiver Sicherheit im internationalen System wird den Diskurs bestimmen. Hier muss ganzheitliches Denken ansetzen.

Sicherheitsmaßnahmen im Netz haben unvermeidbare Auswirkungen auf Grundrechte wie Meinungsfreiheit oder den Schutz der Privatsphäre. In westlichen Demokratien wird außerdem eine klare Definition von staatlichen Aufgaben zum Schutz der Bevölkerung und kritischer Infrastrukturen sowie der Verantwortung jedes Einzelnen und von Unternehmen zum Schutz ihrer IT-Infrastruktur zunehmend wichtig. Zur Disposition steht nicht weniger als die Rollenverteilung zwischen Staat, Wirtschaft und zivilem Sektor.

Die Entwicklungen in den Bereichen *Big Data*, KI, aber auch zunehmend perfekterer Internetfilter werfen zudem Fragen in Bezug auf menschenrechtliche Normen auf. Autoritäre – und zunehmend auch demokratische Staaten – verbinden mit dem Begriff der Cybersicherheit Kontrolle und Überwachung der Informationssphäre. Mit Blick auf das Recht auf Meinungsfreiheit oder das Recht auf Privatsphäre ist zu klären, ob die bestehenden Normen an neue Entwicklungen angepasst oder ob sie auf völlig neuer rechtlicher Basis begründet werden müssen. Davon wird abhängen, wie sich diese Rechte unter den Bedingungen globaler digitaler Kommunikationsnetze effektiv schützen lassen.

Auch für viele etablierte Normen des Völkerrechts bedeutet die Digitalisierung eine Herausforderung. Hierbei ist insbesondere die Überwachung von Kommunikation im Internet sowie die kriegsrechtliche Einordnung von staatlichen Cyberangriffen von

Bedeutung. Einen zentralen Bezugsrahmen bilden dabei die UN-Charta sowie das humanitäre Völkerrecht; ebenso staatliche und zwischenstaatliche Rechtsgrundlagen für die stets problematische Kommunikationsüberwachung durch Nachrichtendienste oder die Begrenzung staatlicher Cyberangriffe.

Die Großen Fünf

Die aktuell für die Wirtschaft der westlichen Staaten folgenreichste Entwicklung im Zuge der digitalen Revolution ist der Aufstieg der sogenannten *Big Five.* Diese fünf großen amerikanischen Internetkonzerne – das Bild stammt von den fünf afrikanischen Großtieren – zählen heute zu den global wertvollsten Firmen. *Alphabet* (der Mutterkonzern von *Google*), *Amazon, Apple, Facebook* und *Microsoft* sind entschieden innovativ – disruptiv – und werden immer mächtiger, da sie schnell wachsen und den Rohstoff der digitalen Ökonomie – enorme Datenmengen – monopolisieren.

Im August 2018 wurde *Apple* das erste öffentlich gehandelte Unternehmen der Welt, dessen Marktwert eine Billion Dollar erreichte. Die Firma, Ende der 1990er-Jahre knapp am Bankrott vorbeigeschrammt, hat mit dem *iPhone* die Weise, wie Mensch und Technologie interagieren, für immer verändert. Der Konzern schreibt heute Quartalsgewinne in zweistelliger Milliardenhöhe. *Amazon* ist dem vom jung verstorbenen Steve Jobs mitgegründeten Unternehmen hart auf den Fersen. Es wurde Mitte 2018 mit fast 880 Milliarden Dollar bewertet.

Insgesamt ist im amerikanischen Technologiesektor eine historisch präzedenzlose Konsolidierung von Marktmacht und Gewinnen zu beobachten. Waren in den USA 1975 noch die 109 profitabelsten Firmen für 50 Prozent der Unternehmensgewinne verantwortlich, so streichen heute 30 Konzerne die Hälfte der erzielten Gewinne ein. Facebook, Apple, Alphabet, Amazon und Netflix waren im ersten Halbjahr 2018 zusammengenommen für circa 50 Prozent der Kursgewinne des

Standard-&-Poor's-500-Index verantwortlich. Es herrscht im Digitalsektor ein veritables Oligopol der Silicon-Valley-Giganten, die ihre jeweiligen Geschäftsfelder in beispielloser Weise dominieren und schwer zu kontrollieren sind. Apple und Google beherrschen gemeinsam etwa 99 Prozent des globalen Marktes für Smartphone-Betriebssysteme. Google und Facebook teilen unter sich 59 Prozent des amerikanischen Marktes für Internetwerbung auf. Amazon ist – mit Ausnahme Chinas – weltweit der unangefochtene Marktführer beim Onlineshopping und in *Cloud Services*, und das Unternehmen expandiert schnell in Bereichen wie Musik- und Videostreaming. Auch in der Telekommunikationsbranche ist weltweit seit etwa zwei Jahrzehnten ein ähnlicher Trend zur Konsolidierung zu beobachten.

Die ökonomische Macht hat die politische schon längst überholt. Ökonomismus hat den Humanismus abgelöst und dominiert konsequenterweise auch die internationalen Beziehungen. Solcherart ist davon auszugehen, dass die künftige Weltordnung zum Nachteil des klassisch Politischen nahezu allein von sozioökonomischen Faktoren bestimmt wird. Die Asymmetrie zwischen öffentlichen und privaten Interessen wird indessen im Steuersystem aus dem vorglobalen Jahrhundert deutlich. Die Internetriesen zahlen kaum Steuern, indem sie ihre Gewinne um den Globus verschieben und ihre Immaterialgüter – jene Softwarepatente, die sie so wertvoll machen – in Steueroasen parken.

Public Goods, öffentliche Aufgaben schlechthin – Kennzeichen aufgeklärter Demokratien – sind zu einem vernachlässigten Gut verkommen. In den internationalen Beziehungen gilt das *Prinzip Transaktion*. Was bekomme ich für meine Leistung – und das sofort? Die *Instant Gratification* der Konsumwelt hat die *Res publica* vollends übernommen. Nicht mehr ein humanes Menschenbild gilt, sondern der *Homo oeconomicus*, am besten mit freiwilligen zwölf Stunden am Tag.

Arbeitsplätze schaffen für ein gutes Leben möglichst vieler, noch in den 1970er-Jahren das Erfolgsrezept wohlfahrtsstaatlicher

Politik, wird von dieser seit der neokonservativen Wende der 1980er-Jahre opportunistisch vernachlässigt. Die Arbeitsgesellschaft des 20. Jahrhunderts wurde längst von der digitalen Wirtschaft mit immer weniger Normalarbeitsplätzen abgelöst. Digitalkonzerne schaffen in Relation zu ihren Umsätzen nur sehr wenige Arbeitsplätze. Automatisierung und Digitalisierung lösen extreme Vorstellungen und Ängste aus. Die *Big Five* setzen die neoliberale Umverteilung von der Allgemeinheit in private Hände forciert fort, indem sie staatlich geförderte Grundlagenforschung in proprietäre Technologien überführen. Auch geht die Digitalisierung der Arbeitswelt mit der Ausweitung der sogenannten *Gig Economy* – einem wachsenden Anteil von scheinselbstständig Beschäftigten – einher; der Fahrtendienst Uber ist das wohl bekannteste Beispiel.

Es gibt überzeugende Hinweise darauf, dass diese Entwicklungen zur Lohnzurückhaltung und einer sinkenden Lohnquote beigetragen haben. Auch verfügen die größten Digitalkonzerne dank geänderter Regeln, was Lobbying und politische Spenden in den USA betrifft, über einen nicht zu unterschätzenden Einfluss auf die Politik. Das schützt sie, zumindest in den USA, vor Kartellverfahren. In Europa sieht dies etwas anders aus, wie die im Frühsommer 2018 von der EU-Kommission verhängte Rekordstrafe für *Google* zeigt. Das Unternehmen wurde zu einer Zahlung von 4,3 Milliarden Euro verurteilt, nachdem der europäische Wettbewerbshüter befand, dass es seine marktbeherrschende Stellung bei Smartphone-Betriebssystemen missbraucht.

Doch nicht nur die wirtschaftliche Macht der Silicon-Valley-Giganten hat Einfluss auf unsere Demokratien. Auch die von ihnen entwickelten Produkte haben das gesellschaftliche Zusammenleben massiv verändert.

Soziale Netzwerke und mediale Öffentlichkeit

Die Zeiten, als Imperialmächte Filmprojektoren ins koloniale Hinterland transportieren ließen, um isolierten Populationen ihre *mission civilisatrice* zu vermitteln, oder Menschen jenseits des Eisernen Vorhangs heimlich am Kurzwellenradio „Westfunk“ hörten – diese Ära analoger Kommunikation ist längst Geschichte. Ebenso scheinen aber auch die Tage gezählt, in denen für eine große Zahl von Menschen der Tag mit den Radionachrichten oder der Zeitung beginnt. Stattdessen wird eine neue Generation von den Weckern ihrer Smartphones aus dem Schlaf gerissen, und noch vor dem Aufstehen wird als Erstes Facebook oder Twitter geöffnet.

Die sozialen Medien sind zentrale Foren des öffentlichen Lebens geworden. Sie erlauben ihren Nutzern, eigene Inhalte zu erstellen und sich direkt untereinander auszutauschen. Eine Reihe von Umfragen zeigt, dass sie zunehmend auch als Informationsquelle an Bedeutung gewinnen. So bezogen 2017 über zwei Drittel der Amerikaner zumindest einen Teil ihrer Nachrichten allein über Facebook, in Österreich spielen *Social Media* für immerhin 45 Prozent der Bevölkerung diese Rolle. Traditionelle Massenmedien – Print ebenso wie Funk und Fernsehen – verlieren angesichts dessen zusehends ihre Funktion als Mittler zwischen Politik und demokratischer Öffentlichkeit. Ihre Rolle als vierte Gewalt im System der Demokratie schwindet mit ihrer Reichweite und ihren Einnahmen.

Man könnte meinen, dass diese Verdrängung der traditionellen durch die sozialen Medien eine einfache Folge des technologischen Fortschritts ohne Auswirkungen auf die Politik sei. Allerdings gibt es eine ganze Reihe von Aspekten, die soziale Netzwerke von Zeitungen, Funk und Fernsehen unterscheiden und sie zu einer potenziellen Gefahr für die demokratische Öffentlichkeit machen. Diese liegen in erster Linie in den einzigartigen Möglichkeiten der *Social Media*, Menschen ohne deren Wissen zu beeinflussen, und in ihrem Selbstverständnis als neutrale Plattformen, die nicht für die auf ihnen transportierten Inhalte verantwortlich zeichnen.

Die sozialen Netzwerke sind nämlich nicht daran interessiert, ihren Nutzern faktisch korrekte oder ausgewogene Nachrichten zu präsentieren. Sie sehen sich nicht als klassische Medien, sondern als Werkzeuge zur Vernetzung von Menschen und – viel wichtiger für ihr Geschäftsmodell – zum Sammeln von personenbezogenen Daten. Ihre wichtigste Kennzahl ist das *User Engagement*: die Zeit, die Nutzer auf der Plattform verbringen, und die Zahl an *Likes*, *Shares* und Kurzkommentaren. Sie verschafft den Betreibern der Plattformen jene Datenmengen, die sie zum Erstellen möglichst detaillierter Persönlichkeitsprofile benötigen. Schon 2015 konnten Forscher der University of Cambridge und der Stanford University anhand der öffentlich verfügbaren Daten von Facebook-Profilen zeigen, dass das Unternehmen seine Nutzer besser einschätzen kann als selbst deren eigene Ehepartner. Dabei besitzt Facebook noch wesentlich detailliertere Daten als jene, die den Forschern zugänglich waren.

Es darf ohne Übertreibung behauptet werden, dass Facebook (und ebenso Google) die inneren Antriebe seiner Nutzer besser versteht als diese selbst. Diese Informationen werden weiterverkauft, um immer gezieltere und wirkungsvollere Werbung schalten zu können. Prinzipiell ist es möglich, jedem Konsumenten eine personalisierte Botschaft anzuzeigen, die genau auf dessen individuelle Wünsche, Ängste und Hoffnungen zugeschnitten ist. Um möglichst viele Daten zu sammeln, werden die Oberflächen der sozialen Netzwerke sowie die Inhalte, die den einzelnen Nutzern angezeigt werden, stetig angepasst. Das Ziel dabei ist, ein emotionales Echo hervorzurufen und die Nutzer ans Medium zu binden. Branchenintern wird dabei unzweideutig von suchterzeugenden Algorithmen gesprochen.

Der frühere Facebook-Präsident Sean Parker beschreibt den Mechanismus dahinter folgendermaßen: Das soziale Netzwerk gibt seinen Mitgliedern ab und an einen Dopamin-Kick, nämlich immer dann, wenn ein anderer Nutzer auf die *Posts* reagiert. Die digitale Sofortbelohnung ist ein integraler Bestandteil des Designs der *Social Media*. Parker, der durch seine Facebook-Anteile zum Milliardär wurde, hat seinen Account aufgelöst und verbietet, wie viele andere Silicon-Valley-Manager auch, seinen Kindern die Nutzung sozialer Netzwerke. Laut eigener Aussage bewegt ihn dabei die Sorge, wie die Mechanismen des sozialen Netzes das Denken und die Hirnphysiologie insbesondere der jüngsten Nutzer dauerhaft beeinflussen.

(Un)soziale Medien und Demokratie

Aus Erfahrung haben die Betreiber von Facebook, Twitter, YouTube und Co. gelernt, dass die polarisierendsten Inhalte ihre Nutzer zu den heftigsten Reaktionen bewegen. Ähnlich wie etwa Boulevardzeitungen mit reißerischen Schlagzeilen um die Aufmerksamkeit ihrer Leser buhlen, werden den Nutzern sozialer Medien bevorzugt Inhalte angeboten, die in besonderer Weise ihre impliziten Vorurteile und ihre Weltsicht bestätigen, oder aber möglichst stark anecken. Das verlockt zu einer verstärkten Interaktion mit den entsprechenden Inhalten und schafft damit neue Datenmengen für die Plattformen. Ob die Nachrichten und Postings auf Facebook normativen Ansprüchen wie richtig oder falsch, gar moralisch korrekt oder verwerflich entsprechen, ist dabei unerheblich. (Zumindest innerhalb gewisser gesetzlicher und gesellschaftlicher Rahmenbedingungen. Bekanntlich war es auf Facebook etwa bis vor kurzem problemlos möglich, Hass gegen Andersdenkende oder Randgruppen zu verbreiten, das Teilen von ikonischen Werken der Kunstgeschichte hingegen wurde umstandslos unterbunden, wenn zu viel – gemalte – nackte Haut zu sehen war.)

Dass Facebook und andere digitale Medien einen immer größeren Teil der Zeit ihrer Konsumenten einnehmen und sie dabei mit fragwürdigen Informationen füttern, mag auf den ersten Blick wie ein privates Problem der *User* wirken. Allerdings hat es bei genauerer Betrachtung profunde Auswirkungen auf Gesellschaft und Politik: Die *Social Media* haben zu einer Fragmentierung des öffentlichen Diskurses beigetragen, die sich in der zunehmenden politischen Polarisierung liberal-demokratischer

Gesellschaften widerspiegelt. So gibt es laut Recherchen der britischen Zeitung *The Guardian* Anzeichen dafür, dass YouTubes Empfehlungsalgorithmus – jene KI-gestützte Software, die automatisch das nächste Video auswählt – im amerikanischen Wahljahr 2016 systematisch Pro-Trump- und Anti-Clinton-Videos bevorzugte.

Wieso bevorzugt YouTubes Künstliche Intelligenz Videos mit positiven Meldungen über Donald Trump und negativen über Hillary Clinton? Genau lässt sich das nicht beantworten, da die Internetkonzerne die Funktionsweise ihrer Algorithmen hüten wie Coca-Cola seine geheime Formel. Wenn aber YouTubes Empfehlungsalgorithmus im Sinne der Aufmerksamkeitsmaximierung darauf abzielt, den Zusehern insbesondere polarisierende, extreme und bizarre Inhalte anzubieten, liegt es nahe, dass Trump stärker in den Fokus gerückt wird als seine Kontrahentin. Kaum ein westlicher Politiker der vergangenen Jahrzehnte hat mit extremeren und bizarreren Aussagen von sich reden gemacht als der 45. Präsident der Vereinigten Staaten. Auch gibt es – aus welchen Gründen auch immer, Russland mag hier eine Rolle spielen – wesentlich mehr Anti-Clinton-Verschwörungstheorien als solche, die sich gegen Trump richten.

Die traditionellen Medien – unter ihnen auch jene, die sich selbst gerne als Qualitätsmedien sehen – sind demselben Muster verfallen. Täglich wurde jeder skandalösen Aussage und jedem Protokollbruch des Kandidaten Trump von allen Seiten die volle Aufmerksamkeit geschenkt, während der vergleichsweise routinierte, inhaltsorientierte Stil seiner Kontrahentin Clinton in der Berichterstattung unterging.

Unter dem Druck der kostenlosen Online-Konkurrenz und angesichts sinkender Einnahmen haben traditionelle Medien zudem Mitarbeiter abgebaut und Kosten reduziert. Zeitgleich haben Zeitungen und Fernsehnachrichten zunehmend die in den sozialen Medien gängige Form des zugespitzten Kommentars übernommen.

Vor weniger als einer Generation wurde die Sicht der Menschen auf das Weltgeschehen und die Politik von Tausenden Journalisten, Redakteuren und Herausgebern geformt. Heute sind die geheimen Algorithmen hinter den großen Internetplattformen zu Königsmachern in der Politik geworden. Immerhin hat YouTube 1,5 Milliarden Nutzer – mehr, als es weltweit Haushalte mit Fernsehern gibt. Facebook wird von über 2 Milliarden Menschen mindestens einmal wöchentlich genutzt. Soziale Medien sind in puncto Reichweite und Zugänglichkeit unschlagbar.

Erst seit kurzem lässt sich Ernüchterung, Sorge und eine sich abzeichnende Gegenbewegung beobachten: Nach der Wahl von Donald Trump zum US-Präsidenten konnten sich traditionelle Bastionen des amerikanischen Qualitätsjournalismus über massiv wachsende Abonnentenzahlen freuen. Die *New York Times*, das *Wall Street Journal* oder die *Washington Post* stehen nach Jahren sinkender Einnahmen besser da denn je. Doch auch deren Manager sind sich einig: Viele nationale und regionale Zeitungen werden nicht überleben, nur einige wenige Publikationen, die sich auf investigativen Journalismus konzentrieren, haben Chancen. Und selbst die hervorragende *Washington Post* konnte nur dank der Übernahme durch den Amazon-Gründer und Tech-Milliardär Jeff Bezos überleben.

Die Symbiose von Politik und sozialen Medien

Die Politik bedient sich auch selbst gerne der sozialen Medien. Über sie können Politiker und Parteien direkt mit ihren potenziellen Wählern kommunizieren. Die Netzwerke erlauben es ihnen, ihre Botschaften gänzlich frei von kritischen Reporterfragen oder der Überprüfung inhaltlicher Fakten zu übermitteln und ihr Publikum rund um die Uhr zu erreichen. Vor nicht allzu langer Zeit konnten die traditionellen Medien die Inhalte derartiger *Social-Media*-Kampagnen noch ignorieren. Heute kommt weder Print noch TV daran vorbei. So können Politiker online Themen setzen und doppelt davon profitieren.

Dies ist besonders beliebt bei Populisten, die in ihrem Selbstverständnis ohnehin *volksnah* und außerdem häufig der Meinung sind, von den etablierten Medien – gern als Lügenpresse denunziert – nicht genug Beachtung geschenkt zu bekommen. Bewegungen, die von der wachsenden gesellschaftlichen Spaltung profitieren, bilden häufig eine symbiotische Beziehung mit den Mechanismen sozialer Medien. Facebook bietet den neuen Populisten die ideale Plattform, ihre Wähler dort abzuholen, wo sie ohnehin beheimatet sind.

Zum Beispiel in Österreich. Jahrelang war Heinz-Christian Strache der unangefochtene Führer bei den Facebook-*Likes*, bis Sebastian Kurz 2017 die ÖVP von schwarz auf türkis umgefärbt und von einer Partei zur *Bewegung* umgemodelt hat. Dies bescherte den bis dahin in den sozialen Medien eher schwachen Christdemokraten einen plötzlichen Aufschwung und führte zu einem Kopf-an-Kopf-Rennen mit dem populistischen Original von der FPÖ – befeuert, so wurde kolportiert, von gekauften *Fans* und *Likes,* die man bei *Social-Media*-Agenturen *en gros* erwerben kann.

Kein westlicher Politiker hat seine Politik aber dermaßen auf die sozialen Medien zugeschnitten wie Donald Trump, der eine veritable Twitter-Präsidentschaft führt. Der amerikanische Präsident hegt eine ausgeprägte Abneigung gegenüber einem Großteil der traditionellen Medien, die er als Volksfeinde und deren Nachrichten als *Fake News* bezeichnet. Daher setzt er lieber auf Twitter und nutzt den Microbloggingdienst dabei nicht nur zur Kommunikation mit seinen Bürgern, sondern auch für seine sehr spezielle Form der internationalen Diplomatie. So werden außenpolitische Initiativen der USA nicht mehr wie gewohnt bei Pressekonferenzen angekündigt, nachdem sie über geheime Kanäle schon im Vorfeld zumindest mit den engsten Verbündeten koordiniert wurden. Stattdessen neigt Trump dazu, in den frühen Morgenstunden und in Großbuchstaben seine neuesten Kurswechsel mit der Weltöffentlichkeit zu teilen.

Die Form der Twitter-Botschaften erinnert in ihrer Kürze zwar an diplomatische Depeschen des 19. Jahrhunderts, ihr Inhalt ist allerdings meist eher unkonventionell. So wird der nordkoreanische Machthaber als *little rocket man* – kleiner Raketenmann – verunglimpft und dem Land ein Regen von *fire and fury* angedroht; wenige Monate später wird aus dem *little rocket man* allerdings ein *very honorable man*. Auch wenn Trump in seinem Verhalten mit jeglicher diplomatischen und halbwegs zivilisierten Etikette bricht – seine Wähler lieben ihn dafür. Darüber hinaus hält jeder neue Eklat die Weltpresse in Atem, und der Präsident scheint diese Aufmerksamkeit mehr als alles andere zu brauchen. Trump hat die Dynamiken der sozialen Medien anscheinend instinktiv und jedenfalls hervorragend gemeistert.

Andernorts setzen Politiker noch stärker auf soziale Medien, als dies im Westen der Fall ist. Insbesondere in jungen Demokratien mit schwachen Institutionen bieten sie aufstrebenden Autokraten hervorragende Möglichkeiten, an die Macht zu kommen und an der Macht zu bleiben.

Digitale Manipulation

Die einfachste Form des digitalen Autoritarismus – angewandt von den Philippinen über die Türkei bis nach Venezuela und von Aserbaidschan bis Saudi-Arabien – setzt in erster Linie auf einen Mob von Online-*Trollen*. Diese teils bezahlten, teils aus Überzeugung handelnden Aktivisten schüchtern die Gegner des Regimes mit Hasskommentaren und Drohungen ein und erzeugen in den sozialen Medien den Eindruck, die Regierungslinie würde in der Bevölkerung auf breite Unterstützung stoßen. Sie sind im Grunde nichts anderes als das Online-Pendant zu regimetreuen Schlägertrupps und gewaltbereiten Demonstranten.

Daneben gibt es allerdings wesentlich subtilere Methoden der Einflussnahme in den sozialen Netzwerken; Methoden, die sich der spezifischen Möglichkeiten dieser Medien bedienen. Es hat sich inzwischen eine regelrechte Industrie rund um die

Nutzbarmachung und Manipulation der sozialen Medien für politische Zwecke entwickelt. Diese Methoden lassen sich sowohl innenpolitisch von Parteien oder autoritären Regimes anwenden als auch in den internationalen Beziehungen als eine Art des Informationskriegs.

Die personenbezogenen Daten, die Internetkonzerne als Basis ihres Geschäftsmodells sammeln, machen dabei Manipulationskampagnen besonders erfolgreich. Facebook und Google erstellen detaillierte Persönlichkeitsprofile ihrer Nutzer, die es Werbekunden erlauben, ihre Botschaften gezielt auf extrem genau umrissene Personengruppen zuzuschneiden und nur diesen Zielgruppen anzeigen zu lassen. Die Strategie, derartige *Dark Posts* zu schalten, die nur ganz bestimmte Personengruppen zu Gesicht bekommen, bezeichnet man als *Microtargeting.*

An sich ist diese Art der Werbung auch in der Politik legitim. Sie wurde erstmals in der amerikanischen Präsidentschaftswahl 2008 in großem Umfang eingesetzt und ist inzwischen weltweit in der Politik gang und gäbe. So hat etwa die deutsche CDU bei den Bundestagswahlen 2017 Russlanddeutsche gezielt mit kyrillischer Wahlwerbung angesprochen. Problematisch wird es allerdings, wenn Parteien unterschiedlichen Gruppen eine unterschiedliche politische Linie vermitteln. Es kann etwa von derselben Partei für eine Personengruppe eine harte Linie in Immigrationsfragen suggeriert werden, einer liberaleren Gruppe hingegen diversitätsfreundliche Politik versprochen werden – ohne dass die beiden Gruppen je erfahren, dass die Partei konträre Versprechen gemacht hat.

Russland hat bei seiner Informationsoperation im Vorfeld des Brexit-Votums stark auf derartiges *Microtargeting* gesetzt. Auf Facebook ließ es für nationalistisch gesinnte, aber auch tendenziell ängstlichere Gruppen Anzeigen über die drohende Migrantenflut bei einem Verbleib in der Union aufscheinen. Für ein liberal eingestelltes Publikum wurde eine Werbebotschaft über das undemokratische Regulierungsmonster Brüssel angezeigt.

Spezialisierte Unternehmen bieten eine derartige Manipulation der Bevölkerung per Internet als Dienstleistung an. *Cambridge Analytica*, berühmt geworden durch den Skandal um seine Rolle in der jüngsten amerikanischen Präsidentschaftswahl, ist nur das bekannteste Beispiel. Die Firma warb unter anderem mit ihrem angeblich besonders spezialisierten *Microtargeting*. Neben ihrer Arbeit für Donald Trump soll sie unter anderem auch bei der Wahl von Duterte auf den Philippinen und beim Brexit-Votum eine Rolle gespielt haben; nach eigenen Angaben wurde die Firma bei über zweihundert Wahlkämpfen und Abstimmungen beauftragt. Allerdings hat *Cambridge Analytica* den Fehler begangen, die Datensätze von über 87 Millionen Amerikanern auf verbotene Weise aus Facebook abzusaugen. Darüber hinaus haben Vorstände der Firma vor Undercover-Journalisten angegeben, für potenzielle Kunden auch Ton- und Videomaterial von politischen Gegnern fälschen zu können, um diese so mit *Fake News* in Verruf zu bringen. Die Aufregung ob dieser Enthüllungen hat dazu geführt, dass das Unternehmen 2018 Konkurs anmelden musste.

Die Datenfirma der Koch-Brüder, *i360*, und Karl Roves *Data Trust* gehen wesentlich professioneller – und erfolgreicher – vor. Sie stützen sich nicht allein auf Informationen aus Facebook-Profilen, sondern erstellen schon seit mehr als zehn Jahren ihre eigenen, um ein Vielfaches detaillierteren Datensätze von Hunderten Millionen Menschen. Dabei helfen sie nicht nur ihren bevorzugten Kandidaten in Wahlkämpfen – in erster Linie in den USA, aber auch diesseits des Atlantiks. Sie schüren darüber hinaus etwa auch systematisch Zweifel am Klimawandel und arbeiten daran, staatliche Umweltregulierungen zu lockern.

Wurden im Zuge des Arabischen Frühlings die sozialen Medien noch fast einhellig als Werkzeuge zur demokratischen Organisation gefeiert, so hat sich seitdem gezeigt, dass sie ebenso genutzt werden können, um demokratische Prozesse zu manipulieren und das Vertrauen in staatliche Institutionen zu untergraben. Die Möglichkeiten dazu werden in Zukunft sogar noch zunehmen. Schon heute warnen Technologieanalysten vor den Gefahren sogenannter *Deep-Fake*-Programme. Dadurch lassen sich auf der Basis von Video- und Tondatenbanken täuschend echte, dabei aber völlig artifizielle Aufnahmen erstellen.

Es fällt schwer, überzeugende Strategien für den Umgang mit *Fake News* und Manipulation in den sozialen Netzwerken zu entwickeln. Die Europäische Union ist derzeit der globale Vorreiter mit ihrem Versuch, Facebook und Co. für die verbreiteten Inhalte in die Verantwortung zu nehmen. Facebook ist dadurch jüngst in wirtschaftliche Schwierigkeiten geraten. Das Unternehmen hat im Juli 2018 innerhalb eines einzigen Tages beinahe 120 Milliarden Dollar an Marktwert verloren, der steilste Kursverlust in der Geschichte. Der Hintergrund sind stagnierende Mitgliederzahlen in den wichtigen westlichen Märkten nach den Skandalen der letzten Jahre und steigende Kosten aufgrund der Notwendigkeit, die Nutzung der Plattform für Informationskriege zu unterbinden. Befürchtungen, die EU könnte die sozialen Medien in Zukunft strenger regulieren, taten ein Übriges.

Facebook-Gründer Mark Zuckerberg hat allerdings den Plänen der Europäischen Union kürzlich eine Absage erteilt. Zwar werde sich die Plattform stärker als in der Vergangenheit darum bemühen, *Fake Accounts* zu löschen. Auch will man Inhalte entfernen, die einen Aufruf zur Gewalt enthalten. *Fake News* und glatte Lügen bleiben aber unter dem Mantel der Meinungsfreiheit unangetastet, solange ihre Urheber diese unter ihrem echten Namen verbreiten. Selbst Holocaustleugnung will Zuckerberg nur in Staaten unterbinden lassen, in denen es entsprechende Gesetze gibt und in denen diese auch exekutiert werden.

Tatsächlich stellt der Umgang mit *Fake News* liberale Demokratien vor ein grundsätzliches Problem: Beim Versuch, die Grenzen des öffentlich Sagbaren enger zu ziehen, würden sich liberale Staaten in gefährlicher Weise jenen autoritären Regimen annähern, die schon jetzt erfolgreiche Systeme der Zensur im digitalen Raum etablieren.

Das digitale *Soft-Power*-Wettrüsten

Konflikte zwischen Staaten werden zunehmend in der Informationssphäre ausgetragen, und *Public Diplomacy* – die Fähigkeit, Öffentlichkeit zu überzeugen und attraktiv zu wirken – ist ein wichtiger Bestandteil davon. Staaten und Regierungen müssen sich dabei im Wettlauf um die knappe Aufmerksamkeit sowohl innenpolitisch wie auch in den internationalen Beziehungen – die Grenzen verwischen sich mehr und mehr – den neuen Gesetzmäßigkeiten des digitalen Informationszeitalters unterwerfen. Im 21. Jahrhundert hängt der Erfolg von Staaten also zunehmend davon ab, wessen Narrativ überzeugender wirkt.

Diese Einschätzung liegt auch den russischen Aktivitäten zugrunde: Ihr Ziel ist es, die öffentlichen Diskurse in westlichen Staaten (aber nicht nur dort) durch eine Flut von Falschmeldungen und Verschwörungstheorien zu irritieren. Dabei mag ein Teil des Publikums zur Sichtweise Moskaus bekehrt werden. Viel bedeutender ist allerdings, dass die andauernde Konfrontation mit unzähligen Versionen von Ereignissen dazu beiträgt, das Konzept von objektiver Wahrheit an sich zu dekonstruieren.

Liberale, demokratische Gesellschaften sind besonders leichte Ziele für diese Art von Manipulation. Wenn sie das Recht auf freie Meinungsäußerung weiterhin hochhalten wollen, ist es äußerst schwer, gegen die Manipulation der öffentlichen Meinung durch externe Akteure vorzugehen. Jede Einschränkung der Informationssphäre kann als Verrat an den eigenen Werten wahrgenommen werden. Untätigkeit angesichts subversiver Operationen riskiert aber ebenfalls die Erosion liberaler Prinzipien. Autoritäre Regime wie jene in Peking oder Moskau hingegen setzen ohnehin routinemäßig auf eine Kontrolle nicht nur des Internets, sondern der Medien im Allgemeinen. Sie haben daher bereits ein Mittel gegen den potenziell destabilisierenden Einfluss von *Fake News* und *Microtargeting* in der Hand.

Propaganda und Desinformation sind selbstverständlich keine neuen Phänomene in den internationalen Beziehungen. Aufgrund ihrer beispiellosen Reichweite haben das Internet und insbesondere die sozialen Medien die Effizienz von Propagandakampagnen und Informationskriegen aber vervielfacht. Der ehemalige Direktor der CIA und der NSA Michael Haden nannte die russische Einflusskampagne im Zuge der US-Wahlen 2016 die „erfolgreichste verdeckte Operation in der Geschichte". Facebook schätzt, dass während des amerikanischen Präsidentschaftswahlkampfs 2016 mindestens 11,4 Millionen US-Bürger russisch finanzierte Werbebotschaften gesehen haben. Weitere 126 Millionen sollen Facebook-Posts gesehen haben, die von unzähligen Fake-Accounts unter der Kontrolle Moskaus abgesetzt worden sind. 1,4 Millionen Twitternutzer wurden vom Betreiber des Onlinedienstes benachrichtigt, dass sie russischer Propaganda ausgesetzt waren. Diese Zahlen sind vermutlich sehr konservative Schätzungen.

Doch die russischen Aktivitäten in der Informationssphäre beschränken sich nicht auf Wahlkampfzeiten. Vielmehr werden sie kontinuierlich durchgeführt, um einen stetig nagenden Zweifel an offiziellen Informationsquellen und traditionellen Qualitätsmedien zu säen. Bei Bedarf werden sie intensiviert. Dabei werden die Methoden Moskaus immer raffinierter: Während der Ukrainekrise 2014 und zu Beginn der russischen Intervention in Syrien 2015 wurde noch in erster Linie auf das Streuen von *Fake News* gesetzt: Ukrainische Nationalisten hätten ein russisches Baby in der Ostukraine gekreuzigt, die humanitäre Gruppe der Weißhelme in Aleppo sei in Wahrheit eine Terrororganisation und würde ihre Rettungsaktionen von Verschütteten inszenieren, hieß es da zum Beispiel. Inzwischen ist die von Moskau gelenkte *Internet Research Agency* in Sankt Petersburg, das Hauptquartier der russischen Informationsoperationen, zu komplexeren

Methoden übergegangen. 2018 wurde bekannt, dass es über Facebook Demonstrationen in US-Städten organisiert hat, und zwar in Zusammenarbeit mit nichtsahnenden amerikanischen Aktivisten. Von diesem Vorgehen profitiert Russland auf jeden Fall: Bleibt seine Involvierung unbemerkt, trägt es dazu bei, gesellschaftliche Spaltungen zu vertiefen. Fliegt es auf, beschädigt es damit die Glaubwürdigkeit jener Gruppen, die unwissentlich mit Moskau kooperiert haben.

Russland ist in Sachen digitaler Propaganda, Manipulation und Informationskrieg der zweifellos bekannteste Akteur. Moskau hat früh die Möglichkeiten des Internets für derartige Operationen erkannt und dieser neuen Sphäre eine zentrale Stellung in seinen militärischen Planungen eingeräumt. Um noch einmal den zentralen Satz aus der bereits ausführlich zitierten *Gerassimow-Doktrin* in Erinnerung zu rufen:

> *Der Schwerpunkt der angewandten Methoden in einem Konflikt hat sich verlagert in Richtung eines breiten Einsatzes politischer, wirtschaftlicher, informeller, humanitärer und anderer nichtmilitärischer Maßnahmen – abgestimmt auf das Protestpotenzial in der Bevölkerung. All dies wird unterstützt durch militärische Mittel verdeckter Art, einschließlich von Maßnahmen des Cyberkrieges und der Aktionen von Sondereinsatzkräften.*

Die Schlüsselbegriffe sind *informelle Maßnahmen* – Informationskrieg – sowie *Maßnahmen des Cyberkrieges.*

Cyberspionage und digitale Kriegsführung

Neben der *Soft-Power*-Auseinandersetzung um die öffentliche Meinung erweitert die digitale Revolution auch das Spielfeld der militärischen Konfrontation um eine neue Dimension. Staatliche Akteure führen zunehmend Cyberattacken durch, deren Ziele von klassischer Spionage über digitalen Raub bis hin zu gezielten Angriffen auf Industrieunternehmen, kritische Infrastrukturen sowie militärische Einrichtungen reichen.

Dass Kriegsführung, Spionage und Propaganda Hand in Hand gehen, ist natürlich keine neue Erkenntnis; das Internet eröffnet lediglich neue und äußerst effektive Betätigungsfelder für all diese Aktivitäten. Dabei sind die Werkzeuge für Cyberkrieg und Cyberspionage im Vergleich zu traditionellen Waffensystemen und Agentennetzwerken relativ billig und einfach zu beschaffen.

Paradoxerweise sind hochtechnisierte Staaten mit einer modernen Wirtschaft besonders anfällig für derartige Angriffe, was zu einer neuen Form der Asymmetrie führt. Nordkorea ist ein hervorragendes Beispiel für diese neue Machtverteilung. Die wirtschaftlich rückständige und streng abgeschottete Diktatur hat in den vergangenen Jahren mehrmals Schlagzeilen mit spektakulären Cyberübergriffen gemacht. Der Angriff auf Sony im Jahr 2014, bei dem Millionen von Datensätzen erbeutet und Zehntausende Firmencomputer zerstört wurden, war das erste Anzeichen dafür, dass Nordkorea über eine fähige Cyberarmee verfügt. Der aufsehenerregende Hack war dabei bloß eine Vergeltungsaktion für Sonys Produktion einer Hollywoodkomödie über den nordkoreanischen Diktator. 2016 ging von Pjöngjang ein Angriff auf die Zentralbank von Bangladesch aus, bei dem dringend benötigte Devisen für das unter Sanktionen leidende Regime beschafft werden sollten. Beinahe wäre es den Hackern in diesem Fall gelungen, eine Milliarde Dollar zu erbeuten; nur ein Tippfehler führte dazu, dass sie lediglich 81 Millionen erbeuteten. Digitaler Bankraub und Einbrüche in Cryptowährungsbörsen wurden seitdem zu so etwas wie der Spezialität Pjöngjangs.

Der Aufbau einer mächtigen Cybertruppe ist für Pjöngjang besonders interessant, weil ein Vergeltungsschlag gegen Nordkorea kaum sinnvoll ist. Die Wirtschaft des Landes mag zwar desolat sein, sie ist aber definitiv nicht abhängig von digitaler Infrastruktur. Zweifellos besitzen alle großen Mächte der Welt die Möglichkeiten, jedes Computersystem in Nordkorea mit Leichtigkeit außer Gefecht zu setzen. Dies hätte für den isolierten Staat allerdings keine gröberen Auswirkungen.

Ganz anders sieht es in den westlichen Industrienationen aus: In ihnen ist buchstäblich jedes Segment der Gesellschaft und Wirtschaft ein potenzielles Ziel, da heutzutage alles und jeder – von Strom- und Wassernetzen über Banken, Flughäfen, Spitäler, Schulen bis hin zu Autos und simplen Haushaltsgeräten – mit dem Internet verbunden ist. Die *Just-in-Time*-Logistik westlicher Handelsketten und Industriebetriebe hat zur Folge, dass bei einem Zusammenbruch der digitalen Infrastruktur innerhalb von wenigen Tagen die Supermärkte leer wären. Chaos und Revolten würden solcherart in den Bereich des Vorstellbaren rücken.

Die Konsequenzen von Cyberangriffen, bei denen die Strom- oder Wasserversorgung großflächig lahmgelegt wird, mag man sich nicht einmal vorstellen. Und dabei ist noch nicht einmal die Rede von einem digitalen *Worst-Case*-Szenario, bei dem Hacker die Kontrolle über Atomkraftwerke oder das Atomraketenarsenal einer führenden Industrienation übernehmen. Diese Bedrohungsszenarien stellen insbesondere westliche Staaten vor ein Problem, da sie den Großteil dieser Infrastrukturen privatisiert haben und daher oft nicht klar ist, wer für deren Schutz zuständig ist. Es ist leicht nachvollziehbar, dass in den Bedrohungsanalysen für die nationale Sicherheit der US-Geheimdienste seit einigen Jahren Cyberangriffe die Liste anführen – noch vor dem internationalen Terrorismus oder der Verbreitung von Massenvernichtungswaffen.

Dabei waren es die USA selbst, die 2008 in Zusammenarbeit mit Israel den ersten Cyberangriff mit Auswirkungen auf eine physische Infrastruktur eines Staates gestartet und damit das globale Wettrüsten im Internet losgetreten haben. Der als *Operation Olympic Games* bekannt gewordene Angriff auf das iranische Atomprogramm hat spezialisierte Industriesteuersysteme manipuliert, um die zur Urananreicherung notwendigen Zentrifugen zu zerstören. Angeblich hat die CIA diese Vorgehensweise vorgeschlagen, um Israel davon abzubringen, einen Militärschlag gegen den Iran zu führen. Der Angriff gilt nach wie vor als die technisch anspruchsvollste öffentlich bekannte Cyberwar-Operation.

Allerdings verdichten sich seit einiger Zeit die Hinweise, dass die USA auch das nordkoreanische Raketenprogramm auf ähnliche Weise sabotiert haben und dabei möglicherweise noch komplexere Methoden zum Einsatz brachten.

Inzwischen sind versuchte Hackerangriffe zum Alltag jeder Behörde und jedes Unternehmens geworden. Wichtige Ziele wie die Militärnetzwerke und Regierungsbehörden großer Staaten verzeichnen täglich mehrere Millionen vollautomatisierte und Abertausende spezialisierte, von Menschen ausgeführte Attacken.

Die Ukraine gilt als eine Art Versuchslabor für Russlands digitale Kriegsführung; zuletzt hat Moskau dort sogar erfolgreich das Stromnetz angegriffen. Sämtliche Techniken, die Moskau in den vergangenen Jahren gegen die USA und Europa eingesetzt hat, wurden zuvor in der Ukraine erprobt: das gezielte Streuen von Falschinformation, um Gesellschaften zu spalten, sowie Hacks von Regierungsbehörden und Parteien, um sensible Informationen zu erbeuten und danach öffentlich zu machen.

Auch in den Strom- und Wasserversorgungsnetzen der USA hat die NSA russische Schadsoftware aufgespürt. Allerdings wurde diese Information erst mit großer Verspätung öffentlich gemacht, da sich die NSA – in alter Geheimdienstmanier – nicht in die Karten blicken lassen möchte. Man fürchtet, dem Gegner zu viel über die eigenen Fähigkeiten auf dem Gebiet der digitalen Aufklärung zu verraten, wenn man durchblicken lässt, das man in der Lage ist, verdeckte Angriffe zu registrieren.

Moskau stellt seine Cyberaktivitäten wie so oft als analog zur Vorgehensweise der USA und ihrer Verbündeten dar. *Fake News* und Desinformationskampagnen sind in den Augen des Kreml die Antwort auf BBC, Deutsche Welle oder RFE/RL. Verdeckte Einmischung in die demokratischen Abläufe westlicher Staaten werden mit der institutionellen Unterstützung von Oppositionsgruppen und Protesten im postsowjetischen Raum und im Nahen Osten gleichgesetzt. Und für das Hacking von Regierungsbehörden, Unternehmen und sogar die Zerstörung von kritischer

Infrastruktur haben NSA, CIA, GCHQ und der Mossad mit ihrer Spionage, umfassenden Überwachungsprogrammen und dem Angriff auf das iranische Atomprogramm die Vorlagen geliefert. Diese Argumentation strapaziert natürlich die Tatsachen: So ist Moskaus Verbreitung kruder Verschwörungstheorien und das Schüren von gesellschaftlichen Spannungen nicht mit der zumeist sachlichen Berichterstattung westlicher Medien über Korruption, Wahlfälschung und Repression in Russland gleichzusetzen. Aber zumindest bei den Geheimdienstaktivitäten und den offensiven Cyberoperationen des Westens trifft der Kreml einen wunden Punkt.

Tatsächlich operieren insbesondere die USA auf diesem Gebiet mit Doppelstandards, was das Vertrauen in Washington als Garant liberaler Werte nachhaltig untergräbt. Die Totalüberwachung der weltweiten Datenströme, und damit auch der eigenen Bevölkerung sowie die der Verbündeten, widerspricht den liberalen Grundwerten; gleichzeitig werden Russland, China und andere US-kritische Regime wegen ihrer Überwachung und Zensur kritisiert.

Eigene Cyberaktivitäten gegen Drittstaaten werden im offiziellen Jargon Washingtons euphemistisch als *Computer Network Exploitation* kategorisiert, während gleichartige Angriffe auf eigene Netzwerke als kriegsähnliche Attacken gewertet werden. Enthüllungen der amerikanischen Überwachung der deutschen Bundesregierung bis hin zur Bundeskanzlerin haben Misstrauen in das transatlantische Verhältnis gebracht.

Washington hat noch weitere Probleme auf dem Feld der digitalen Kriegsführung. Obwohl seine Geheimdienste NSA und CIA zu den führenden Entwicklern von Cyberwaffen gehören: Sie haben selbst ein massives Sicherheitsproblem. Im August 2016 veröffentlichte eine Hackergruppe, die sich *Shadow Brokers* nennt, eine ganze Sammlung amerikanischer Cyberwaffen im Internet zum Download. Die vermutlich auf Geheiß Moskaus agierende Gruppe hatte Zugang zum Arsenal der NSA-Elitedivision *Tailored*

Access Operation bekommen. Seitdem sind Teile des gestohlenen US-Codes unter anderem in nordkoreanischen und russischen Cyberwaffen identifiziert worden.

Dies illustriert einen Aspekt, der die Werkzeuge digitaler Kriegsführung grundlegend von herkömmlichem Kriegsmaterial unterscheidet: Bei der Herstellung von hochentwickelten Waffensystemen gilt es unzählige technologische Hürden zu überwinden, selbst wenn die Baupläne bekannt sind. So hat Peking etwa bei einem Hack frühe Blaupausen des amerikanischen F-35-Kampfjets erbeutet – dennoch verfügt China (noch) nicht über das industrielle Know-how, um den Jet nachzubauen. Wird jedoch der Code von Cyberwaffen einmal gestohlen, können diese jederzeit und von jedermann beliebig eingesetzt und vervielfacht werden.

Die Logik der digitalen Kriegsführung

Die USA haben den Cyberspace als neue Sphäre der Kriegsführung mit ihrem Angriff auf den Iran eröffnet. Gemäß ihrer Doktrin der umfassenden Dominanz haben sie den digitalen Raum von einer Domäne der Spionage und Überwachung zu einem Bereich des direkten Angriffs erweitert. Allerdings verliert Washington in Zeiten des Cyberwar den größten defensiven Vorteil seiner Geschichte: Die Tatsache, dass Amerika von zwei Ozeanen umgeben ist, ist unerheblich für Angriffe aus dem Internet.

Die destruktivsten Akteure in der digitalen Sphäre waren in den vergangenen Jahren allerdings Russland und Nordkorea sowie der Iran. Sie haben in der umfassenden Vernetzung der westlichen Gesellschaften und Wirtschaften eine signifikante Schwäche entdeckt und mit ihren Angriffen versucht, direkten Schaden anzurichten, indem sie etwa die Netzwerke von Firmen und öffentlichen Einrichtungen lahmgelegt oder Desinformations- und Propagandakampagnen durchgeführt haben. Gerade für Staaten wie China, Nordkorea, Russland oder den Iran haben Cyberwaffen große Vorteile. Zwar sind Atomwaffen nach wie vor die ultimative Lebensversicherung für autoritäre Regime – sie sind jedoch außer zur Abschreckung nicht wirklich einsetzbar. Denn jeder Einsatz von Atomwaffen würde zu einem nuklearen Gegenschlag führen und damit in jedem Fall die Vernichtung des Angreifers bewirken.

Die Logik der nuklearen Abschreckung hat während des Kalten Krieges die internationalen Beziehungen stabilisiert, weil alle Akteure sich der Gefahr der totalen Vernichtung bewusst waren. Im Gegensatz zum *Gleichgewicht des Schreckens* ist die Hemmschwelle zum Einsatz von Cyberwaffen extrem niedrig, was die Gefahr einer Eskalation erhöht. Cyberwaffen sind nämlich in vielerlei Hinsicht das exakte Gegenteil von Atomwaffen: Sie sind relativ einfach und billig herzustellen. Einmal entwickelt, lassen sie sich beliebig vervielfachen. Angriffe können lange unerkannt bleiben, oft wirken sie in ihren Konsequenzen oberflächlich wie technische Pannen. Hochvernetzte, offene und kapitalistische Gesellschaften sind am verwundbarsten durch diese Art von Angriff. Darüber hinaus ist es schwer, einen solchen Angriff eindeutig einer Quelle zuzuordnen. Cyberattacken lassen sich jederzeit abstreiten, und sie sind äußerst fein kalibrierbar. Aus diesen Gründen sind sie das Mittel der Wahl vieler Staaten geworden, die eine größere, militärisch und wirtschaftlich überlegene Macht angreifen wollen. Cyberwaffen bieten eine Möglichkeit, sein Gegenüber zu schwächen, Macht zu demonstrieren oder Einfluss auszuüben, ohne einen *heißen* Krieg vom Zaun zu brechen.

Dass Cyberaktivitäten bislang nicht zu konventionellen militärischen Schlagabtäuschen geführt haben, sollte jedoch kein Grund zur Beruhigung sein. Cyberwaffen verschieben das Gleichgewicht zwischen Offensiv- und Defensivmöglichkeiten: Digitale Netzwerke sind unglaublich schwer umfassend zu schützen, nicht zuletzt weil jeder Punkt im Netz, jeder individuelle Rechner oder E-Mail-Account ein potenzielles Einfallstor für Angreifer ist. Das macht die Offensive umso leichter und führt dazu, dass ein permanenter Konfliktzustand auf niedrigem Niveau zum *New Normal* der Sicherheitspolitik wird. Der neue Normalzustand eines ständigen Geplänkels in der digitalen Sphäre, in dem die Grenzen stets von neuem ausgelotet werden, ist instabil und eine Eskalation nur eine Frage der Zeit.

Ein weiteres Problem liegt darin, dass es derzeit keine seriöse öffentliche Debatte über die Normen und Regeln zum Einsatz von Cyberwaffen gibt. Da die eingesetzten Methoden aus dem Umfeld der Geheimdienste stammen, fehlt eine Kultur der demokratischen Rechenschaftspflicht. Nach wie vor haben die USA keine einzige Cyberattacke auf ein anderes Land öffentlich zugegeben, und alle anderen Staaten folgen dem amerikanischen Vorbild. Dies ist eines der zentralen Hindernisse für eine Politik der Entspannung und der gegenseitigen Berechenbarkeit; sie befeuert einen Rüstungswettlauf im Internet. Auch steht eine derartige Geheimhaltung der eigenen Cyberfähigkeiten einer Strategie der Abschreckung im Wege. Würde man zumindest einen Teil der Arsenale offenlegen und klar definieren, mit welchen Folgen ein potenzieller Angreifer zu rechnen hätte, könnte man möglicherweise ein gewisses strategisches Gleichgewicht schaffen.

Die US-Administration hat zwar in ihrer Anfang 2018 vorgelegten nationalen Sicherheitsdoktrin implizit anklingen lassen, dass Amerika in Zukunft sogar mit Atomwaffen auf einen umfassenden Cyberangriff antworten könnte, wenn dabei kritische Infrastrukturen wie etwa die Stromversorgung lahmgelegt würden. Diese Herangehensweise kann allerdings aus mehreren Gründen nicht überzeugen: Einerseits sprechen alle moralischen, humanitären und völkerrechtlichen Erwägungen radikal gegen eine derartige Reaktion. Womöglich noch schwerer wiegt ein weiterer Gesichtspunkt: Die Urheberschaft von Cyberattacken lässt sich durch erfahrene Hacker derart verschleiern, dass eine Zuordnung sehr schwer ist und lange Zeit in Anspruch nimmt. Die US-Geheimdienste haben Monate gebraucht, um einstimmig zur Erkenntnis zu gelangen, dass die russische Regierung hinter den Angriffen auf die Computersysteme der Demokratischen Partei steht.

Im Falle einer weitreichenden Cyberoffensive, die ein ganzes Land ins Chaos stürzt, ist eine derart lange Frist bis zum Gegenschlag unglaubwürdig. Da es aber relativ einfach ist, falsche Fährten zu legen, indem man einen Angriff über zuvor gehackte Systeme unbeteiligter Dritter ausführt, bestünde bei einer schnellen Reaktion die Gefahr, die Falschen zu treffen.

Dies verweist auf weitgehend unerforschte Fragen zur Ethik für das digitale Zeitalter. Eine breit angelegte Debatte über das Völkerrecht im digitalen Zeitalter wäre dringend nötig, um das Aufflammen offener Kriege zu verhindern, und die Vereinten Nationen wären das logische Forum dafür. Allerdings sind Versuche einer Art von Rüstungskontrolle für Cyberwaffen in den vergangenen Jahren gescheitert – nicht zuletzt, weil keine Seite ihre Programme und Fähigkeiten offenlegen wollte.

Die Macht im Silicon Valley

In den USA ist das Verhältnis zwischen Militär und Digitalindustrie wesentlich zwiespältiger als in China. Das Internet selbst geht in seinen Ursprüngen auf eine Initiative der amerikanischen *Defense Advanced Research Projects Agency*, kurz DARPA, zurück. Die DARPA hat auch eine Reihe weiterer Technologien, die heute in jedem PC und Smartphone stecken, aus seinen Budgets finanziert. Auch CIA, Pentagon, NASA und das amerikanische Heimatschutzministerium spielen zentrale Rollen im Silicon Valley. Man könnte sagen, dass sich, analog zum militärisch-industriellen Komplex, ein neuartiger *militärisch-digitaler Komplex* herausgebildet hat. Amazon etwa wird vermutlich seine *Cloud*-Technologie für das Pentagon adaptieren und spezialisierte *Big-Data*-Unternehmen helfen Militär und Geheimdiensten beim Auswerten ihrer gewaltigen Datenmengen.

Ein wesentlicher Punkt unterscheidet den militärisch-digitalen Komplex des Silicon Valley jedoch von der klassischen Rüstungsindustrie: Die großen Datenkonzerne sind nicht in gleicher Weise von amerikanischen staatlichen Aufträgen abhängig, wie es bei Boeing, Lockheed Martin oder anderen Rüstungsfirmen der Fall ist. Ihre wichtigsten Kunden sind Privatpersonen und Firmen in aller Welt. Daher versuchen die Datenkonzerne, ihre Verbindungen zum amerikanischen Sicherheitsapparat nicht zu thematisieren.

Silicon Valley brüstet sich gerne mit seiner Fortschrittlichkeit und einem gewissen Rebellentum (man denke an Apples Slogan *Think different*). Gerne wird das Prinzip des *freien Internets* hochgehalten, und viele Unternehmen stellen die Hippie-Wurzeln und liberalen Ideale ihrer Firmengründer in den Vordergrund. Die Großen Fünf – Amazon, Apple, Facebook, Google und Microsoft – geben sich stets freiheitsliebend und versuchen nach Möglichkeit, ein Image als moralische Akteure zu kultivieren: Googles zweifelhaftes Motto etwa lautet *Do No Evil* – Tu nichts Böses. Dennoch ist die personelle Verschränkung zwischen dem amerikanischen Sicherheitsapparat und dem Silicon Valley nicht zu übersehen. Eric Schmidt etwa, der ehemalige Vorstandsvorsitzende von *Alphabet Inc.*, ist nun der Vorstand des *Defense Innovation Board* des Pentagon – eine Position, die früher schon Jeff Bezos, der Gründer von *Amazon*, innehatte.

Allerdings wird im Silicon Valley zunehmend Kritik an einer Zusammenarbeit mit dem Rüstungsbereich laut. *Google* sah sich etwa nach dem Protest Tausender Mitarbeiter gezwungen, seine laufende Kooperation mit dem Verteidigungsministerium zur verbesserten Auswertung der Sensordaten von Drohnen mithilfe von KI wieder einzustellen. *Apple* hat sich in einem sich lange hinziehenden Konflikt mit den US-Behörden geweigert, eine Hintertür für Geheimdienste und Polizei in seine Verschlüsselung des iPhones zu integrieren. Letztendlich hat das Unternehmen seine Smartphones so konzipiert, dass es nicht einmal selbst auf die Daten der Nutzer zugreifen kann, und sich so aus der Verantwortung gezogen.

Die neueste Initiative ist eine von Microsoft initiierte *Digitale Genfer Konvention* der Privatindustrie, bislang von mehr als dreißig führenden Unternehmen der IT-Branche unterzeichnet. Diese verpflichten sich darin, keine Cyberangriffe gegen Unternehmen und Privatpersonen zu unterstützen und nicht an der Entwicklung von Cyberwaffen mitzuwirken. *Facebook* zählt zu den Unterstützern; es fällt jedoch auf, dass *Apple*, *Amazon* und *Google* fehlen.

Der technologische Wettlauf mit China

China verfolgt im Cyberspace einen Ansatz, der sich grundlegend von jenem Russlands oder des Iran unterscheidet. Zwar wird das Land von vielen Analysten als mindestens ebenso versiert im Hacken und Führen von Cyberkrieg wie andere Mächte eingeschätzt, und in der Vergangenheit hat Peking auch in großem Stil europäische und amerikanische Industrien – von der Rüstungsbranche bis zu den Silicon-Valley-Titanen – gehackt, um an deren geistiges Eigentum heranzukommen. Allerdings hat China bislang keine zerstörerischen Angriffe auf kritische Infrastrukturen unternommen. Als aufsteigende Macht hat es kein Interesse daran, seine fraglos vorhandenen offensiven Cyberkapazitäten zur Anwendung zu bringen. Peking verfolgt vielmehr ein Aufholrennen um strategisch wichtige Schlüsseltechnologien.

Im staatskapitalistischen Modell Pekings besteht keine Trennung der politischen und wirtschaftlichen Sphäre. Wirtschaftlich-technologische Stärke wird daher unmittelbar mit staatlicher Macht und Einfluss auf der internationalen Bühne gleichgesetzt. Die chinesischen Hacks westlicher Technologie- und Rüstungsunternehmen mögen zwar von der Partei orchestriert oder zumindest approbiert sein – sie kommen jedoch letztlich einheimischen Konzernen zugute. Allerdings hat China derartige Aktivitäten in den letzten Jahren heruntergefahren. Vielmehr ist man verstärkt dazu übergegangen, Hochtechnologie schlicht und einfach zuzukaufen.

Der chinesische Präsident Xi Jinping versucht offensichtlich, jegliche direkte Konfrontation zu vermeiden, und setzt stattdessen auf massive Investitionen in Zukunftstechnologien. Insbesondere auf den Gebieten der Künstlichen Intelligenz, der Quantenkommunikation und der Biomedizin ist es gemäß der *Made-in-China-2025*-Strategie das erklärte Ziel Pekings, über die kommenden Jahre zum weltweiten Führer aufzusteigen.

2017 kamen über 50 Prozent der weltweiten Investitionen in KI-Start-ups aus China; 2016 waren es erst etwas mehr als 11 Prozent. Das chinesische Exzellenzzentrum für Forschung zu Quantencomputern – eine spekulative Technologie, mit der sich theoretisch jede Verschlüsselung knacken und abhörsichere Kommunikation realisieren ließe – ist mit 10 Milliarden Dollar dotiert. Zum Vergleich: Die USA investieren jährlich 200 Millionen in diese Technologie.

Dieser Wettlauf um Schlüsseltechnologien dürfte auch die zunehmende Abkehr Chinas von der Online-Piraterie erklären: Da sich das Land in naher Zukunft an der Spitze der technologischen Entwicklungen sieht, hat es jedes Interesse daran, die Normen zum Schutz von geistigem Eigentum nunmehr hochzuhalten. Und da westliche Unternehmen bereit sind, große Zugeständnisse im Tausch für den Zugang zum chinesischen Markt zu machen, kann Peking auf Technologietransfers und Joint Ventures bestehen, um den Abstand zum Westen zu verringern.

Parallel dazu hat China schon früh begonnen, die Entwicklung einer heimischen Digitalindustrie zu fördern, indem es die etablierten US-Konzerne selektiv vom chinesischen Markt ausgeschlossen hat. Dies ist einerseits dem Umstand geschuldet, dass die Partei allen Kommunikationsmitteln misstraut, die nicht unter ihrer absoluten Kontrolle stehen. Andererseits war man sich in Peking der enormen Bedeutung derartiger Industrien für die wirtschaftliche Entwicklung im 21. Jahrhundert bewusst und wollte den gewaltigen chinesischen Markt nicht dem Silicon Valley überlassen. Inzwischen sind Chinas soziale Medien und Onlinehändler wie Weibo, Tencent und Alibaba die einzigen Konkurrenten für Facebook, Amazon und Co.

Die einheimischen IT-Unternehmen helfen Peking auch beim Erreichen von zwei weiteren zentralen Zielen: Erstens erlauben sie eine beispiellose Überwachung und Manipulation der gesamten Bevölkerung mit dem Ziel der sozialen Kontrolle. Zweitens sind die Datenmengen, die diese Konzerne sammeln, der wichtigste Rohstoff zur Entwicklung immer mächtigerer Künstlicher Intelligenzen – einer Technologie, die noch weitgehend unerforschte Auswirkungen auf die internationalen Beziehungen haben wird.

Künstliche Intelligenz und internationale Beziehungen

Beim Thema KI und Politik scheint es derzeit zwei konträre Ansichten zu geben: Die einen halten es bloß für das nächste *Buzzword* aus Kalifornien, die anderen verbreiten Weltuntergangsstimmung und warnen vor einer allmächtigen Computerintelligenz, die die Menschheit unterwerfen könnte. Beide Einschätzungen basieren auf einem mangelnden Verständnis dessen, was KI aktuell ist und wie sie funktioniert. Die Weltuntergangspropheten verwechseln dabei die heutigen Formen von KI mit der allgemeinen oder *starken Intelligenz*, die wie das menschliche Denken funktioniert und möglicherweise sogar ein Bewusstsein entwickeln könnte. Diese wird allerdings noch auf lange Sicht, wenn nicht sogar für immer, *Science-Fiction* bleiben.

Was wir heute als *schwache KI* bezeichnen, ist nicht geeignet, in menschlichen Dimensionen zu denken. Allerdings ist diese Technologie dem Menschen im Erkennen von Mustern und Regelmäßigkeiten in gewaltigen Datenmengen weit überlegen. Diese Fähigkeit lässt sich für eine breite Palette analytischer, prädiktiver und operativer Anwendungen einsetzen. Es wird vielfach unterschätzt, was selbst eine schwache KI schon heute zu leisten imstande ist: So wird aktuell der Einsatz von KI bei der Analyse von Röntgen- und CT-Bildern auf krankhafte Veränderungen mit äußerst vielversprechenden Ergebnissen erprobt. Auch für den juristischen Bereich wird bereits spezialisierte KI entwickelt, die Anwälten einen Gutteil der Arbeit abnehmen könnte. In Zukunft wird sich diese Entwicklung nur beschleunigen: Die Automatisierung bleibt im Zeitalter der Digitalisierung nicht länger auf die Berufsfelder der klassischen Arbeiterklasse beschränkt; hochspezialisierte und gut bezahlte Jobs, die in erster Linie im Erkennen komplexer Muster bestehen, können bereits heute von KI besser ausgeführt werden.

Das wirft die Frage auf, was mit dem stetig wachsenden Anteil der Bevölkerung geschehen soll, der in der wirtschaftlichen Produktion nicht länger benötigt werden wird. Kreative Antworten werden notwendig sein, will man eine immer weiter zunehmende Ungleichheit und die damit verbundenen gesellschaftlichen Spannungen hintanhalten. Nicht von ungefähr fordern immer mehr Silicon-Valley-Magnaten eine breite Debatte über ein bedingungsloses Grundeinkommen.

Auf globaler Ebene könnte KI aber auch zur verbesserten Allokation von Ressourcen eingesetzt werden und damit die immense Vergeudung von Energie und Lebensmitteln reduzieren. Eine intelligentere Steuerung der weltweiten wirtschaftlichen Abläufe wäre dringend notwendig, um die drängendsten Probleme der Menschheit wie Klimawandel, Versteppung und Bodenerosion und die Verschmutzung der Meere und der Luft einzudämmen.

In der Politik denkt man derweil über den möglichen Einsatz von KI zur besseren Planung nach. KI könnte dabei etwa, mit den notwendigen Datenmengen ausgestattet, währungs- und wirtschaftspolitische Steuerungsmaßnahmen wesentlich genauer auf ihre Auswirkungen prüfen oder die Ressourcenallokation von Staaten verbessern. Dies würde allerdings eine weitere Technokratisierung von Regierungsführung bedeuten und wirft demokratiepolitische Fragen auf. Immerhin sollte die Politik jene Sphäre sein, in der gesellschaftliche Zielkonflikte ausverhandelt werden. Es gilt also zunächst zu klären, auf Grundlage welcher Zielvorgaben eine KI ihre Empfehlungen abgeben soll.

China ist dabei ein warnendes Beispiel: Das Land hat sich voll und ganz der Entwicklung von KI verschrieben, um seine autoritäre Vision zur Perfektion zu bringen. Peking träumt von einer KI, die aufgrund der Datenmengen aus den Smartphones und Überwachungskameras, aus Kreditkartenrechnungen und Versicherungsdaten das Verhalten jedes Bürgers vorhersagen und beeinflussen kann. Mit der entsprechenden Datenmenge und genügend Rechenkraft, so die Überlegung, lässt sich ein System errichten, in dem offene Repression und Zwang kaum noch notwendig sein werden. So wie *Facebook* und *Google* schon heute die inneren Antriebe ihrer Nutzer verstehen, auswerten und manipulieren können, kann ein autoritärer Staat mithilfe von KI seine Bürger zum gewünschten Denken und Handeln bringen, ohne dass diese es überhaupt merken.

Im militärischen Bereich sieht man das Potenzial von KI in erster Linie in der Entwicklung autonomer Waffensysteme, die schneller und akkurater reagieren können als Menschen. Auch Cyberwaffen und Desinformationskampagnen ließen sich mithilfe von künstlicher Intelligenz perfektionieren und automatisieren. Wie solche Systeme allerdings programmiert werden sollen und wer ultimativ die Verantwortung trägt, wenn sie Zivilisten töten oder andere Kriegsverbrechen verüben, bleibt bislang unbeantwortet. Systeme, bei denen die Entscheidung über Leben und Tod letztlich noch bei Menschen liegt, mögen ehrenhaft sein, können ihre Anwender allerdings benachteiligen, wenn der Kontrahent auf vollautonome Waffen setzt. Maschinen sind schneller als Menschen, und sie zögern im Zweifelsfall nicht aufgrund moralischer Bedenken.

Es gäbe allerdings auch die Möglichkeit, KI zur Früherkennung und Vermeidung von Konflikten einzusetzen. Eine starke internationale Gemeinschaft könnte steigende Spannungen innerhalb oder zwischen Staaten mithilfe geeigneter Technologien früher registrieren und einschreiten. Auch könnten ausreichend starke KIs den Ausgang einer militärischen Konfrontation mit hoher Wahrscheinlichkeit schon im Voraus berechnen und so die Austragung von Kampfhandlungen vermeiden.

Es wäre darüber hinaus auch denkbar, KI zur Überwachung von internationalen Abkommen einzusetzen. Dabei könnte Software etwa eine Reihe von Sensoren in Atomanlagen und anderen sensiblen Einrichtungen überwachen und somit die Einhaltung von Abrüstungsverträgen garantieren. Die Aussicht auf einen absolut unbestechlichen und unparteiischen Schiedsrichter könnte den Ausschlag bei Verhandlungen über Abrüstungs- oder Friedensabkommen geben.

In den internationalen Beziehungen droht die Entwicklung immer stärkerer KI die bestehenden Machtunterscheide zu vertiefen: Schon heute sehen wir einen *Digital Divide*, wo jene 50 Prozent der Weltbevölkerung, die keinen Internetzugang haben, weitaus ärmer und schwächer sind als die andere Hälfte. KI wird die Wirkung digitaler Technologien noch vertiefen und jene stärken, die über sie verfügen.

Künstliche Intelligenz hat also das Potenzial, die Welt zum Positiven zu verändern oder die bestehenden Probleme weiter zu vertiefen. Letztlich liegt es an der menschlichen Gesellschaft – davon darf man im Zeitalter der globalen Vernetzung wohl erstmals wirklich sprechen –, diese Technologie entsprechend einzusetzen.

Militärs und Sicherheitskreise haben die Möglichkeiten von KI längst in ihre strategischen Planungen integriert, und die Milliardäre des Silicon Valley stellen die Notwendigkeit von radikalen Maßnahmen wie einem bedingungslosen Grundeinkommen in den Raum, um auf die erwarteten Verwerfungen in der Arbeitswelt zu reagieren. Die globale und nationale politische Debatte zu den Implikationen von KI lässt allerdings zu wünschen übrig – sie ist sogar so gut wie nicht existent.

Eine zentrale Frage wird dadurch ausgeklammert: Was wollen verschiedene Gesellschaften mit den neuen Möglichkeiten erreichen, was sind ihre Ziele? Bevor die revolutionären Potenziale der KI angewandt werden, gilt es auszuformulieren, zu welchem Zweck dies geschehen soll. Dies setzt allerdings Reflexion, Debatte, Introspektion und ein gemeinschaftliches Für und Wider voraus – kurz gesagt, es erfordert Zeit. Das charakteristische Merkmal der digitalisierten Welt ist allerdings die stetige Beschleunigung des Daseins, in dem zunehmend die Zeit für Reflexion fehlt. Umso notwendiger ist es, auf nationaler und internationaler Ebene eine breite Debatte über die Möglichkeiten und Implikationen von KI und anderen technologischen Neuerungen zu führen. Ansonsten laufen wir Gefahr, dass technologische Machbarkeit die Zukunft des menschlichen Zusammenlebens bestimmt, statt dass neue Technologien in den Dienst gesellschaftlicher Visionen gestellt werden.

US-Präsident Eisenhower hat 1953 in seiner *Atoms-for-Peace*-Rede an die Vereinten Nationen die Gründung der Internationalen Atomenergiebehörde IAEA mit Sitz in Wien angeregt, als die internationale Gemeinschaft sich mit einem beispiellosen Potenzial sowohl zur Vernichtung als auch zur Verbesserung der Welt konfrontiert sah. Vielleicht ist es notwendig, analog zur IAEA eine IAIA – eine *International Artificial Intelligence Agency* – ins Leben zu rufen, um die friedliche und gerechte Nutzung der Künstlichen Intelligenz zu fördern.

Die EU und die digitale Revolution

Wo aber steht Europa im Cyber-Wettrüsten zwischen den USA, China, Russland und einigen anderen Akteuren wie Nordkorea und dem Iran? Die EU hat die Entwicklungen der digitalen Revolution zu einem Gutteil verschlafen, keines der größten Internetunternehmen stammt vom alten Kontinent. Auch hat die Union – wie in allen anderen Bereichen der militärischen Sicherheit – bis vor kurzem keinerlei eigenständige Vision zur Verteidigung ihrer Interessen in dieser neuen Domäne formuliert.

Allerdings zeichnet sich gegenwärtig ein Ansatz ab, über den Europa zu einem wichtigen Gestalter der digitalen Zukunft werden könnte. Dieser ist gekennzeichnet durch zwei breit gefasste Aspekte: Einerseits versucht die Union derzeit als einziger Akteur, Cybersicherheit mit liberal-demokratischen Grundwerten in Einklang zu bringen. Andererseits ist die EU auch in der Digitalökonomie zu einem wichtigen Normensetzer geworden und nimmt eine weltweit führende Rolle in der Regulierung von Internetkonzernen im Hinblick auf Datenschutz und Persönlichkeitsrechte, aber auch in Fragen des Kartellrechts und der Rechenschaftspflicht ein.

Der Rat der Europäischen Union hat Ende 2017 eine neue Cybersicherheits-Strategie beschlossen, die auf „Abwehrfähigkeit, Abschreckung und Abwehr" setzt. Im Gegensatz zur ersten Cyberabwehr-Strategie, die die EU 2014 vor dem Hintergrund der Snowden-Enthüllungen erlassen hatte, stehen in der aktualisierten Fassung explizit Angriffe durch Staaten und nichtkriminelle Hackergruppen im Zentrum der Bedrohungswahrnehmung. Europa soll etwa Maßnahmen ergreifen, um „die Einhaltung des Völkerrechts im Cyberraum" sicherzustellen, und „einen Rahmen für eine gemeinsame diplomatische Reaktion der EU auf böswillige Cyberaktivitäten" schaffen – eine Sprache, die eindeutig von staatlichen Akteuren als potenzielle Aggressoren ausgeht. Dass die Cyberangriffe Russlands auf die USA und europäische Staaten den Ausschlag für diese Neubewertung gegeben haben, ist offensichtlich.

Dies ist allerdings nicht die einzige Neuerung in der aktuellen Strategie: Das Ziel der überarbeiteten EU-Doktrin ist die „strategische Autonomie Europas" bei der Abwehr von Cyberattacken durch Drittstaaten. Die NATO wird nur noch am Rande erwähnt, Washington überhaupt nicht mehr. Ein fundamentaler Wandel für Europa, das in Sicherheitsfragen bisher stets ziemlich unselbstständig transatlantisch orientiert war. So beziehen sich die Passagen über Informationsaustausch und operative Zusammenarbeit nur auf EU-Mitglieder unter Ausschluss Großbritanniens. Der äußerst aggressive britische Militärgeheimdienst GCHQ, der stets auch andere EU-Staaten ausspioniert hat und eng mit der amerikanischen NSA zusammenarbeitet, wird demnach in Zukunft wie jeder Nachrichtendienst eines Drittstaates behandelt.

2017 wurde erstmals im Zuge einer hybriden Übung der *European Defense Agency* (EDA) unter Beteiligung aller Mitgliedsstaaten die europäische Cyberverteidigung durchgespielt. Obwohl das Szenario, bei dem ein Cyberangriff in Kombination mit militärischen Operationen erprobt wurde, offiziell einen fiktiven Akteur zum Gegner hatte, machte allein das Setting in Estland mehr als klar, gegen wen hier die Verteidigung geprobt wurde: Russland.

Vielleicht noch wichtiger als das europäische Streben nach strategischer Autonomie im Sicherheitsbereich ist der Schwung neuer Regulierungen und Urteile der Europäischen Institutionen mit Bezug zur Datenökonomie. So ist 2018 die neue Datenschutz-Grundverordnung in Kraft getreten, die EU-Bürgern umfassende neue Rechte im Hinblick auf die Verarbeitung und Speicherung ihrer personenbezogenen Daten einräumt. Da diese Regeln auch für ausländische Unternehmen gelten, die Daten von EU-Bürgern verarbeiten, stehen weltweit Firmen vor der Wahl, ihre Praktiken den europäischen Regeln anzupassen oder vom zweitgrößten Markt der Erde ausgeschlossen zu werden. Viele Staaten übernehmen daher die EU-Regeln – teils Wort für Wort – in ihre nationale Gesetzgebung, um allen heimischen Unternehmen den fortgesetzten Marktzugang zu ermöglichen. Darin liegt die regulatorische Supermacht der Union begründet. Nur einige wenige Staaten halten strikt an ihren eigenen Standards fest und zwingen ihre Unternehmen dadurch, selbst die EU-Regeln zu implementieren. Allen voran sind dies China, Russland und die USA.

Daneben gehen Europäische Gerichte verstärkt gegen die Silicon-Valley-Monopolisten vor und versuchen soziale Netzwerke wie Facebook für die von ihnen übertragenen Inhalte in die Verantwortung zu nehmen. Aufgrund ihres wichtigen Marktes und ihres elaborierten Rechtsapparats hat die Union eine Chance, die Zukunft der digitalen Sphäre auf normativer Basis zu gestalten.

Welche digitale Weltordnung?

Was bedeuten die rasenden Veränderungen der digitalen Revolution nun letztlich für unser zentrales Thema, die internationalen Beziehungen? Kann die liberale Ordnung sich in diesen Zeiten des radikalen Wandels behaupten? Es wird immer schwieriger, den Überblick zu behalten angesichts der vielfältigen Veränderungen, mit denen sich Individuen, Gesellschaften und letztlich auch die Politik aufgrund neuer Technologien konfrontiert sehen. Dieses Kapitel ist der Versuch, die Komplexität des Themas auf den Punkt zu bringen.

Denn auch wenn sich ihre Auswirkungen derzeit nur schwer in ihrem vollen Umfang greifen lassen, scheint doch eines klar: Die digitale Revolution wird auch in den internationalen Beziehungen keine Fortschreibung der bestehenden Verhältnisse zulassen, sondern bedeutet einen Bruch mit bisher Dagewesenem. Eine zentrale Herausforderung für die westliche Politik wird sein, von der Reaktion in einen Modus der Aktion zu finden und in Entwicklungen im Zusammenhang mit der Digitalisierung gestaltend einzugreifen.

Die technologischen Neuerungen der digitalen Revolution ermöglichen verschiedene Zukunftsszenarien, deren Wahrscheinlichkeit sich ebenso wenig vorhersagen lässt wie die Auswirkungen der Erfindung des Buchdrucks zum Zeitpunkt des Erscheinens der Gutenberg-Bibel. Trotzdem ist es aufschlussreich, einige Möglichkeiten zu skizzieren – und sei es nur, um klarer vor Augen zu haben, welche Entwicklungen wir verhindern möchten und was für Schritte dazu notwendig sind.

1. Die chinesische Zukunft

Ein Szenario, dessen Umrisse sich bereits abzeichnen, umfasst eine Welt, in der das globale Dorf wieder verschwindet. Die Erde entwickelt darin nach einem Augenblick der vermeintlichen „Flachheit" erneut eine ausgeprägte Topografie. Das *World Wide Web* zerfällt in eine Reihe von streng abgeschotteten und überwachten lokalen Netzen. In diesem Szenario erleben wir den Aufstieg eines von Peking geprägten digitalen *Big-Data*-Autoritarismus.

Tatsächlich bietet China bereits eine offenbar erfolgreiche Alternative zur amerikanisch geführten Ordnung mit ihrem Bekenntnis zu Kapitalismus, individuellen Freiheiten und Demokratie. Vor unseren Augen kristallisiert sich eine neue Bipolarität heraus, die rasch politikmächtig wird. Die kommende internationale Ordnung wird von *Chinamerica*, den Beziehungen zwischen den USA und China, geprägt sein. Peking hat das begriffen und investiert massiv in genau jene Schlüsseltechnologien, die – parallel zu den Atomraketen des Kalten Krieges – das Gleichgewicht der Macht zwischen den beiden Staaten bestimmen werden: Künstliche Intelligenz, Quantencomputer und Cyberwaffen.

Darüber hinaus baut China längst nicht mehr nur daheim an einer alternativen Gesellschaftsform: Es exportiert sein staatskapitalistisches, digital-autoritäres Modell längst auch in Staaten wie Äthiopien, Tansania oder Vietnam. War man bis vor kurzem davon ausgegangen, dass die digitale Revolution eine einheitliche (und damit „flache") Welt entstehen lassen würde, sieht es heute nicht mehr danach aus. Bill Clintons Hoffnung aus dem Jahr 2000, Mobiltelefone und das Internet würden im neuen Jahrtausend zur Verbreitung liberaler Freiheitsrechte führen, scheint widerlegt zu sein.

Dabei muss die kommunistische Partei liberale Ideen nicht mehr aktiv bekämpfen. Vielmehr sind sie für eine Generation von Jugendlichen, die hinter der chinesischen *Great Firewall* aufgewachsen ist, schlicht obsolet und stellen keine Kategorie sui generis mehr dar. Diese Generation ist nie mit den westlichen Werten in Berührung gekommen, und sie interessiert sich nicht für sie. Das erlaubt der Führung in Peking, ein alternatives Wertesystem zu errichten, abgekoppelt von den Debatten um persönliche Freiheiten und Datenschutz im Rest der Welt.

Erinnern wir uns an die Jugendlichen aus Veles in Mazedonien: Sie sind voll und ganz ins offene, von US-Firmen gestaltete

Internet integriert und nehmen dessen Freiheiten und Möglichkeiten als gegeben hin. Ihre Altersgenossen aus Peking, Shanghai oder Chengdu haben vermutlich noch nie etwas von Facebook, Google oder Twitter gehört. Sie brauchen diese Dienste allerdings auch nicht, weil man in China selbstverständlich WeChat, Baidu und Tencent nutzt.

Pekings kommunistisches Regime braucht immer weniger auf repressive Kontrolle zu setzen: Junge Chinesen haben Zugang zu westlichen Konsumgütern und Actionfilmen *made in Hollywood* (die sich in vorauseilendem Gehorsam an den Vorgaben der Pekinger Zensur orientieren). Zu den westlichen Netzen haben sie zwar keine Verbindung; sie vermissen sie allerdings dank heimischer Alternativen auch nicht.

Natürlich hat es auch in der Vergangenheit voneinander getrennte Informationssphären gegeben. In der DDR etwa war es bei Strafe verboten, im Radio „Westfunk" zu hören, was natürlich trotzdem viele Menschen nicht davon abhalten konnte. Dennoch sollte der Vergleich der aktuellen Situation mit dem Kalten Krieg beunruhigen: Chinas Zensur und Überwachung sind ungleich wirkungsvoller als jene der Sowjetunion anno dazumal. Auch braucht Peking nicht auf Zwang zu setzen, um soziale Kontrolle auszuüben: Die Möglichkeiten unterschwelliger Beeinflussung durch die sozialen Medien sind ungleich wirkungsvoller.

2. Das amerikanische Modell

Die derzeitige Politik der USA scheint nicht geneigt, der schleichenden weltweiten Ausbreitung des digitalen Autoritarismus entgegenzutreten oder gar liberale Grundwerte zu bewahren. Washingtons Marktfundamentalismus hat ein normatives Vakuum im digitalen Raum entstehen lassen.

Das Fehlen von Regeln und Regulierungen erlaubt es den Unternehmen des Silicon Valley, ihre eigene Politik zu verfolgen. Sie können sich dabei dank ihres gewaltigen Reichtums immer stärker gegenüber Staaten und Regierungen behaupten.

Google und Facebook pflegen schon heute beste Beziehungen zu Regierungen aller Couleur rund um den Globus, egal ob demokratisch oder autoritär geführt. Zuletzt sahen sie sich verstärkt mit Anschuldigungen konfrontiert, autoritären Diktaturen zu helfen. Googles Pläne, mithilfe einer zensierten Version seiner Suchmaschine eine Rückkehr auf den chinesischen Markt zu versuchen, sind nur die Kulmination dieses Trends.

Obwohl die sozialen Medien demokratische Systeme schwächen und viele der *Big Five* illiberalen Regimen helfen, sieht Washington sie als Teil der nationalen Machtbasis und schreckt vor stärkerer Regulierung zurück. Auch die Weigerung der USA, eine offene Debatte über den rechtlichen Rahmen zum Einsatz von Cyberwaffen zu führen, destabilisiert das internationale System. Konflikte in einem rechtsfreien digitalen Raum können ohne weiteres in die physische Realität übergehen.

Die liberale internationale Ordnung der vergangenen siebzig Jahre war getragen von den Bemühungen, eine gesellschaftliche und politische Vision für die Welt durch die aktive Arbeit an gemeinschaftlichen Normen und Institutionen umzusetzen. Dabei kam den Vereinigten Staaten stets eine tragende Rolle zu. Heute lässt sich in Washington keinerlei Bereitschaft erkennen, den eigenen Handlungsspielraum und jenen der führenden Unternehmen zugunsten internationaler Regeln einzuschränken.

3. Digitaler Multilateralismus

Um die Versprechen der digitalen Revolution zu bewahren und ihre negativen Konsequenzen im Zaum zu halten, bedarf es einer Reihe von multilateralen Anstrengungen.

Um den Primat der Politik wiederherzustellen, müsste die monopolitische Marktmacht der *Big Five* gebrochen werden, zum Schutz der liberalen Grundidee von Privatsphäre deren Datensammelwut eingedämmt werden. Im Hinblick auf die fortschreitende Automatisierung in der Arbeitswelt müssten Steuer- und Sozialsysteme auf eine neue Grundlage gestellt werden. All diese

Maßnahmen lassen sich in unserer globalisierten Welt kaum auf nationaler Ebene umsetzen.

Dazu kommen noch Probleme, die per se einer internationalen Lösung bedürfen, etwa was den Umgang mit Cyberwaffen sowie Spionage im digitalen Raum betrifft.

Es ist vorstellbar, dass die Zukunft der internationalen Ordnung von Regeln und Normen *made in Europe* sein wird. Neben der EU ist derzeit kein anderer Akteur in der internationalen Politik sowohl in der Lage als auch willens, an der Entwicklung von Regeln und Normen für das digitale Zeitalter zu arbeiten. Die Einführung der europäischen Datenschutz-Grundverordnung hat bewiesen, dass die EU in der Lage ist, mehr oder weniger universell akzeptierte Regeln zu setzen.

Für ein wirtschaftlich (noch) starkes, aber militärisch unbedeutendes Europa ist es im ureigensten Interesse, zu einer stabilen, kooperativen und friedlichen internationalen Ordnung beizutragen. Um der Fragmentierung des Cyberspace und einer Destabilisierung der internationalen Beziehungen durch digitale Kriegsführung entgegenzuwirken, wäre eine Reihe von Instrumenten vorstellbar.

Welche Form internationale Anstrengungen zum Umgang mit der digitalen Revolution letztlich annehmen, ist dabei nebensächlich. Was zählt, ist, so bald wie möglich mit dem Aufbau multilateraler Mechanismen zu beginnen. Nur so kann verhindert werden, dass die neuen Technologien zu einem Wettrüsten und einem erneuten Systemgegensatz der Supermächte führen und dabei die globale Ungleichheit zwischen den Staaten weiter wächst.

WIE WEITER? EIN AUSBLICK

In welcher Welt werden wir leben?

Die im Schlusskapitel geschilderten digitalen Technologien markieren bloß den Beginn eines globalen Transformationsprozesses, der im Begriff ist, alle Bereiche des menschlichen Zusammenlebens zu durchdringen.

Die bekannten Anwendungen – von den sozialen Medien über Cyberwaffen bis zur Künstlichen Intelligenz in ihren unterschiedlichsten Ausformungen – üben einen fundamentalen Einfluss auf Politik, Wirtschaft und Gesellschaft aus, der im technokratischen Jargon des Silicon Valley als *Disruption* bezeichnet wird.

Während der Januskopf der neuen Technologien stärker ins Bewusstsein rückt, werden die Auswirkungen von Automatisierung, Robotics und KI auf den demokratischen Prozess noch unzureichend verstanden.

Die kritische Allianz zwischen Liberalismus und Kapitalismus hat in westlichen Industriegesellschaften eine eminent ökonomische Komponente, waren doch die arbeitenden Massen als Produktivkraft zentral für die wirtschaftliche Prosperität. Dies ändert sich in dem Maße, in dem die Fabriken menschenleer werden und damit die Lohnarbeiter an ökonomischem – und politischem – Einfluss verlieren. Der *Homo sapiens* verliert im digitalen Zeitalter seinen wirtschaftlichen Wert, wird doch (artifizielle) Intelligenz von menschlichem Bewusstsein getrennt.

Es zeichnet sich angesichts der technischen Neuerungen ein Ende der Arbeitsgesellschaft ab – und auch für Armeen werden menschliche Soldaten weniger wichtig. Die *levée en masse*, eine Erfindung der Französischen Revolution, wird sukzessive von autonomen Waffensystemen und einander bekriegenden KIs – den Verteidigungsplattformen der Zukunft – abgelöst werden.

Indem Wirtschaft und nationale Sicherheit unabhängig vom Konsens breiter Mehrheiten in der Gesellschaft werden, öffnen sich neue Handlungsspielräume für autoritäre Herrschaftsformen.

Das mag die tiefere Ursache für den schwindenden Einfluss des westlich-liberalen Modells sein. Demokratische und einigermaßen egalitäre Gesellschaften sind zwar nach wie vor wünschenswert; ihre ökonomische Notwendigkeit verblasst allerdings zusehends.

Die Praxis der internationalen Beziehungen ist von der digitalen Revolution in besonderer Weise betroffen, stellt sie doch alle bisherigen Modelle und Methoden des regelbasierten Multilateralismus infrage.

Die Geschwindigkeit der Informationsflüsse und die unaufhörliche Beschleunigung des *News Cycle* stellen die Planung und Umsetzung der internationalen Agenda vor völlig neue Aufgaben. Strategien und Lösungsvorschläge, die heute noch sinnvoll scheinen, stellen sich buchstäblich über Nacht als überholt heraus.

Unvorstellbar bis vor kurzem, scheinen nunmehr *Tweets* die Funktion von *Statissime*-Depeschen der klassischen Diplomatie übernehmen zu wollen. Während noch hinter geschlossenen Türen verhandelt wird, verlassen elektronische Informationssplitter die einst geschlossenen Räume und beeinflussen von außen die drinnen laufenden Verhandlungen.

Geheimhaltungsstufen – selten strikt beachtet – verlieren vollends ihre Bedeutung. Whistleblower, Wikileaks und journalistische Rechercheplattformen bringen Transparenz in die verfilzte Symbiose von Politik und Wirtschaft und decken gesetzeswidriges und unethisches Handeln auf. Sie verweisen auf illegale Finanztransaktionen, Steuerhinterziehung und weitere korrupte Praktiken und bringen Politiker zu Fall und – gelegentlich – hinter Gitter. Andererseits verhindert das Naheverhältnis von Politik, *White Collar Crime* und transnational organisierter Kriminalität die Globalisierung exekutierbaren Rechts und beschädigt das Vertrauen in die liberal-demokratische Ordnung.

Will das internationale System mit seinen Organen – im Wesentlichen aus der analogen Nachkriegszeit stammend – die digitale Zukunft bewältigen, muss dieses auf Flexibilität, Reaktionsfähigkeit und institutionelle Sicherheit getrimmt werden. *Adaptation* und *Resilienz* sind die neuen Slogans in den internationalen Beziehungen.

Wo aber bleibt angesichts des fortschreitenden digitalen Autoritarismus der öffentliche Raum für demokratischen Diskurs und Entscheidungsfindung? Immer schon befanden sich die zwischenstaatlichen Beziehungen im Spannungsfeld zwischen notwendiger Geheimhaltung und legitimem öffentlichen Anspruch auf Information.

Der *Digital Turn* ist im Begriff, die globalen Ordnungsprinzipien völlig neu zu arrangieren. Henry Kissinger weist in einem Beitrag für *The Atlantic* darauf hin, dass die Menschheit intellektuell und ethisch unvorbereitet sei für die allumfassende digitaltechnologische Revolution:

> *The Age of Reason originated the thoughts and actions that shaped the contemporary world order.*

Die Ära der Aufklärung neigt sich dem Ende zu, denn aus Menschen werden Daten und Daten beherrschen die Welt. Wahrheit wird relativ, die schiere Masse an Information droht Wissen zu ersticken. Das Radikale verdrängt das Nachdenkliche. Deliberative Entscheidungsfindung und humanistische Werte laufen Gefahr, durch die scheinbare Objektivität *Künstlicher Intelligenz* ersetzt zu werden.

Bereits seit längerem erheben kritische Geister die Forderung nach einer Ethik für das digitale Zeitalter – dieser Aufruf ist bislang ungehört verhallt. Dass die Zeit drängt, beweist jenes Problem, das ohne Übertreibung die größte Herausforderung des 21. Jahrhunderts ist: der Klimawandel. Es mutet verstörend an, dass trotz langjähriger Forschungsaktivitäten, dem beeindruckenden Korpus wissenschaftlicher Nachweise und zahlreicher internationaler Konferenzen und Abkommen – wie zuletzt dem Pariser Klimavertrag 2015 – Verdrängen oder Verleugnen des Offensichtlichen die vorherrschende öffentliche Stimmung kennzeichnet.

Nur wenige Monate nach Paris war das angestrebte Ziel von 1,5 Prozent globaler Erderwärmung im Vergleich zur vorindustriellen Zeit bereits Makulatur. Wissenschaftler sind sich einig: 2 Prozent würden *langfristig Desaster* bedeuten – und das sei unter den heute herrschenden Bedingungen sogar das *Best Case Scenario*. 3 Prozent über dem vorindustriellen Stand würden bereits den Verlust der meisten Küstenstädte bedeuten. Bei 4 Prozent würde Europa zu einem riesigen Dürregebiet werden; in den equatornahen Tropen wäre menschliches Leben überhaupt ausgeschlossen. Womöglich sind es diese *Weltuntergangsszenarien,* die ein entschiedenes Handeln lähmen und Politik, Wirtschaft und den Einzelnen scheinbar aus der Verantwortung entlassen.

Der Klimawandel verdient wie kein anderes Thema den Begriff *Collective-Action-Problem*. Er verlangt nach weltweit koordinierten Lösungsansätzen und daher nach globalen Institutionen, Strukturen und Maßnahmen. Die Vereinten Nationen sind jene Institution, die dieser Aufgabe – theoretisch – am besten entsprechen könnte. Ursprünglich gegründet, um Frieden, Sicherheit, Abrüstung und internationaler Zusammenarbeit eine globale Plattform zu bieten, haben sich ihre Tätigkeitsfelder seither erweitert. Nur wenige Jahre, nachdem erstmals ein Ozonloch gemessen wurde, verpflichteten sich 1987 196 Staaten im *Protokoll von Montreal*, die Produktion von FCKW-Gasen stark zu vermindern. Der ehemalige Generalsekretär der Vereinten Nationen, Kofi Annan, sprach in diesem Zusammenhang vom „bis heute vielleicht erfolgreichsten internationalen Einzelabkommen".

Ein ähnlicher Durchbruch scheint beim Klimawandel nicht in Sicht. Für die FCKW-Gase gab es bereits Alternativen. Darüber hinaus waren die Vereinten Nationen in Sachfragen damals noch entscheidungsfähig. In der Klimafrage stehen die Dinge grundlegend anders. Erstens baut das kapitalistische Wachstumsmodell seit der industriellen Revolution auf fossile Energieträger. Daher behindert die Logik des exponentiellen Wachstumszwangs eine umfassende Lösung. Ein weltweiter Systemwechsel – und eine Abkehr von unserer *imperialen Lebensweise* – scheinen mir absolut unabdingbar. Wiewohl es dazu karge Ansätze gibt – etwa die OECD-Initiative *Beyond GDP* –, ist jedenfalls kurzfristig kein radikales Umdenken zu erwarten. Zweitens haben die USA in ihrem Bestreben nach globaler Hegemonie die Vereinten Nationen zunehmend marginalisiert. Indem die UNO und ihre Unterorganisationen zur Durchsetzung westlicher Interessen herhalten mussten, hat diese zentrale Instanz internationaler Kooperation an Legitimität eingebüßt.

So offensichtlich es ist, dass der Klimawandel – aber auch andere globale Probleme wie Migration, Ressourcen oder Entwicklung – einer weltweit koordinierten Anstrengung bedarf, so machtlos präsentieren sich die Vereinten Nationen heute. Es drängt sich die Frage auf, ob die Institutionen der Post-45-Ordnung noch in der Lage sind, die großen Fragen des 21. Jahrhunderts zu lösen. Ist das UNO-System reformierbar, oder müssen wir angesichts der zahllosen globalen Verwerfungen die Architektur internationaler Ordnung völlig neu denken? Damit die Vereinten Nationen wieder handlungsfähig werden, müssen die veränderten globalen Machtverhältnisse jedenfalls ihre institutionelle Entsprechung finden.

Denn eine Rückkehr zur Unipolarität in den internationalen Beziehungen ist auf absehbare Zeit auszuschließen. Wie die Dinge stehen, könnte sich auf längere Sicht eine neue Bipolarität zwischen den USA und China – *Chinamerica* – entwickeln. Europas strategisches Interesse muss jedoch sein, keinesfalls zum Spielball einer globalen Systemkonkurrenz zu werden.

Die geopolitische Entwicklung im 21. Jahrhundert erfasst auch jene Weltgegenden, die nur langsam ins öffentliche Bewusstsein rücken. Das Vordringen Chinas im Pazifik und seit neuestem auch in Lateinamerika oder die klimabedingte Öffnung von neuen Polarrouten und die Erschließung dort lagernder Ressourcen sind Hinweise auf die wachsende Komplexität der internationalen Beziehungen. Indien, dessen Demokratie durch religiös verbrämte

Machtpolitik gefährdet ist, droht im selben Maße als westlicher Partner zu entgleiten.

Diese wenigen Hinweise beschreiben die grundlegend veränderten Bedingungen, mit denen Europa konfrontiert ist.

Europa als entscheidungsfähiger Union muss daran gelegen sein, eine wertebasierte Ordnung für das 21. Jahrhundert aktiv mitzugestalten. Ein kooperativer Multilateralismus in einem offenen System von Groß- und Mittelmächten mag den europäischen Interessen am besten entsprechen. In einem globalen *Konzert-System*, das ein regelbasiertes Zusammenspiel verschiedener Mächte und Interessen ermöglicht, könnten die großen Herausforderungen unserer Zeit zweifellos besser bewältigt werden.

Es wird an Europa liegen, in dieser globalen Ordnung konkurrierender politischer Systeme eine liberale und demokratische Alternative zu den autoritären Tendenzen zu bieten. Das Ziel der Union muss es sein, in Sach- und Interessen-Koalitionen zu handeln und selbstbewusst die eigene Stärke als Kontinent des Friedens und des Ausgleichs – diese europäische *Smart Power* – auszuspielen.

Unser Weltbild mag sich auflösen, die Welt jedoch bewegt sich weiter.

AUSGEWÄHLTE LITERATUR ZUM THEMA

Acemoglu, Daron, und **James A. Robinson**. *Warum Nationen scheitern: Die Ursprünge von Macht, Wohlstand und Armut.* S. Fischer, 2013.

Asserate, Asfa-Wossen. *Die neue Völkerwanderung: Wer Europa bewahren will, muss Afrika retten.* Propyläen, 2016.

Bardi, Ugo. *Der Seneca-Effekt: Warum Systeme kollabieren und wie wir damit umgehen können.* Oekom, 2017.

Blom, Philipp. *Was auf dem Spiel steht.* Hanser, 2017.

Brand, Ulrich, und **Markus Wissen**. *Imperiale Lebensweise. Zur Ausbeutung von Mensch und Natur in Zeiten des globalen Kapitalismus.* Oekom, 2017.

Charim, Isolde. *Ich und die Anderen: Wie die neue Pluralisierung uns alle verändert.* Zsolnay, 2018.

Crouch, Colin. *Postdemokratie.* Suhrkamp, 2008.

—. *Das befremdliche Überleben des Neoliberalismus: Postdemokratie II.* Suhrkamp, 2011.

Diamond, Jared. *Kollaps: Warum Gesellschaften überleben oder untergehen.* S. Fischer, 2005.

Dipesh Chakrabarty. *Europa als Provinz: Perspektiven postkolonialer Geschichtsschreibung.* Campus, 2010.

Eichengreen, Barry. *The Populist Temptation: Economic Grievance and Political Reaction in the Modern Era.* Oxford University Press, 2018.

Fukuyama, Francis. *Das Ende der Geschichte. Wo stehen wir?* Kindler, 1992.

Geiselberger, Heinrich (Hrsg.). *Die große Regression: Eine internationale Debatte über die geistige Situation der Zeit.* Suhrkamp, 2017.

Glaurdic, Josip. *The Hour of Europe: Western Powers and the Breakup of Yugoslavia.* Yale University Press, 2011.

Harari, Yuval Noah. *Homo Deus: Eine Geschichte von Morgen.* C. H. Beck, 2018.

Judt, Tony. *Geschichte Europas von 1945 bis zur Gegenwart.* Hanser, 2006.

Kennedy, Paul. *Aufstieg und Fall der großen Mächte: Ökonomischer Wandel und militärischer Konflikt von 1500 bis 2000.* Fischer Taschenbuch, 2000.

—. *Parlament der Menschheit. Die Vereinten Nationen und der Weg zur Weltregierung.* C. H. Beck, 2007.

Kissinger, Henry A. *Weltordnung.* C. Bertelsmann, 2014.

Kolakowski, Leszek. *Traktat über die Sterblichkeit der Vernunft: Philosophische Essays*. Piper, 1967.

Krastev, Ivan. *Europadämmerung: Ein Essay*. Suhrkamp, 2017.

Löwenthal, Leo. *Schriften – Band 3: Falsche Propheten. Studien zum Autoritarismus*. Suhrkamp, 1990.

Mayer-Schönberger, Viktor, und **Kenneth Cukier**. *Big Data. Die Revolution, die unser Leben verändern wird*. Redline Verlag, 2013.

Mazzucato, Mariana. *Das Kapital des Staates: Eine andere Geschichte von Innovation und Wachstum*. Kunstmann, 2014.

Milanovic, Branko. *Die ungleiche Welt: Migration, das Eine Prozent und die Zukunft der Mittelschicht*. Suhrkamp, 2016.

Milborn, Corinna, und **Markus Breitenecker**. *Change the Game – Wie wir uns das Netz von Facebook und Google zurückerobern*. Brandstätter, 2018.

Mishra, Pankaj. *Das Zeitalter des Zorns: Eine Geschichte der Gegenwart*. S. Fischer, 2017.

Mouffe, Chantal. *Über das Politische: Wider die kosmopolitische Illusion*. Suhrkamp, 2007.

Mounk, Yasha. *Der Zerfall der Demokratie: Wie der Populismus den Rechtsstaat bedroht*. Droemer, 2018.

Müller, Jan-Werner. *Was ist Populismus? Ein Essay*. Edition Suhrkamp, 2016.

Nasr, Vali. *The Dispensable Nation: American Foreign Policy in Retreat*. Doubleday, 2013.

Nowak, Martin A., und **Roger Highfield**. *Kooperative Intelligenz: Das Erfolgsgeheimnis der Evolution*. C. H. Beck, 2013.

Nowotny, Thomas. *Strawberries in Winter: On Global Trends and Global Governance*. Peter Lang, 2004.

Nye, Joseph S. *Is the American Century Over?* Polity Press, 2015.

Petritsch, Wolfgang, und **Robert Pichler**. *Kosovo-Kosova. Der lange Weg zum Frieden*. Wieser Wissenschaft, 2004.

Petritsch, Wolfgang. *Zielpunkt Europa: Von den Schluchten des Balkan und den Mühen der Ebene*. Wieser, 2009.

Petritsch, Wolfgang, und **Vedran Dzihic** (Hrsg.). *Conflict and Memory: Bridging Past and Future in [South East] Europe*. Nomos, 2010.

Petritsch, Wolfgang, Wilfried Graf, und **Gudrun Kramer** (Hrsg.). *Kärnten liegt am Meer. Konfliktgeschichte/n über Trauma, Macht und Identität.* Drava/Heyn, 2012.

Piketty, Thomas. *Das Kapital im 21. Jahrhundert.* C. H. Beck, 2014.

Polanyi, Karl. *The Great Transformation: Politische und ökonomische Ursprünge von Gesellschaften und Wirtschaftssystemen.* Suhrkamp, 1973.

Puri, Hardeep Singh. *Perilous Interventions: The Security Council and the Politics of Chaos.* Harper Collins, 2016.

Ramge, Thomas, und **Viktor Mayer-Schönberger.** *Das Digital: Markt, Wertschöpfung und Gerechtigkeit im Datenkapitalismus.* Ullstein, 2017.

Randeria, Shalini (Hrsg.). *Transit 50. Europäische Revue: Ein Zeitalter wird besichtigt. 1989 revisited.* Verlag Neue Kritik, 2017.

Sachs, Jeffrey D. *The Age of Sustainable Development.* Columbia University Press, 2015.

Sanger, David E. *The Perfect Weapon: War, Sabotage, and Fear in the Cyber Age.* Scribe Publications, 2018.

Schuett, Robert (Hrsg.) *The Concept of the State in International Relations. Philosophy, Sovereignty, Cosmopolitanism.* Edinburgh University Press, 2015.

Senghaas, Dieter. *Weltordnung in einer zerklüfteten Welt: Hat Frieden Zukunft?* Suhrkamp, 2012.

Smith, Rupert. *The Utility of Force: The Art Of War in the Modern World.* Penguin Books, 2005.

Snyder, Timothy. *Der Weg in die Unfreiheit. Russland – Europa – Amerika.* C. H. Beck, 2018.

Stiglitz, Joseph. *Der Preis der Ungleichheit: Wie die Spaltung der Gesellschaft unsere Zukunft bedroht.* Siedler, 2012.

Tharoor, Shashi. *Pax Indica: India and the World of the Twenty-First Century.* Pengiun Global, 2012.

Yetiv, Steve A. *Explaining Foreign Policy: U.S. Decision-Making in the Gulf Wars.* Johns Hopkins University Press, 2011.

Ziegler, Jean. *Das Imperium der Schande – Der Kampf gegen Armut und Unterdrückung.* C. Bertelsmann, 2005.

Žižek, Slavoj. *Ärger im Paradies – Vom Ende der Geschichte zum Ende des Kapitalismus.* S. Fischer, 2015.

DANKSAGUNG

Vor allen anderen, die mich bei diesem Buch unterstützt haben, möchte ich die große Leistung von Philipp Freund hervorheben. Über die langen Monate des Planens, Konzipierens, Recherchierens, Diskutierens, Schreibens und Korrigierens ist er für mich ganz einfach unersetzlich geworden. Im Zuge der ausführlichen Recherchen für das Digital-Kapitel habe ich von ihm, dem *Digital Native*, ungemein viel gelernt. Dafür gebührt ihm mein Respekt und meine Anerkennung.

Für wertvolle Anregungen und Hinweise möchte ich mich sehr herzlich bedanken bei Faruk Ajeti, Ayad al-Ani, Günter Bischof, Vedran Dzihic, Moritz Erdmann, Wilfried Graf, Dan Hamilton, Gudrun Kramer, Ivan Krastev, Denis Mateev, Augustin Nicolescou, Shalini Randeria sowie bei meinen Fakultätskollegen in Harvard und Berkeley – ganz besonders bei meinen verehrten Freunden Karl Kaiser, Herbert C. Kelman und Martin A. Novak sowie Jean Ziegler, dessen empathische Radikalität ich bewundere.

Die lange Vorgeschichte dieses Buches ist aufs Engste mit meinen beruflichen Stationen und den damit einhergehenden zahllosen Begegnungen verbunden. Den intensiven Lehrjahren bei Bruno Kreisky verdanke ich die Überzeugung, dass ohne Leidenschaft und Engagement alles nichts ist. Das hat mir in den oft ziemlich unmöglichen Jobs im ehemaligen Jugoslawien ebenso geholfen wie an meinen Dienstorten in New York, Genf und Paris. Die Außenpolitik Kreiskys, im Besonderen sein unbeirrtes Bemühen um Frieden und Versöhnung zwischen Israelis und Palästinensern, hat meine internationalen Missionen in Jugoslawien, im Kosovo und in Bosnien, aber auch als Präsident der UNO-Landminenkonvention nachhaltig beeinflusst. Die unterschiedlichen Tätigkeiten für Österreich, die Europäische Union und die Vereinten Nationen haben meine Sicht auf die internationale Politik entscheidend geprägt und finden ihren Niederschlag in diesem Buch.

All diese Erfahrungen sowie mein anhaltendes Interesse für die großen Themen dieser Welt haben mich schließlich dazu bewogen, das Angebot von Nikolaus Brandstätter anzunehmen. Barbara Blaha und Joe Rabl danke ich für die professionelle Betreuung des Projekts. Wie immer hat meine Frau Nora Diehl darauf geachtet, dass der Text halbwegs verständlich geworden ist.

Ich widme dieses Buch meinem Sohn Nikola. Seine Generation hat es in der Hand, eine bessere Welt zu schaffen.

Thank you for reading!

Liebe Leserin, lieber Leser!

Hat Ihnen dieses Buch gefallen? Wollen
Sie weitere Informationen zum Thema?
Möchten Sie mit dem Autor in Kontakt treten?
Wir freuen uns auf Austausch und Anregung!

Brandstätter Verlag
Wickenburggasse 26
1080 Wien
E-Mail: leserbrief@brandstaetterverlag.com
Tel.: (0043) 5121543256

Wir sagen Danke.
Bleiben wir in Verbindung.

1. Auflage

Cover: Peter Manfredini
Design und Satz: Burghard List
Lektorat: Joe Rabl

Druck und Bindung: CPI Moravia Books s.r.o., Czech Republic
ISBN 978-3-7106-0268-9